저자는 내가 근무하는 회사의 HR 책임자로 16년째 함께 일하고 있다. 차례를 보면 특별히 눈을 자극하는 단어는 없다. 하지만 어쩌면 너무 자주 들어서 지나쳐버리는 삶을 대하는 '태도'와 일이나 직장을 바라보는 '관점'에 대해 디테일하고 집요하게 곱씹을 거리를 던진다. 일터에서 부딪치며 치열하게 깨달은 바를 쉬운 언어로 포도송이처럼 엮었다. 그 하나하나가 공감을 일으키고 가슴을 찌르는 잠언 수준이다. 이 땅에 현재를 사는 누군가와 흔들리는 청년들의 가슴에 작은 울림과 길잡이가 되었으면 좋겠다는 저자의 진정성이 첫 페이지부터 마지막까지 짙게 배어 있다.

책의 내용 중에 세 문장만 선택하라. 그리고 자신의 언어로 바꾸어 가슴 깊이 담아라. 출근하는 길이 행복과 성장에 대한 설렘으로 가득 찰 것이다. 사회인이 될 준비를 하고 있는 내 자녀들에게 가장 먼저 선물하고 싶은 책이다.

－양태회, 비상교육 대표이사

이 책의 저자와 나는 약 20년 전에 어느 회사에서 처음 만났다. 이 책을 읽다 보면 저자의 사회 초년생 시절이 보인다. 누구보다 일에 대한 열정이 강했고, 궁금한 것이 있으면 못 참고 질문하던 모습 말이다.

이 책은 참 어려운 개념인 태도를 이해하기 쉽게 풀어 쓰고 있다. 이 책의 내용은 직장에서 일을 잘하고 싶은 누구에게나 모두 의미 있는 것들이다. 특히 내게는 '현재 상황에서 가장 나답게, 지금 이 순간 할 수 있는 일에 집중하라' '스스로 답을 찾고 남 탓을 하지 말라' '탁월함을 위해서는 디테일로 승부하라' '회사에서 관계에 대한 최고의 태도는 상생이다' 등은 매우 공감되고 직장인들이 꼭 알아야 할 지혜가 아닐까 싶다.

사람은 누구나 성장하고픈 욕구가 있는 법이다. 회사에 취업을 준비하는 사람, 취업이 되어 회사에 첫발을 내딛는 사람, 회사에 재직 중이면서 성장하길 원하는 사람들에게 일독을 권하고 싶다.

－김진모, 서울대학교 농산업교육과·산업인력개발학전공 교수

조직의 일하는 방식을 바꾸는 게 업인 스마트워크 디렉터로 일하다 보면 가장 고픈 사람이 최윤희 총괄처럼 현장에서 실행하는 사람이다. 많은 책

을 읽고 좋은 말을 하는 것은 쉽다. 하지만 현장에서 직접 구성원들을 관찰하고 변화를 유도하는 것은 전혀 다른 레벨이다. 이런 경험과 실천에서 나온 통찰은 똑같은 말이라도 실린 힘이 다르다.

이 책에는 현장을 아는 사람만이 전달할 수 있는 통찰이 있다. 그래서인지 내용의 대부분은 최윤희 총괄이 몸담고 있는 비상교육의 이야기이겠지만, 여러 조직을 경험한 스마트워크 디렉터의 관점에서도 무릎을 칠 법한 인사이트가 많다. '일잘러는 자신의 강점에 집중한다' '다름의 아름다움을 안다' '모두에게 잘하지 않는다' '자신이 무엇을 할 수 있는지 안다' 부분에서는 특히 놀랐다. 이는 가시적인 수치나 인터뷰로 잘 드러나지 않기 때문에 단순한 HR 경험만으론 이끌어내기 어려운 통찰이기 때문이다. 조직과 그 안의 인간을 통합적으로 바라보고 연결하려는 최윤희 총괄의 철학이 스며 있는 부분이다. 이 책은 스마트워크 디렉터인 나조차도 내가 진정한 일잘러인지를 돌아보게 한다.

— 최두옥, 스마트워크R&D그룹 베타랩 대표

비상교육은 교육출판 분야에서 사업적 성취와 동시에 직원의 발전에 관심과 지원을 아끼지 않는 곳이다. 그곳에서 저자는 좁은 의미의 HR을 넘어서 사업 성장과 사람 성장의 균형을 위해 다양한 노력, 실험, 보완, 실행을 계속하고 있다. 이 책을 읽다 보면 절대적인 양이나 크기가 아니라 조직과 사람을 바라보는 시선과 깊이를 만들어가려는 저자의 노력을 느끼게 된다.

사원부터 경영진이 되기까지 직장 생활, 늦깎이 조직 심리학 공부, 그리고 직장인의 건강한 워크 라이프 작업을 하고 있는 나조차도 저자가 풀어내는 이야기 하나하나에 고개를 끄덕이게 된다. 저자가 오랜 직장 생활 동안 빛과 그림자를 밟으면서 경험하고 느낀 것들을 직장인이라면 누구나 일상적으로 마주치게 되는 이야기로 전하고 있어서다.

유독 끌리는 대목이 있다. '일잘러들은 따르면서도 이끈다' '일잘러들은 삶을 긍정적으로 재편집한다' '일잘러들은 학습민첩성이 뛰어나다' '일잘러들은 시련을 통해서도 성장한다' '일잘러들은 쉽고 간단한 것부터 쌓아나간다'. 나도 모르게 과거의 나와 현재의 나를 가장 잘 설명하는 다섯 가지를 찾게 되었다. 당연히 어느 것 하나 쉽지는 않았다. 하지만 30년 동안 계속된 '일하는 나'를 설명할 수 있는 책을 만날 수 있어서 반가웠다.

어떤 사람들이 이 책을 만나는 기회를 잡게 될까? 조직에서 누군가를 이끄는 분이라면 나처럼 '일하는 나'를 이해할 대목들을 찾게 되면서 자기 실현과 성장에 관심이 많은 직원들에게 어떤 리더가 될지 방향을 잡아줄 수 있을 것이다. 그리고 자기 성장을 경험하면서 일하고 싶은 직장인이라면 '나'보다 '관계' 속에서 한 걸음 한 걸음 발전하는 구체적인 방법을 얻게 될 것이다.

— 박춘신, 일과사람연구소 안녕 대표·서강대 심리학과 겸임교수

차례를 보고선 좀 놀랐다. 역시! 카카오 HR 담당자 시절, 최종 면접을 진행하면서 본 최종 입사자의 특징적 요소들이 이 책 곳곳에 박혀 있다. 특히 「1장 자기 주도성으로 일한다」에는 가보지 않은 길을 두려워하지 않고 주도적으로 일하는 카카오의 인재상과 채용의 기준이 되었던 행동들이 상세하게 소개되어 있다. 취준생에게는 치트키가 될 것이다. 이뿐만 아니라 이 책은 일잘러 직장인 태도의 핵심 행동을 구체적으로 담고 있어 HR 부문의 채용과 교육 담당자들이 명심보감처럼 가지고 다녀도 좋겠다.

채용 현장의 애로사항을 말하자면 즉시 전력 투입을 하기 위해 테크닉과 지식이 뛰어난 사람을 주로 찾게 된다는 점이다. 이는 단기적으로는 좋을지 몰라도 다소 위험할 수 있다. 왜냐하면 이 책에서 말하는 자기 주도, 긍정, 삶의 철학, 성장, 디테일, 인간관계 등 태도가 조직에 더 큰 영향을 주기 때문이다. 이 요소들을 어떻게 채용 현장에 녹여 검증할 것인가는 채용 담당자들의 숙제다. 이 책에는 구체적인 사례들이 기록되어 있다.

최윤희 저자는 이 요소들을 한 권의 책으로 정리하는 데 어떤 경험이 필요했을까? 어느 정도 직장 생활을 한 사람이라면 알 것이다. 직장 생활의 희로애락을 직접 겪지 않고도 일잘러의 노하우가 가득 담긴 이 책을 볼 수 있음에 감사할 따름이다.

— 강구열, 클래스팅 HR 매니저·전 카카오 채용 전문가

원고를 읽는 내내 지난 10여 년 사회생활을 돌아보았고 나는 과연 '성장을 이끄는 태도'를 지니고 살아왔는지 스스로에게 질문해보았다. 대학생 시절에 저자가 재직 중인 회사의 기업 연수생으로 근무하며 시작된 인연을 아직까지 이어나가고 있다. 이 책의 「6장 따뜻한 인간관계를 맺는다」에 나오는 '상사와 팀원은 서로의 응원단이다'에 관해서 만큼은 다행히 합격점을 줄 수 있을 것 같다.

많은 현대인들은 일과 시간 대부분을 사무실에서 보내고 있다. 오늘 나의 태도에 따라 지금 옆자리의 동료가 인생에 든든한 응원군이 될 수도 있다. 그러한 사실을 명심한다면 조직 구성원으로서 인정과 개인적 성장이라는 두 마리 토끼를 한꺼번에 잡을 수 있지 않을까? 지금 이 순간에도 나와 소중한 시간을 함께하고 있는 직장 동료와 선후배님들께 응원의 마음을 담아 이 책을 꼭 추천하고 싶다.

– 안상민, 다니엘웰링턴 이커머스 아태평양 헤드

나는 작은 어항에서 태어났지만 내 영역을 강으로 넓혀서 성장하고 있는 일본 잉어 코이로구나! 이 책에서 사례로 든 코이 이야기를 통해 '꿈의 크기만큼 성장한다'라는 말에 다시 설레고 무엇보다 위로를 받는다. 나의 '태도'가 꽤 괜찮았구나 하는 인정을 받는 느낌이다.

어디서나 무엇이든 솔선수범하는 사람들이 있다. 딱히 누구를 위해 또는 무엇을 바라고 그런 것이 아니다. 마주한 상황에서 '일이 되려면?'이라는 질문에 충실한 것이다. 의미 있는 일을 스스로 찾는 사람, 내가 하는 일을 의미 있게 만드는 사람이 있다. 내가 아는 저자는 그런 사람이다. 그렇기에 '일잘러들의 특징'이라는 구슬 서 말을 '태도'라는 하나의 실로 꿸 수 있었을 것이다. 나의 일잘러 동료가 이미 실천하고 있지만 딱 꼬집어 말해줄 수 없는 '태도'의 비결을 담고 있다. 이제는 이 책으로 상사나 선배에게서 들으면 잔소리처럼 느껴져서 스스로 귀를 닫게 되는 이야기를 편히 들으시면 되겠다!

– 주현희, 링크컨설팅 대표·국제인증 마스터퍼실리테이터(국내1호)

모든 것은

태도에서

결정된다

당신은 어떤 태도로 일하고 있는가

모든 것은
태도에서
결정된다

최윤희 지음

ATTITUDE IS EVERYTHING

클라우드나인
CLOUD 9

일잘러들의 힘은 곧 '태도'입니다

직장인은 힘듭니다. 매일 반복되는 일 속에서 지향점을 찾기가 쉽지 않습니다. 무엇보다 내일에 대한 불안이 가득합니다. 그런데 생각해보면 그 모든 어려움과 불안은 '밖'이 아닌 '안'의 문제입니다. 내가 가장 잘 알아야 할 '나'를 잘 모르기에 생기는 것입니다. 내가 가진 '힘'을 자각할 때 나의 힘은 무럭무럭 자라는 법입니다. 그 힘이 바로 '태도'입니다.

순탄했다고 생각했던 직장 생활에 큰 고비를 맞은 적이 있습니다. 어찌할 줄 몰라 바람이 부는 대로 흔들렸습니다. 풍랑에 이리 밀리고 저리 밀리며 허우적거렸습니다. 상처를 받고 오랫동안 방황했습니다. 그러다가 문득 인생의 중요한 것들을 잊고 사는 제 자신을 보게 되었습니다. 내가 '어떻게 살아왔지? 앞으로 어떻게 살아야 할까?' 하고 스스로에게 물어보게 되었습니다. 큰 고비를 잊기 위해, 큰 고비를 넘을 방법을 찾기 위해 지금까지 깨닫고 익혀온 나름의 직장 생활의 원리를 정리하고 싶었습니다. 저에게는 '태도'라는 무기를 마음에 들여놓아 주고 싶고, 저와 같은 고민을 하는 동료, 후배에게는 제 경험을 바탕으로 격려와 조언의 글을 전하고 싶었습니다.

제가 하고 싶은 이야기는 다음과 같습니다. 첫째, 나의 '가치와 강점'으로 나답게 일하는 것이 가장 중요합니다. 민들레는 민들레로, 동백꽃은 동백꽃 자체로 아름답습니다. 현재 상황에서 가장 나답게, '이 순간 할 수 있는 일'에 집중하는 일잘러의 성공 태도를 실험, 사례, 이론으로 설명하고자 했습니다.

둘째, 시선은 늘 원하는 방향으로 향해야 한다는 것입니다. 미래에 어떤 모습이 되고자 원한다면, 그곳에 시선을 두어야 합니다. 카피라이터 정철은 '시선이 땅을 향하고 있으면 날개가 있어도 날아오르지 못한다. 길은 바라보는 쪽으로 열린다.'라고 했습니다. 미래를 바라보고 한걸음 더 성장해 나가는 방법을 담았습니다.

셋째, 평상시에도 당연히 중요하지만 결정적 순간에 크게 영향력을 발휘하는 것은 인간관계입니다. 상생을 위해 필요한 행동은 무엇인지, 인간관계를 통해 꼭 남겨야 할 행동과 버려야 할 것을 정리했습니다. 회사란 글자 그대로 모여서 일하는 곳입니다. 회사에서 최고의 태도는 '상생'입니다. 일잘러의 마음가짐인 '상생'은 운을 가장 증폭하는 비법임을 실증 사례를 통해 공유하고자 했습니다.

예전에는 직장 생활 노하우를 선배들이 후배들에게 전수했습니다. 그런데 지금은 그러지 못합니다. 선배 본인도 자기 일에 바쁘거니와 소위 '라떼 선배'가 되고 싶지 않거든요. 그래서 선배 대신 그 누구도 쉽게 지적해주기 어렵지만, 모르면 결정적 실수가 되니 '꼭 알아야 하는 핵심 태도'와 직장 생활하면서 무릎을 탁! 치며 깨달은 '즐겁게 일하는 비법'을 모았습니다. 2,000명 넘게 채용 면접을 보면서 알게 된 합격자들의 합격 요인과 승진인사위원회를 진행하면서 확인한 일잘러들의 공통적 특징을 정리했습니다.

이 원고를 쓰는 중에도 직장에서 어려움을 겪은 여러 후배의 고민을 들었습니다. 고민 해결에 도움이 될까 하고 이 책 내용을 공유했습니다. 그때마다 '직장 생활의 방향을 잡을 수 있었다.' '힘이 되었다.' '나답게 이겨내고 있다.'라는 피드백을 받았습니다. 그 덕분에 원고를 완성할 수 있었습니다. 큰 변화를 이야기하지 않았습니다. 아주 작은 실천만으로 직장에서 즐겁게 일하며 성취를 경험할 수 있는 태도 포인트를 넣었습니다. 진심으로 받아들이면 분명 인생에 변화가 일어날 것입니다. 익숙한 것들과 결별하는 데 약간의 용기가 필요할 뿐입니다. 오늘, 용기를 내보면 어떨까요? 저도 함께 돕겠습니다. 힘겨운 하루 끝 따뜻한 위로로, 때론 삶의 무게로 무거워진 이불을 힘차게 박차고 일어날 수 있도록 당신의 삶을 응원합니다. 할 수 있습니다. 한 발자국이 어렵지, 다음은 아주 쉽습니다.

마지막으로 감사를 전합니다. 저의 평생 강의 주제인 '모든 것은 태도에서 결정된다'를 책으로 출판하려는 계획을 알고 격려와 응원을 해주신 분들 덕분에 책 쓰기에 도전할 수 있었습니다. 주말에 책을 쓸 수 있도록 엄마를 양보해준 아이들에게 고마움을 전합니다. 책 쓰는 과정에서 인터뷰에 응해주시고 도와주셨던 분들 덕분에 완성할 수 있었습니다. 지금 재직 중인 회사의 동료 이야기는 책에 담지 못했습니다. 부담되실까 봐 조심스러웠거든요. 덕분에 많이 배웠습니다.

차례

일잘러들의 태도 5
탁월함을 추구한다 • 191

일잘러들의 태도 1

자기 주도성으로 일한다

1
일잘러는 일을
주도적으로 한다

주도적으로 했을 때 성취감을 느낀다

'이직할 것인가, 남을 것인가?'

직장인들이 늘 하는 고민이다. 지금보다 더 좋은 직장으로 이직하려면 어떻게 해야 할까? 지금 직장에서 인정받으려면 어떻게 해야 할까? 즐겁고 성취감 있는 직장 생활을 하려면 어떻게 해야 할까? 이 세 가지 질문에 대한 답은 아이러니하게도 같다. 지금 있는 '이곳'에서 주도적으로 행동해야 한다는 것이다. 주도적으로 일한 것만이 경력이 되고 실력이 되어 다음 길을 열어주기 때문이다. 특히 즐겁게 일하며 성취를 경험하고 싶다면 더욱 그렇다. 사람은 원래 주도적이다. 그래서 주도적으로 행동할 때 성과를 낼 수 있다.

직장에서 성취감을 느꼈던 때를 떠올려보자. 자랑하고 싶었던 일, 뿌듯했던 일, 탁월한 성과를 냈던 일도 좋다. 설렘을 주었던 일이나 작지만 보람 있었던 일도 좋다. 어떤 경험이 떠오르는가? 면접을 본다고 생각하고 책을 덮고 생각해보자. 직원들에게 똑같은 질문을 한 적이 있었다. 10년 전 교육과정에서 직원 350명에게 물었고 최근에는 일대일 인터뷰 형태로 600명에게 물었다. 강산이 변한다는 시간이 지났지만 답은 일치했다. 누가 시키지도 않았는데 스스로 판단해서 행동했을 때 성과도 좋았고 뿌듯하고 즐거웠다고 했다. "왜 그렇게까지 했는지 모르겠다. 정말 힘들었고 꼭 해야 하는 일도 아니었다."

말은 그렇게 해도 주도적 행동으로 결과를 만들었을 때 기쁘고 보람을 느낀다. 그 일을 하는 내가 멋져 보이는 것이다. 고객이 찾는 물건을 스무 군데도 넘게 전화를 해서 찾아준 일, 프로그램을 잘 만들기 위해 고민하던 중 공연을 보다가 아이디어가 떠올라 좋은 결과를 얻은 일, 디스크 수술을 받고도 사업 론칭을 위해 몰입했던 일. 그때를 이야기할 때 그들의 눈에서 빛이 났다.

스스로 선택할 때 즐겁고 재미있다

왜 스스로 선택하는 것이 중요할까? 피츠버그대 모리시오 델가도Mauricio Delgado 박사는 동기부여와 관련한 재미있는 실험을 진행했다.[1] 실험 참가자들에게 뇌를 촬영할 수 있는 영상fMRI 장비를 장착 후 1에서 9 사이 임의의 숫자가 5보다 작을지 클지를 예측해서 버튼을 누르라고 했다. 델가도 박사는 실험이 단순해서 참가자들이 지루해하리라 예측했다. 그러나 예측과 달리 참가자들은 맞으면 환호성을 질렀고 틀리면 실망감을 표현하며 재미있어 했다. 어떤 실험

---

1 『심리과학』, 2011

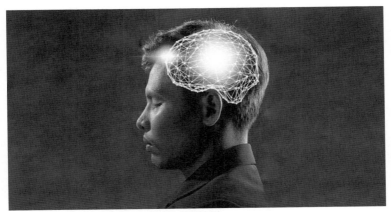

사람의 뇌는 스스로 선택하고 그 결과를 확인할 때
'즐거움'과 '성취감'이라는 선물을 주도록 설계되어 있다.

대상자는 게임을 집에서도 하고 싶다고까지 했다.

이번에는 실험을 조금 바꿔 다른 그룹에선 예측 대신 컴퓨터가 추천해주는 숫자를 누르라고만 했다. 그러자 사람들은 금방 실험을 지루해했다. 사람들의 뇌도 각각 반응이 달랐다. 스스로 추측하고 숫자를 선택하면 성패와 관계없이 뇌의 선조체Striatum 부분이 활성화된 반면에 컴퓨터가 대신 숫자를 선택해준 경우엔 선조체가 반응하지 않았다. 뇌의 선조체는 동기 부여, 쾌감, 새로운 뉴런 생성에 중요한 역할을 하는 부위다. 즉 사람들은 선택권이 있을 때 동기가 생기고 재미있다고 느끼지만 선택권이 없으면 동기가 사라지는 것이다.

주도적이라는 것은 무엇인가? 외부 자극에 곧바로 대응하지 않고 어떻게 반응할지를 선택하는 것을 말한다. 게임이든 일이든 외부 자극에 대해 내가 반응을 선택할 수 있을 때 즐겁다. 사람의 뇌는 스스로 선택하고 그 결과를 확인할 때 '즐거움'과 '성취감'이라는 선물을 주도록 설계되어 있다. 그때 동기라는 에너지가 생기고 새로운 세포까지 만들어냄으로써 미래에도 긍정적 영향을 미친다. 시키는 대로 하는 것이 아니라 스스로 할 때 즐겁다. 즐기면서 하는 일이 우리를 성장시킨다.

이끌어갈 것인가, 이끌려갈 것인가

"공부해라!"

엄마가 그렇게 말하면 공부하려고 했다가도 하기가 싫어졌던 경험이 다들 있을 것이다. 내가 주도적이지 않아서가 아니라 오히려 주도적이라 나타나는 현상이다. 내가 공부하려고 선택했다. 그런데 그런 주도적 상황에 외부요인이 개입하자 동기가 사라졌기 때문이다. 그런 상황이 반복되면 뇌가 학습하게 된다. 공부는 억지로 해야 하는 것, 재미없고 피하고 싶은 것, 하기 싫은 것으로 생각의 틀이 다져진다.

EBS 다큐멘터리 『공부 못하는 아이』에서 초등학교 4학년을 대상으로 주도성 실험을 했다. 실험 과제는 80문제를 푸는 것이다. 다만 환경적 조건을 달리했다. A그룹에는 강압적으로 한 시간 동안 80문제를 다 풀라고 지시했고, B그룹에는 한 시간 동안 80문제 중 자신이 풀고 싶은 문제만 선택해서 풀게 했다. 즉 어떤 과목을 풀지, 몇 문제를 풀지 선택하고 다 풀면 자유롭게 돌아다녀도 된다고 했다. 만족도는 B그룹이 높겠지만 문제를 더 많이 푼 그룹은 A그룹일 것이라고 예상할 수 있다.

A그룹은 20분간 높은 집중도를 보였다. 하지만 20분이 흐르자 집중력이 흐트러지기 시작했고 이후부터는 몸을 비틀어가며 간신히

누군가 시킨 일은 재미가 없다.

버텨내는 듯했다. 물론 80문제는 모두 풀었다. 제작진이 아이들에게 시험문제가 어땠냐고 묻자 모두 "어려웠다."라고 답했다. 반면 B그룹은 문제를 풀다가 쉬다 다시 문제를 풀면서 한 시간 내내 집중해서 문제를 풀었다. 그중 83%가 80문제를 다 풀었고 나머지 17%도 시작 전 약속했던 문제 수보다 더 많은 문제를 풀었다. 제작진이 동일하게 시험 문제가 어땠냐고 묻자 "쉬웠어요! 재미있었어요."라는 대답이 나왔다. 시험 점수도 B그룹이 평균 4.5점 더 높았다.

20년간 직장인 대상 교육을 해본 결과도 비슷하다. 의무교육보다 선택교육을 들을 때 더 집중하고 적극적으로 참여했다. 만족도도 높고 오래 기억했다. 회사의 유능한 IT 개발자 출신인 김 실장과 오랜 만에 대화했다. 김 실장은 프리랜서 시절에 지금보다 수입이 좋았다. 그런 그가 지금의 직장을 선택한 이유가 사내 교육 때문이었다고 했다. 10년 전 지금 다니는 직장의 직원 교육을 받았다고 한다. 그때 들은 내용이 도움이 되어 이 직장을 선택했고 지금도 그 내용을 기억하고 있다고 했다. 그는 "내가 선택해서 들어서 그런가? 지금도 그때 교재를 가지고 있어요."라며 그때 배웠던 용어를 놀랍게도 정확히 사용했다. 의무로 교육에 참여한 직원들은 그 내용을 기억하고 있을까?

공부뿐만 아니라 일도 마찬가지다. 마이다스아이티의 '20대 길소개꾼' 김정한 씨를 보면 알 수 있다. 정한 씨를 처음 본 것은 그의 회사가 주관한 교육에 참가했을 때였다. 진행자였던 그는 외모로만 보면 신입사원처럼 어려 보였지만 행동에서는 내공이 느껴졌다. 경력이 부족한 사원에게서 보이는 긴장감이나 아는 척, 강한 척 등의 방어나 치기가 없었다. 대신 일하는 자체가 즐거워 보였고, 2박 3일간 교육을 능숙하게 이끌었다. 정한 씨는 주도적인 삶을 살겠다고 중학교 때부터 이미 결정했다. 중학교 자퇴를 스스로 숙고해서 단행했고 다양한 삶을 경험하려고 노력했다. 팟캐스트도 운영했다. 다양한 경험을 주도적으로 한 덕분에 행복했다. '청년기획단-너랑'의 멘토링 스타트업을 만들어 청년들이 자신처럼 주도적인 삶을 살 수 있도록 안내했다. 다른 사람들에게 길을 안내해주고 싶어 유명 대학 신문방송학과에 진학했다. 현재 정한 씨는 채용 경쟁률이 1000:1이나 되는 지금 회사의 간판 길소개꾼이자 성남시와 함께 청소년 멘토링 프로그램을 진행하는 청년 멘토로 '주도적인 선택'을 전도하는 삶을 산다. 그 선택엔 즐거움과 함께 성과가 따라온다. 그는 오늘도 꿈을 실현하고 있다.

　선택과 성과와 즐거움의 연관성을 증명한 실험과 사례는 무궁무진하다. 주어진 과제에 대해 해결 방법을 스스로 고민하고 선택을 늘려나갈 때 재미있고 성과도 좋다. 누군가 시킨 일은 재미가 없다. 시간 배분, 우선순위, 강약 조절, 일 처리 방법 등 그 일 속에서 자율과 선택을 만든다. 회사가 아니라 자신의 즐거움과 성과를 위해 말이다. 먼저 고민하고 아이디어를 실행할 때 일에 끌려가지 않고 일을 이끌 수 있다. 이것이 일잘러들의 일하는 법이다. 사람이 가장 즐겁고 성취감을 느낄 때는 자기 주도적으로 일할 때다. 즐겁게 일했던 순간을 떠올려보자. 우리는 원래 주도적이다.

우선순위, 시간 배분, 일 처리 방법 어떤 것이든 좋다.
반드시 하나 정도는 내가 선택한다!

2

일잘러는 무엇을
할 수 있는지 안다

비 온다고 화낼 필요는 없다

나를 중심으로 보면 세상에는 딱 두 가지 일만 있다. 내가 할 수 있는 일과 할 수 없는 일이다. 전자는 내가 결과를 바꿀 수 있는 일이고 후자는 바꿀 수 없는 일이다. '말을 물가로 데려갈 수는 있지만 물을 억지로 먹일 수는 없다.'라는 말이 있다. 아무리 말에게 물을 먹이고 싶어도 내가 할 수 있는 일은 말을 물가로 끌고 가는 것까지다. 물을 먹는 것은 말의 몫이다. 억지로 먹일 수 없다. 내가 바꿀 수 없는 일을 바꾸려고 애쓰는 시간과 에너지는 쓸모없다. 내 마음대로 안 된다며 기분만 나빠지고 결과도 좋지 않다. 내가 바꿀 수 있고 영향력을 발휘할 수 있는 일에 집중할 때 할 수 있는 일이 늘어난다.

예를 들어 야외 데이트를 계획했는데 비가 오는 것은 어쩔 수 없다. 바꿀 수 없는 일을 받아들이는 겸허한 마음이 필요하다. 갑자기 오는 비에 짜증을 낸다고 변하는 것은 없다. 대신 우산을 준비하거나 데이트 장소를 실내로 바꾸는 것은 할 수 있다. 일에서도 마찬가지다. 좋은 결과를 위해 치열하게 고민하고 최선을 다하는 것은 할 수 있다. 하지만 수많은 변수가 작용하는 결과는 겸허하게 받아들여야 한다. 안타깝게도 할 수 없는 일에 매달린다고 달라지는 것은 없다.

외부 자극으로 부정적 감정이 생길 때마다 생각한다. 바람이 원하는 대로 불지 않는다고 걱정하고 화낸들 변하는 것은 없다. 바람의 방향이나 세기는 바꿀 수 없지만 배의 돛은 내가 조정할 수 있다.

부정적 자극에는 바로 대응하지 않고 잠깐 멈춘다

내가 할 수 있는 일과 할 수 없는 일을 구분하는 방법이 있다. 부정적 자극이 오면 반사적으로 바로 반응하지 말고 잠시 멈추는 것이다. 그리고 생각한다. 이 자극에 내가 어떤 행동을 할 때 결과를 바꿀 수 있을지, 내 행동은 누구에게 어떤 영향을 주는지 판단하는 것이다. 이렇게 바로 대응하지 않고 잠깐 멈추는 것만으로 외부 자극을 통제할 수 있다.

도로에서 갑자기 차가 끼어들면(외부 자극) '위험하게! 운전 좀 똑바로 하지!' 하고 감정이 훅하고 쳐 올라온다. 그때 바로 대응하지 말고 잠깐 멈춘다. 내가 화를 낸다고 변하는 것이 있을까? 심호흡을 하고 '객관적 상황 보기'를 해본다. '지금 내가 화내고 싫은 소리를 하면 그 소리를 듣는 사람은 나와 차에 타고 있는 가족뿐이네. 정작 잘못한 사람은 여기에 없고 내 화를 듣지도 못하는데. 더군다나 화를 낸다고 시원해지지 않잖아!' 화내는 것은 정말 아무런 이득이 없다고 생각하면 행동을 멈추면 된다.

외부 자극 → 잠시 멈춘다 → 바꿀 수 있는 일인가 생각한다 → 바꿀 수 있는 일이면 행동하고 바꿀 수 없는 일이면 행동을 멈춘다. 이것이 신호등 원리다. 잠시 멈추고(Stop, 빨간불) 생각하고(Think, 노란불) 행동한다(Action, 초록불).

브라이언 트레이시Brian Tracy는 "잠깐 멈춰서 생각하기만 해도 반응의 질이 향상된다. 그 잠깐의 시간이 성공을 위해 꼭 필요한 요건이고 성공한 사람들의 자질이기도 하다."라고 말했다.[2]

잠깐 멈춤으로 자극을 통제하면 인생을 적극적으로 개입하며 살아갈 수 있다. 내 인생의 진짜 주인공으로 살게 된다. 자극과 반응 사이엔 선택의 기회가 있다. 선택의 기회가 늘어나면 남다른 결과를 얻는다.

지금 이 순간 할 수 있는 일에 집중한다

직장에서 일하다 보면 잘 풀리지 않을 때가 있다. 상사, 동료, 일, 상황이 하나같이 '내 마음대로 되는 것이 하나도 없네!' 하는 생각이 들면 무기력이 몰려온다.

'무능한 걸까? 운이 없는 걸까?'

이런 생각이 들면 잠이 오지 않는다. 책 쓰기를 할 때도 그랬다. 책을 본격적으로 쓰기 시작하면서 갑자기 직장 일이 더 바빠졌다. 바쁘게 뛰다가 작은 사고가 났다. 일이 바쁘다는 핑계로 다친 상처를 내버려 두었다가 결국 일주일이나 입원하게 되었다. 퇴원 후 붕대를 칭칭 감고 원고를 쓰는데 써지지 않았다. 글도 형편없었다. 능

---

2 브라이언 트레이시 저, 허선영 역, 『겟 스마트』, 빈티지하우스, 2017

력이 안 되는데 시작한 걸까? 3일간 끙끙 앓았다.

'지금 이 순간 내가 할 수 있는 일이 무엇일까?'

슬럼프 때마다 잠을 푹 자고 나서 스스로에게 던지는 질문이다. 이 질문은 내가 할 수 없는 일에 집착하던 생각을 멈추게 했다. 마법의 주문이 되어 구석에 쪼그리고 앉아 있는 마음을 위로 끌어올렸다. 지금 할 수 있는 일은 다시 써보는 것뿐이다. 그렇게 다시 일어나면 된다.

내가 오랫동안 준비한 기획을 팀장이 막판에 방향을 바꾼다면 내가 할 수 있는 일이란 무엇일까? 다시 검토해도 내 기획이 옳은 방향이라는 판단이 들면 상황을 바꿀 수 있는 방법을 생각해 본다. 기획을 좀 더 보완한 후 다시 한 번 재고해 달라고 요청하는 것, 팀장 기분 좋을 때 재차 설득하는 것, 주변이나 전문가의 의견을 듣는 것, 팀장 의견을 수용하는 것, 때를 기다리는 것 모두 할 수 있는 일이다.

팀장 때문에 일을 못 하겠다는 생각에 빠지면 힘들어지기만 한다. 사실 팀장 의견을 그대로 받아들인 이유를 가만히 들여다보면 싸우기 싫어서, 설득할 자신이 없어서, 귀찮아서 등 모두 자신을 위한 포기였다. 사람은 자신을 위한 선택을 한다. 누구 때문이 아니다. 나의 선택이다. 할 수 있는 일이 없었던 것인지, 할 수 있는 일인데 용기가 없었던 것인지 돌아봐야 한다. 원하지 않는 상황을 바꾸려면 용기가 필요하다.

자신이 할 수 없는 일이라고 평계를 삼으면 변화는 없다. 내 인생이 남에게 조종당하는 장기판의 말처럼 느껴지는 것을 끊어내려면 내가 할 수 있는 일을 하기로 결단만 하면 된다.

다음은 이번 주 두 번이나 지각한 김 대리와 이 대리의 답변이다.

'내가 할 수 있는 일'에 집중하면 그것이 만능열쇠가 되어 세상을 열어 준다.

팀장: 대리님들 늦었네요! (왜 늦었는지 이유를 묻는 말이다.)

김 대리: 죄송합니다. 요즘 제가 긴장이 풀렸나 봅니다.

이 대리: 오늘 너무 길이 막히더라고요.

두 대리의 답변은 무엇이 다를까? 길은 늘 막힌다. 어제오늘 일이 아니다. 내가 통제할 수 없는 교통 상황을 핑계로 삼으면 또 늦을 수 있다는 말이다. 이유를 자신에게서 찾을 때 변화는 가능하다. 인생에서 집중해야 할 것은 자신과 변화할 수 있는 현재뿐이다. 이것이 '내가 할 수 있는 일'이다.

라인홀드 니버Reinhold Niebuhr의 기도를 소개한다.

주님, 바꿀 수 없는 일은 그대로 받아들이는 평온한 마음,

바꿀 수 있는 일은 바꾸는 용기를 주세요!

그리고 이 둘을 분별할 수 있는 지혜를 주세요.

신기하게도 할 수 있는 일에 집중하는 사람은 할 수 있는 일이 많아지는 반면, 할 수 없는 일에 집중하는 사람은 할 수 없는 일만 많아진다. '내가 할 수 있는 일'에 집중하면 그것이 만능열쇠가 되어 세상을 열어 준다.

부정적 감정이 들 때 신호등을 생각하자!
'잠깐 멈춤!이 필요한 순간이다.'

3

일잘러는 따르면서도
이끈다

자신만의 목표와 시도가 필요하다

직장에서 리더십만큼 중요한 것이 팔로우십이다. 이끌어야 할 때
도 있지만 따라야 할 때도 있다. 공동의 성과를 키우고 자신이 성장
하려면 역할에 따라 이끌거나, 따르거나, 비켜야 한다. 모여서 일한
다는 것은 한배를 탔다는 것이다. 모두 같은 목적지를 향해 함께 가
는 동반자다. 옳은 일이어도 또 주도적으로 일해도 자기 의견만 내
세우면 일을 성공시키기 어렵다. 주어진 일을 따르면서도 이끄는
법, 단순한 업무도 재미있게 만드는 법이 있다. 역할을 재정리하는
것이다. 자신만의 목표를 세우고 그 목표에 맞춰 다양한 시도를 하
는 것이다. 목표를 세우고 실행의 정확성을 확인할 때 일을 즐길 수
있다.

먼저 이끌기다. 직장에서 업무는 보통 위로부터 주어진다. 언제
까지 무엇을 해야 한다는 목표가 떨어진다. 내가 하고 싶은 업무를

선택하거나 원하는 방법대로 할 수 없다. 때로는 단순 반복적인 업무를 할 뿐 아무런 권한도 주어지지 않는다. 이런 상황에서 어떻게 주도성을 발휘할 수 있을까? 내 업무를 이끈다는 것이 가능한가? 직급이나 경력이 적을수록 의구심을 가질 수 있다. 하지만 분명한 것은 자신만의 목표를 세우고 정확히 실행할 때 누구든지 주어진 일을 즐겁고 주도적으로 할 수 있다는 것이다.

자신만의 목표를 세운다는 것은 방법, 프로세스, 내용 면에서 의미를 담은 작은 시도를 하는 것이다. 예를 들어 '조사 보고서 제출'에 대한 작은 시도는 '읽기 쉽고 가독성 높은 보고서'를 만들겠다거나 혹은 '고객의 관점을 제대로 전달하는 보고서'를 만들겠다는 자신만의 목표를 세우는 것이다. 그리고 가독성 높은 보고서를 목표로 다양한 시도를 하고 그 결과를 확인한다. 결과를 확인하는 과정은 1에서 9까지 숫자 중 5보다 큰지, 작은지를 선택하는 게임처럼 즐거움을 준다. 사소한 시도가 일에 얼마나 즐거운 생기를 불어넣는지 경험해보면 알 수 있다.

만약 교육 운영이 주어진 업무라면 그 안에서 다양한 시도를 해볼 수 있다. 단순 진행자로 역할을 한정하지 않고 교육 효과를 높이는 진행자로 역할을 확장한다. 그러면 보이는 것이 달라진다. 예컨대 교육 효과를 높일 수 있는 책상 배치를 고민해볼 수 있다. '교실형, 그룹형, U자형' 중 어떤 방식이 효과적일지 교수설계를 공부하고 적용할 수 있다. 교육 효과를 높일 수 있는 교육장 분위기, 랩업 보드판, 참여 유도, 후속 활동 등을 시도할 수도 있다. 그리고 나의 시도가 어떠한 영향을 줬는지 확인하는 것이 중요하다. 이 과정을 통해 더 당당해진 자신을 만나게 된다.

작게 시도하고 성취하는 기쁨을 느낀다

단순 작업에서도 자신만의 목표를 세울 수 있다. 단순한 작업을 재미있는 놀이로 바꾼 노애영 씨 이야기는 오래전 SBS 다큐 『몰입』를 통해 접하게 되었다. 당시 나의 업무 중 하나는 전 직원의 '교육비 확인'이었다. 이 단순 업무는 내 영혼을 갉아먹는다는 생각이 들 정도로 힘들었고 피하고 싶은 업무였다. 그러나 이 다큐를 보고 관점이 달라졌다.

서울 톨게이트에서 일하는 노애영 씨는 정산의 달인으로 통한다. 한 평 반 공간에서 매일 2,000명을 상대로 하는 정산 업무. 어찌 보면 단순하고 반복적인 일이라 지루하게 생각될 수 있지만 노애영 씨에게 일은 재미있는 놀이였다. 제작진이 비결을 묻자 "돈을 주고받을 때 (동선을 최소화해서) 탁 주고 척 받고 게임하듯이 해요. 자주 내주는 2천 원은 접어두고 동전도 한 번에 딱 잡으면 20개! 어, 이거 정말 딱 맞네. 거기서 재미를 느끼죠."라고 인터뷰하는 얼굴이 행복해 보였다. 자신만의 리듬을 따르는 노애영 씨에겐 일이 음악이고 게임이었다. 이 다큐의 부제는 '내 인생 최고의 특별한 행복으로 가는 길'이다.

반복적인 일도 스스로 역할을 바꾸면 게임처럼 할 수 있다. 일의 형식, 프로세스, 내용 등을 자신만의 방법대로 구사해 리듬을 타고 유려하게 일할 수 있다. 일에서 주도성을 발휘한다는 것은 용기를 내어 시도해본다는 것이다. 시도를 즐기고 확인하는 과정에서 성장할 수 있다. 시도에는 잘하고 싶은 마음과 방향성이 담겨 있으니 의미 없는 것이 없다. 그리고 시도의 결과가 계획대로 될 때 즐거움을 경험하게 된다.

아주 작은 것부터 시도해보자. '한 번에 동전을 20개씩 잡아야지!' 처럼 '세 시간 걸릴 일을 10분만 줄여볼까?' '순서를 바꾸면 10분이 줄까? 아니네. 그럼 어떻게 할까?' 시도하는 자체로 에너지가 발생한다. 작은 시도를 통해 성취의 기쁨을 느끼는 것이 내 일을 이끄는 일이다.

따르는 데도 주도적이어야 성장한다

직장에서 역할과 책임이 없다면 따르는 수밖에 없다. 하지만 따르는 일에도 주도성이 필요하다. 냉소나 방관 혹은 무관심이 아니라 건전한 비판과 의견 개진을 통해 주도적으로 따라야 한다. 함께 모여 일을 하는 이상 협력이 필요하다. 진심을 담아 의견을 말했으면 남은 것은 결정에 대한 인정과 수용이다. 결정이 된 다음에는 적극적으로 따른다. 사람은 누구나 역할과 책임에 따른 결정권을 보장받길 원한다. 동료나 리더의 결정권을 보장받게 하는 것, 그것이 주도적인 따름이다.

"이 일에 찬성할 수 없는데도 따라야 하나요?"

그렇게 질문할 수 있다. 조직에는 각각의 역할과 책임이 있다. 역할과 책임에 최선을 다한다는 것은 내 일이라고 하더라도 결정권이 없다면 설득하거나 따라야 한다는 것이다. 예를 들어 마케팅 업무 담당자가 아니라도 마케팅 광고에 관심을 가지고 제안할 수 있고 건전한 비판도 가능하다. 그러나 딱 거기까지다. 그 다음은 맡은 사람이 좋은 의사결정을 할 거라고 믿어줘야 한다. 그래야 내 영역도 보호받을 수 있다. 잘 따르면 이끌 기회가 온다. 리더십이 바늘이라면 팔로우십은 실이다. 주도적으로 이끌고 따르면 더 큰 기회가 주어진다.

나의 첫 직장 첫 후배인 희경 씨는 입사 때부터 눈에 띄었다. S대 출신이라는 후광과 똑 부러진 성격 덕이었다. 모두가 무서워했던 선배 윤 과장에게도 "이건 아닌데요. 알아서 하겠습니다."라며 하고 싶은 말은 다 했다. 내가 제안한 감성적 접근도 거부했다. "저는 안 좋아합니다." 단호했다. 그런데 일할 때는 달랐다. 희경 씨와 나는 1주간 함께 합숙교육을 진행하게 되었다. 나는 합숙교육 주 진행자였기에 내 스타일대로 감성적으로 교육을 진행했다. '태도'를 말뿐만 아니라 교육장 모든 면에서 경험할 수 있도록 운영했다. 교육 소개부터 간식은 물론 교육생 관리까지 감성적으로 챙겼다.

이때 희경 씨는 본인 스타일과 다른데도 불구하고 적극적으로 아이디어까지 내면서 따라 주었다. 의외였다. 교육 후 희경 씨에게 물었다. "생각보다 합이 잘 맞네요. 본인 스타일이 아닌데 왜 잘 따라 주었죠?" 그녀는 당연하다는 듯이 말했다. "내 스타일 아니라는 걸 알면서도 시켰잖아요. 그리고 주 진행자가 내가 아니고 선배잖아! 그럼 당연히 따라야죠. 그러라고 월급 주는 거 아닌가요?" 그녀는 지금 유명한 입시 학원장이 되어 내 월급보다 세 배 이상을 벌고 있다. 제대로 따를 줄 아는 사람은 이끌기도 잘한다.

팔짱을 끼고는 절대 성장할 수 없다

나는 초년 시절에 사회생활의 기본을 잘 몰랐다. 좋게 말하면 주관과 소신이 분명했고 나쁘게 말하면 융통성이 없어 우여곡절이 많

직장은 일터이자 밥터이며 평일 깨어 있는 시간의 70%를 보내는 삶터다.
그리고 일과 관계를 배울 수 있는 배움터다.

왔다. 내가 옳다고 생각하면 잘 굽히지 않아서 팀에서 쫓겨난 적도
있다. 그런데 설상가상 나를 쫓아낸 팀장이 1년 후 내가 새로 발령
난 부서의 팀장으로 부임했다. 나는 팀장의 정책을 따르기 힘들었
다. 그래서 더 이상 제안하지 않았고 점점 냉소적으로 변했다. 나를
위해서 떠나야 할 때라는 것을 직감했다. 당시엔 어려운 선택이었지
만 적극적인 선택 덕분에 지금 직장을 만나는 행운을 잡게 되었다.

만약 도저히 따를 수 없고 냉소와 무관심으로 얼룩진 자신을 보
게 된다면 자신과 동료를 위해 비켜야 할 때다. 불평 대신 요구, 평
가 대신 제안, 방관 대신 설득만이 변화를 이끌 수 있다. 이끌거나
따르지도 못하면서 평가하고 평론하고 원망한다고 바뀌는 것은 없
다. 이끄는 동료의 열정을 비웃고 일은 원래 지겨운 것으로 생각하
고 있다면 냉정하게 자신을 돌아보자. 그 상태가 지속된다면 더는
성장할 수 없다. 자존감이 낮아지고 힘들어진다. 나를 위해 냉정하
게 판단해야 한다. 따를 수 없는 조직이라면 내가 비켜야 한다. 기여

할 기회도, 배울 것도 없다면 당장 떠나야 한다.

직장은 일터이자 밥터이며 평일 깨어 있는 시간의 70%를 보내는 삶터다. 그리고 일과 관계를 배울 수 있는 배움터다. 지금 있는 곳에서 최선을 다해 시간을 활용하려면 이끌거나 따라야 한다. 자신만의 의미 있는 목표를 세워서 이끌자! 다양한 시도로 성취하는 재미를 늘려본다. 따르자! 동료가 치열하게 고민하여 만든 열정의 열매를 인정하고 적극적으로 따른다. 비키자! 나와 동료를 위해 비켜야 할 때는 비킬 줄 안다.

직장에서 할 수 있는 것은 이끌거나, 따르거나, 비키거나를 정확히 판단하여 실행하는 것이다. 그러면 기회는 여러 모양으로 찾아온다. 팔짱을 끼고는 절대로 즐거움, 의미, 성장의 사다리를 오를 수 없다.

팔짱을 끼고는 절대로 성장의 사다리를 오를 수 없다.
이끌 것, 따를 것, 비킬 것을 하나씩 적어보자.

4

일잘러는 스스로
답을 찾는다

답을 맞히는 학교 vs 답을 찾아가는 회사

"태어나려는 자는 한 세계를 깨뜨려야 한다."

헤르만 헤세의 대표 소설 『데미안』에 나오는 말이다. 새는 알 속에 있을 때 안전하다. 하지만 새는 알 속에 있으려고 태어난 존재가 아니다. 우리 역시 마찬가지다. 인생에서든 직장에서든 주도적으로 행동할 때 살아남는다. 지금은 뷰카vucA 시대다. 모든 것이 변동Volatility이 많고 불확실하며Uncertainty 복잡하고Complexity 모호하다Ambiguity. 다양하게 변화하는 고객 요구나 불확실한 시대에 적응해야 한다.

코로나 팬데믹Pandemic 이후 새로운 표준, 뉴노멀New Normal이 만들어지고 있다. 그 누구도 경험해보지 않은 세상이 펼쳐지고 있다. 이런 뷰카 시대엔 정해진 답이 없다. 그래서 스스로 답을 찾을 수 있는 자기 주도성이 필요하다. 주도하지 않으면 시장에서 살아남을 수 없다. 주도하지 않으면 타인의 생각대로 끌려간다. 나도 직장도 주도

새는 알 속에 있을 때 안전하다. 하지만 새는 알 속에 있으려고 태어난
존재가 아니다. 우리 역시 마찬가지이다.

적으로 행동하지 않으면 세상에 쓸려간다. 이제 선택해야 한다. 스스로 깨어 내 삶을 주도하면서 살 것인가 말 것인가. 그리고 주도적으로 살기로 했다면 직장을 성장터로 활용해야 한다.

대학과 직장 생활의 공통점과 차이점을 생각해보자. 대학과 직장은 배우고 성장한다는 점에서 공통점이 있다. 배운다는 점은 같지만 학교는 문제를 풀면서 돈을 낸다. 반면 직장은 문제를 풀면서 돈을 번다. 직장은 답을 맞히는 법을 배우고 수업료를 내야 하는 학교와 다르다. 직장은 변하는 시장 환경에 발맞춰 적극적으로 답을 찾아 조직에 기여하라고 월급을 준다. 직장인은 답을 찾아 문제를 해결해야 한다. 학생은 문제를 풀지 못하면 혼자 책임지면 되지만, 직장인이 문제를 풀지 못하면 조직이 함께 책임져야 하기 때문이다. 답을 찾아야 한다는 것을 알면 시키는 대로만 일할 수 없다. 오히려 주도적으로 일해야 한다. 그 결과 성과도 좋아지고 나도 성장한다.

직장에서 제대로 배우려면 주도적인 자세는 필수다. 만약 직장에서 월급만 받고 배우지 못한다면 나만 손해다. 직장은 새로운 업무들이 계속 생기고 목표가 바뀌는 곳이다. 시장에서 빠르게 대응해 살아남으려면 끊임없이 적용하기 위해 고민해야 한다. 직장은 학교와 달리 과제를 스스로 찾아야 한다. 선배도 선배의 과제로 바쁘다. "선배님, 어떻게 해야 하나요?"라고 아무 준비 없이 묻기보다 "선배님, 이건 이렇게 하려고 하는데요. 방향이 맞을까요?"라고 해야 한다. 내가 먼저 해결 방법을 고민한 후 질문해야 성과가 나에게 돌아온다. 주도적으로 고민할 때 좋은 답을 만들 수 있다.

주도적으로 일해야 실력이 는다

대리 때 있었던 일이다. 회사는 경영이 어려워지자 인력에 대한 대규모 구조조정을 감행했다. 당시 성장하던 회사였기에 꿈에서도 예상하지 못한 일이었다. 일하고 있으면 전화가 울리고 선배들이 새로 부임한 실장 방에 들어갔다가 눈물을 뚝뚝 흘리며 나와서는 말없이 짐을 정리했다. 20명 팀원 중 3분의 1은 현장으로 갔고 3분의 1은 집으로 갔다. 나머지는 20명 몫을 찍소리도 못 하고 일했다. 일이 많다고 불평할 수 없었다. 그때를 생각하면 아직도 서늘한 공포를 느낀다. 그런데 그날 모두를 놀라게 한 점이 있다. 새로 부임한 실장은 어떻게 주도적으로 일하는 선배들만 모두 남긴 걸까? 우리끼리만 안다고 생각했는데 그때 처음으로 조직이 무섭고도 놀라웠다.

뷰카 시대엔 실력을 키우는 것이 중요하다. 주도적으로 일하면서 실력을 키우는 것은 손실은 제로고 이익은 무한대인 가장 수익성 좋은 투자다. 손해볼 가능성이 제로다. 개인이 할 수 없는 경험을 직장이란 시스템 안에서 리스크 없이 할 수 있다. 물론 직장이란 시스템 안에서 노예가 아닌 일의 주인으로 일할 때만 얻을 수 있는 혜택이다. 주도적으로 일할 때 답이 없는 직장에서 답을 찾고 만들어낼 수 있다. 나는 성장하고 조직은 성과를 낸다. 그래서 조직에는 주도적인 사람이 필요하다.

이는 현장에서 실감할 수 있다. 현재 급격하게 채용 시장이 변하고 있다. AI 면접 등 기술적인 변화와 함께 기준도 달라졌다. 채용면접관으로 2,000명을 면접하면서 내가 중시하는 것도, 신입사원이든 경력사원이든 이전 회사 규모나 출신교의 수준 등 배경이 아니다. 말로 표현하는 성실이나 지식보다는 지원자가 '왜 일을 하고자 하는지' '어떻게 일을 했는지' '근성이 있는지'를 파악하려고 노력한다.

면접관들은 성장하는 사람을 선호한다. 따라서 응시자는 조직의 힘이 아니라 스스로 무엇을 할 수 있는지 증명해야만 한다. 회사의 명함만으로 살아남기는 어렵다. 평생 직업의 시대에서 꼭 필요한 사람은 주도적인 사람이다. 자기 주도성이 없으면 세상에서 선택받을 수 없다.

시키는 대로만 하지 않고 개선한다

앞서 소개했던 신호등의 노란불은 생각하기Think 다. 생각하지 않으면 주도적으로 일하는 방법을 배우지 못한다. 그러면 성장할 수 없고 변화하는 세상에서 도태된다. 간혹 "열심히 해봤자 너만 손해야. 그냥 시키는 대로만 해. 그럼 편해져."라고 말하는 사람들을 만난다. 대기업에 다니는 친구들을 보며 "부잣집 노예라 좋겠다."라고 한다. 그런데 그렇게 생각할 때 우리는 정말 노예가 된다. 생각하지 않는 습관이 들면 좋은 기회가 다가와도 실력이 없어 잡을 수 없다.

남들보다 편하게 시키는 대로 일하면서 실력이 늘고 인정받는 일은 없다. 고민 없이 편하게 일하면 이득처럼 보이지만 인생의 기초를 다질 기회를 잃게 된다. 인생의 기초가 부실하면 폭풍우를 만났을 때 위험에 쉽게 노출된다.

사과 따는 일을 잘하는 노예가 있었다. 일만 열심히 하면 성공할 것이라 생각했다. 아무 생각 없이 손 빠르게 일하는 법을 익혔다. 다른 이보다 두 배 이상 일을 했다. 사과 농장 주인은 일 잘하는 노예에게 상을 주고 싶었다. "이제 뜨겁고 더운 태양 아래서 땀 흘리며 사과를 따지 않아도 돼. 대신 집에서 편하게 사과 크기 분류만 하고 쉬어. 오전이면 끝낼 수 있을 거야." 주인은 노예에게 일을 주고 외출했다. 오후에 집에 돌아와 보니 다 되어 있을 줄 알았던 작업은 반도 되어 있지 않았다. 주인은 화가 났다. "내 너를 위해 배려했건만…" 노예는 대답했다. "주인님! 사과 따는 일은 크기에 상관없이 무조건 따기만 하면 되는데, 어떤 사과가 큰지 작은지 구분하는 것은 저에겐 더 힘이 듭니다." 주인은 이 노예를 사과밭으로 돌려보낼 수밖에 없었다. 이처럼 생각하지 않으면 평생 시키는 일만 해야 한다.

서울 유명 대학 연구실의 김 교수와 36년간 고등학교에서 제자를 길러 오신 강 선생께 성공한 제자들에겐 어떤 특징이 있는지를 물어본 일이 있다. 두 분 모두 같은 이야기를 해주셨다. 일 잘하는 사람들은 시키는 대로만 일하지 않고 '어떻게 더 잘할 수 있을까?' '무엇을 개선해서 더 나은 방법, 절차, 내용을 만들까?'를 고민하며 일한다는 것이다. 다른 의견도 이야기하고 왜 그런지 이유도 물어보며 목적만 맞는다면 방법을 개선해서 일의 결과를 가져온다.

이렇게 일하는 제자들은 모두 잘 풀렸다. 시기 차이가 있을 뿐

생각하면서 살고 주도적으로 일하는 것은 남이 아니라 나를 위해 필요한 일이다.
나의 경력을 위해, 전문가가 되기 위해, 나의 브랜드를 만들기 위해서다.

반드시 길은 열렸다. 주도적으로 일하는 사람은 결과를 잘 만들어낸다. 고등학교 때 공부를 썩 잘하지는 않았지만 영업반장으로 불리던 제자는 지금 미국에서 꽤 튼실한 기업체를 운영하고 있다. 자기 공부하기도 바쁜데 "이래야 빨리 끝내죠."라며 기꺼이 친구 공부를 돕던 제자는 유명 치의대에 진학해서 분당에서 병원을 개업했다고 한다. 사례에서 모두 공통된 의견은 주도적인 학생들이 성공한다는 것이다. 학교나 직장이나 인생의 성공법칙은 같다.

삶은 살아지는 게 아니라 살아내는 것이다

지금 다니는 직장은 나의 삶에서 일부분일 뿐이다. 생각하면서 살고 주도적으로 일하는 것은 남이 아니라 나를 위해 필요한 일이다. 나의 경력을 위해, 전문가가 되기 위해, 나의 브랜드를 만들기 위해서다. 이후 사업을 하려고 해도 제대로 일을 배워야 한다. 주도적으로 생각할 때 성장한다. 세상에 공짜는 없다. 다르게 일하는 것이 쌓이면 몸값이 달라진다. 찾는 곳이 많아지고 급이 달라진다. 일 잘하는 사람이 일 잘하는 사람을 알아보는 법이다.

나를 찾는 곳이 많다는 것은 내가 잘하고 있다는 증거다. 땅에만 명당이 있는 것이 아니다. 사람에게도 명당이 있다. 사람이 자주 찾고 그 사람 주위로 사람들이 모인다면 그 사람 주위가 명당이 된다. 땅이 명당이라서 사람이 모이는 것이 아니다. 사람이 자꾸 모이면 명당이라고 불리는 것이다. 로또 1등 명당도 사람이 많이 다니는 곳에서 확률적으로 1등이 나온다. 이것이 소문이 나고 반복되어 1등이 또 나오면 로또 명당이 되는 것이다. 그러니 내게로 일이 자꾸 모여든다고 불평할 이유가 없다. 내가 사람 명당이 된 것이다. 일이 많아 넘치게 되면 자연스레 내 주변으로 조직이 구성되고 나는 조직을 이끌게 된다. 일복도 말 그대로 복이다.

하지만 직장에서 주인의식은 필요 없다. 오히려 위험하다. 다른 사람이 주인이 되어야 할 일에 내가 주인이 되려 하고 나와 직장을 동일시해 내 삶을 올인했다면서 후회한다. 직장이 아니라 내가 하는 일, 내 삶의 주인이 되어야 한다. 내 일은 내가 이끌 수 있도록 실력을 키우고 치열하게 고민하면서 나를 위해 일하고 그 결과로 직장에 기여하면 된다.

대기업은 시스템으로 일하고 디지털 의존도는 점점 높아진다. 우리는 그러한 환경을 경계해야 한다. 생각하는 능력을 잃으면 안 된다. 직장이라는 보호막이 있을 때 생각하고 주도적으로 일하는 법을

내가 좋고 옳다고 믿는 대로 살려면 직장을 성장터로 활용해야 한다.
그렇지 않으면 세상에 쓸려가 버린다.

익혀야 한다. 시키는 대로만 하면 삶도 따라간다. 세상에 쓸려가 버린다.

BTS도 말하지 않던가. "멍 때리다간 너, 쓸려가. 억압만 받던 인생 네 삶의 주어가 되어봐. 삶은 살아지는 게 아니라 살아내는 것, 멍 때리다간 너, 쓸려가."(「No More Dream & Tomorrow」 중에서)

주도적으로 살려면 직장을 성장터로 활용해야 한다.
월급만 받고 성장하지 못하면 손해다.

5

일잘러는 남 탓을
하지 않는다

자기 합리화는 할 수 있는 일을 없애버린다

우리는 일상에서 수많은 선택을 한다. 더 잘할 수 있고, 나아갈 수 있는데 '이 정도면 됐지. 충분히 한 거야.'라며 적당히 타협하고 '그일을 진행하지 못한 건 회사 시스템 문제야.' '다이어트 실패 이유는 회식이 많아서 그래.' 등 '무엇 때문에'라는 조건을 핑계로 책임을 외부로 돌린다. 때로는 '이렇게 생겨먹었는데 어쩌라는 거예요. 원래 머리가 나빠요.'라고 스스로를 비난하며 상황을 모면하려고 한다.

타협, 조건 핑계, 자기 비하 등의 자기 합리화는 가능성의 문을 닫는다. '할 수 있는 일'의 한계를 만들고, '해야 할 일'을 외면하게 한다. 모든 일에는 가능과 불가능이라는 양면이 있다. 자기 합리화는 유독 불가능한 면만 보게 해 '할 수 있는 일'을 없애버린다. 자기 합리화 이면에는 '내 잘못은 없어. 환경이 바뀌어야 나는 할 수 있어.'라는 자기 보호와 '결심하지 않았을 뿐이야. 맘만 먹으면 할 수 있

합리화는 내가 진정으로 바라는 것을 이루지 못하도록 기회를 차단한다.
절대 개선할 필요가 없도록 이유를 만들고 안주하게 한다.

어.'라는 자기 위안이 숨겨져 있다.

내 마음을 보호하는 것은 자연스러운 방어기제다. 일시적으로 압박받는 내 마음을 편하게 하는 역할을 하기도 한다. 합리화 자체가 나쁜 것은 아니지만 그것이 단지 변화를 포기하는 이유로 사용될 때 불행은 시작된다. '남들도 다 그래!' '회사 규정 때문에 어쩔 수 없었어!'라고 스스로 정한 한계는 심리적 감옥을 만들어 자신을 가두게 된다. 무기력해지면서 '세상 다 그렇지 뭐.' 하는 냉소로 이끈다. 안타깝게도 냉소만으로 해결되는 것은 없다.

"벗어날 수 없다고 생각하면 좌절하게 된다."

TV 프로그램 『어쩌다 어른』에서 아주대 심리학과 김경일 교수가 한 말이다. 김경일 교수의 친구인 고려대 심리학과 고영건 교수가 질문했다. "김 교수, 지옥에 있는 사람들보다 더 힘든 사람들이 누군지 알아? 그건 지옥을 보는 사람들이야." 그 이야기를 들은 김경일 교수는 그 말에 심리학의 수백 가지 연구들이 압축된 것 같은 느낌을 받았다고 한다. 우리 뇌는 고통받는 상대방을 볼 때 비슷한 스트레스를 받는다. 나 역시 그와 같은 고통에서 벗어날 수 없다는 느낌을 받기 때문이다. 사람은 벗어날 수 없다고 느낄 때 가장 큰 스트레스를 받는다.

자기 합리화를 멈추면 가능성이 보인다

자기 합리화는 어떤 일을 한 뒤에 자책감이나 죄책감을 벗어나기 위해 그것을 정당화하는 것이다. 원하지 않은 결과나 상황을 해명할 때 자주 나타난다. 그러나 잘못된 자신의 행동, 말, 소신에 대해 인정하는 대신 그럴 수밖에 없었다고 자기 합리화로 매번 방패막이를 하면 결국 그 상황을 벗어날 수 없게 된다.

수많은 가능성과 기회를 놓치지 않으려면 자기 합리화를 멈추고 생각을 다시 해야 한다. 첫째, 정말 내가 할 수 있는 최선을 다한 게 맞는지, 할 수 있는데 먼저 포기하고 합리화하고 있는 것은 아닌지 스스로 점검해야 한다. 둘째, 유전자, 체질, 지능 등 변하지 않는 것을 핑계로 삼은 것이 아닌지 확인해야 한다. 체질이라서 어쩔 수 없다고 자신을 합리화하는 대신 "물만 먹어도 찌는 체질이라 남들보다 덜 먹어야 해요."라고 한다면 원하는 것을 얻을 수 있다. 셋째, 자기 비하로 스스로의 가치를 떨어뜨리며 살고 있지는 않는지 살펴봐야 한다. 능력 부족이라 말하며 회피하거나, 남에게 비난받을까 봐 두려워 자기 스스로를 벌주는 자기 비하는 멈춰야 한다. 넷째, 조건

용기를 내고 한 발을 내밀어야 한다. 행동은 두려움을 이기게 한다.

때문에 할 수 없다는 생각이 든다면 최적의 조건이란 주어지는 것이 아니라 직접 만들어가야 한다는 것임을 알아야 한다.

행동은 두려움을 이기게 한다. 긴장된 생활이 계속되면 누구나 지치게 마련이다. 지친 마음을 위로하되 합리화하기보다 한 발자국 다르게 걷는 '발 바꿈'이 필요한 순간이 있다. 만약 다람쥐 쳇바퀴 돌고 있다는 생각이 들면 과감하게 벗어나야 한다. 쳇바퀴에서 내려올 수 있는 사람은 나밖에 없다. 용기를 내고 한 발을 내밀어야 한다. 내가 싫은 그 공간에서 나를 구출해야 한다. 원래부터 당연하게 어쩔 수 없는 일이란 없다. 자기 합리화를 멈추면 새로운 가능성이 보인다.

남 탓은 남에게 삶의 자리를 내주는 것이다

정답 없는 막막한 세상에서 숨 쉴 틈 없이 바쁘게 살다가 힘이 들면 남 탓을 하게 된다. 남 탓은 심리적으로 책임에서 벗어나게 한다

남 탓을 하는 것은 나에게 해롭다. 문제 상황을 내가 할 수 없는 일로 바라보기 때문이다.

는 장점(?)이 있다. 하지만 남 탓을 하는 것은 나에게 해롭다. 힘든 상황에서 벗어나지 못하게 하면서 원망만 더해지기 때문이다. 원망하기 시작하면 감정의 노예가 된다. 이럴 땐 전환점이 필요하다.

남 탓은 타인을 가해자로 보고 자신은 희생자로 보는 시선이다. 나는 옳고 타인은 틀렸다는 생각을 바탕으로 한다. 그런 생각은 내 책임은 축소하고 타인의 잘못만 부각하여 피해의식을 쌓는다. 안타깝지만 상처가 많고 여유가 없을수록 자신도 모르게 남 탓의 굴레에 갇히게 된다. 남 탓에서 빠져나오려면 자신을 희생자에서 책임자로 전환하고 타인은 나처럼 괜찮지만 부족함이 있는 사람으로 바꾸어 생각해야 한다.

나 또한 직장 초년 시절 힘들다며 남 탓을 많이 했다. 미움과 원망과 서운함을 켜켜이 마음 가득 쌓았다. 팀장 때문에 너무 힘들었다. 꾹 눌러 참을 뿐 할 수 있는 일이 없었다. 자괴감이 몰려오니 저

주도성이 없는 사람은 불평과 남 탓이 많다.
상사가 일을 맡기고 특별한 피드백이 없으면 신경도 안 쓴다고 불평하고,
상사가 보고와 피드백을 중시하면 일할 맛 안 나게 이래라저래라 해서 싫다고 한다.

절로 나를 들여다보게 되었다. 성찰의 시간을 보내며 위로의 책을 읽고 좋은 이야기를 듣다가 문득 깨달았다. 직장 생활에서 누구 때문에 하는 것은 아무것도 없다는 것이었다. 남 탓을 멈추니 비로소 보이는 것들이 있었다. 팀장 때문에 참는 것이 아니라 팀장과 불편해지는 것이 싫어서 참았구나!

어쩔 수 없었던 것이 아니라 모두 내가 나를 위해 내린 선택이었다고 생각하게 되니 내가 할 수 있는 일들이 보이기 시작했다. 마음이 고요해지자 밝아지는 세상이 보였다.

타인이 주인인 남 탓 대신 내가 주인이 되자

남 탓을 멈추고 나를 돌아볼 때 변화의 불씨가 살아난다. 해결책이 나에게 있다는 것을 깨달을 때 바꿀 수 있다. 직장은 규정, 시스

내가 주인공인 내 인생 스토리를 남 이야기로 채우면 안 된다.
그것을 끊어내려면 합리화와 남 탓을 멈춰야 한다.

템, 상사의 의사결정대로 일이 진행되는 곳이다 보니 남 탓을 하기
쉽다. 일의 압박으로 속이 답답하면 스트레스 해소 차원에서 숲으로
가서 "임금님 귀는 당나귀 귀다!" 하고 외칠 수 있다. 그러나 위로가
끝났으면 내 일의 주도성을 되찾아야 한다. 상사가 말귀 못 알아듣
는다고 탓하기 전에 내가 설득하지 못했다고 생각하면 다른 방법을
찾게 된다. 그러면 다음엔 실패를 줄일 수 있다.

　나쁜 것들은 탓한다고 없어지지 않는다. 다룰 방법을 찾아야 한
다. 주도성이 없는 사람은 불평과 남 탓이 많다. 상사가 일을 맡기고
특별한 피드백이 없으면 신경도 안 쓴다고 불평하고, 상사가 보고와
피드백을 중시하면 일할 맛 안 나게 이래라저래라 해서 싫다고 한
다. 하지만 주도성 높은 사람은 일을 맡겨주면 기회로 받아들인다.
또 상사의 중간 피드백을 내 일의 완성도를 높이는 것으로 여겨 고

마워한다. 내가 주인이 되면 해석이 달라진다.

팀장 때문에, 동료 때문에, 남편 혹은 아내 때문에 못살겠다는 말을 잘 들여다보자. 그 말에는 내가 없다. 팀장, 동료, 남편, 아내, 즉 타인이 주어다. 내 삶을 쥐고 뒤흔들도록 타인에게 주인 자리를 내주고 힘들어하고 있다. 이때는 주어를 나로 바꾸는 결단이 필요하다. 팀장이 나를 힘들게 하면 내가 그 상황을 다루기 위해 무얼 해야할까? 동료가 내가 가는 길을 훼방한다면 그러지 말도록 하기 위해 무엇이 필요할까? 내가 원하는 방향으로 조금씩 상황을 바꾸기 위해선 무엇보다 먼저 나를 주어로 만들어야 한다. 그래야 내가 내 삶의 주인이 된다. 자기 합리화와 남 탓하기를 멈출 때, 합리적 실패자의 길에서 빠져나올 수 있다.

남 탓 했던 일을 적어보자. 생각이 안 난다고 회피하지 말자.
반드시 있으니 적어보자. 그리고 적은 것에 두 줄을 그어 지운다.

일잘러들의 태도 2

긍정 에너지를 활용한다

1
일잘러는 잘하는 것에
집중한다

분명 누군가는 이 문제를 잘 해결하고 있다

문제를 해결하려면 먼저 무엇을 해야 할까? 일반적으로 문제가 발생하면 무엇이 문제이고 원인이 무엇인지 진단한다. 그런데 이상하게도 문제를 진단하고 제거해도 또 발생한다. 그렇다면 문제 해결을 위해 시각을 바꿔보자. 문제가 발생하는 상황 말고 문제 없이 잘 진행되는 상황에 집중한다. '무엇이 문제인가?'라고 묻는 대신 '무엇을 잘하고 있는가?'에 집중하는 것이다. 이런 방법을 '긍정적 문제 해결법'이라 한다.

이와 같은 방식은 아무리 어려운 문제라도 '분명 누군가는 이 문제를 잘 해결하고 있다.'라는 전제에서 시작한다. 현재 상황에서 최고로 잘하고 있는 사례를 찾아 특이한 예외로 보지 않고 일반적인 상황에 적용해보는 것이다.

예를 들어 청소년 문제 해결 프로젝트를 살펴보자. 일반적인 문

긍정적 문제 해결법은 모든 문제가 해결 가능하다고 생각한다.
문제를 다르게 규정하면 보이지 않던 다른 세계가 보인다.
가능성이 있다고 생각할 때 일이 잘 풀리고 에너지가 좋아져 지속하게 한다.

제 해결법은 열악한 가정환경 조건을 파고드는 것이다. 반면 긍정적 문제 해결법은 어려운 가정환경 속에서도 건강하게 잘 자란 아이들을 연구하는 것이다. 그리고 가장 잘 극복한 사례를 보편화할 수 있는 방법을 찾는다. 문제를 다르게 규정하면 보이지 않던 다른 세계가 보여 일이 잘 풀린다.

다른 전문가들이 해결하지 못했던 베트남 기아 문제를 미국의 영양학 교수인 제리 스터닌Jerry Sternin이 해결하면서 긍정적 문제 해결법이 널리 알려졌다. 1980년대 후반 베트남 아이들이 영양실조로 죽어가자 국제 구호단체에선 음식 등 구호품을 보냈다. 하지만 구호품이 떨어지면 아이들은 다시 영양실조로 죽었다. 문제는 분명했다. 먹을 것이 없었고 위생은 엉망이었다. 더 많은 돈과 자원이 필요했다. 어떻게 하면 아이들을 살릴 수 있을까? 많은 전문가가 문제를 해결하려고 시도했으나 실패했다. 모두 하나같이 아이들에게 먹을 것을 먹였지만 그들이 떠나자 다시 굶는 상황이 반복되었다.

여기서 제리 스터닌 교수는 모든 아이가 죽는 것은 아니라는 사실에 관심을 가졌다. 같은 환경인데도 유독 좋은 건강 상태로 살아 있는 아이들이 있었다. 그는 이 아이들은 무엇이 다를까에 집중했다. 아이들의 부모들은 2회 식사량을 4회로 나누었으며 쉽게 구할 수 있는 고구마 잎이나 작은 새우를 섞어 먹였다. 지역의 관습과 달리 설사를 해도 밥을 먹이고 밥을 먹기 전에 꼭 손을 씻게 했다.

제리 스터닌 교수는 10가구씩 묶어서 저녁 식사를 같이 준비하게 하는 이벤트를 만들어 이 같은 방법을 전파했다. 그 결과 6개월 만에 245명의 아이들이 호전되었다. 죽는 아이들이 아니라 건강한 아이들에게 집중할 때 새로운 해결 방법을 찾을 수 있었던 것이다.[3]

공개채용 경쟁률 1,000대 1의 회사, 누구나 가고 싶어 하는 회사 대표에게 직접 들은 이야기다. 그는 사람이 회사를 키운다는 신념으로 일하기 좋은 환경을 만들기 위해 애를 썼지만 퇴사자가 계속 생겨났다. 처음엔 퇴사자 면담을 통해 발견된 문제점을 개선하려고 노력했다. 일반적으로 퇴사는 상사와의 관계, 연봉, 제도, 개인 커리어, 개인 사정 등 저마다의 이유가 있는데 이유를 정확하게 알아냈다고 해도 문제를 해결하기가 쉽지 않다. 퇴사 원인을 찾아 제도를 계속 바꿨지만 도무지 해결되지 않았다. 결국 접근 방법을 바꿨다. 퇴사자가 아닌 열정을 가지고 근속하는 사람들을 연구하기 시작했다. 그 결과 근속하는 사람들을 위한 더 좋은 직장이 되었다고 했다.

이 회사의 개선 사례를 들으면서 깨달은 것은 긍정적 문제 해결

---

3 댄 히스·칩 히스 저, 안진환 역, 『스위치』, 웅진지식하우스, 2010
   제리 스터닌·모니크 스터닌·리처드 파스칼 저, 박홍경 역, 『긍정적 이탈』, 알에이치코리아, 2012

법은 문제를 바라보는 시선이 건강하면서도 따뜻하다는 것이다. 긍정에 집중하니 문제를 해결하는 사람들이 받는 스트레스도 줄었다. 좋은 결과를 지속하게 하는 힘도 있었다. 안정적인 상태에서 문제를 지속적으로 관리할 수 있게 되는 것이다.

어려운 문제는 다르게 보고 복잡한 문제는 단순하게 보자

직장에서 발생한 문제들은 얽히고설켜 복잡하다. 복잡한 문제를 해결하려고 파헤치다 보면 안 되는 것과 나쁜 것 등 어두운 면이 강조되어 보인다. 더욱이 문제가 복합적인 원인으로 발생한 경우 해결도 못 하고 들쑤셔 놓는 상황이 되기도 한다. 그러다 보면 우리가 가진 고유의 좋은 점, 긍정적 강점을 놓치곤 한다. 세상 모든 일에는 음과 양, 강과 약이 있다. 문제를 다르게 보면 고인 물에 물꼬가 트이면서 오랫동안 풀리지 않던 난제가 해결된다.

"다 해봤는데 소용없어요!"라는 생각이 든다면 의식적으로 생각 돌아눕기가 필요하다는 신호. 그럴 때 질문을 바꾸어본다. "왜 안 될까?"라는 부정적 질문은 멈추고 "어떻게 할 때 잘됐지? 해결한 사람은 어떻게 했을까?"를 의식적으로 묻는다. 질문質問은 본질質로 들어가는 문門이다. 올바른 질문은 올바른 길을 열어준다. 질문을 바꾸면 방향 전환이 가능하다.

팀 미션의 일부만 담당하던 사원 기간을 지나 대리로 승진한 후 첫 단독 미션이 주어졌을 때의 일이다. 미션은 직원 대상 설문이었는데 팀장이 명령한 목표는 50% 회수율이었다. 그런데 알고 보니 이전에도 비슷한 설문을 진행한 적이 있었는데 회수율은 20%에 불

'우리는 무엇을 잘하는가? 잘하는 사람은 어떻게 문제를 해결했는가?' 등
잘한 점에 집중해보자. 그럼 풀리지 않던 문제를 해결할 수 있다.

과했다. 동기들은 우리 회사 문화에서 50%는 불가능하다고 했고
30% 회수면 선방이라고 했다. 이 말에 전에도 달성한 적 없었던 과
도한 목표를 맡긴 팀장이 살짝 원망스러웠다. 그때 우리 팀 에이스
대리가 "방법이 있을 거야, 찾아보자."라고 한 말에 용기를 냈다.

"왜 사람들은 설문에 응하지 않을까?"와 같은 과거 부정적 결과
에 집착해서 복잡하게 분석하고 따지지 않기로 했다. 단순하게 접근
해서 "설문 회수율을 높일 방법은 무엇일까?"라고 묻자 아이디어가
떠올랐다. '대리(과장 등 직급명)님의 고견을 기다립니다. 설문참여
미리 감사드립니다.'라는 라벨을 붙여 자비로 구입한 박카스 한 병
과 함께 설문지를 배포했다. 결과는 87% 회수! 그뿐만 아니라 생각
지 못했던 추가 효과까지 얻게 되었다. 아이디어와 문제 해결 방법
이 남다른 사람으로 인정을 받았던 것이다.

문제에만 집중하는 사람이라면 '우리는 이런 것이 문제야.' '이 문제는 누구 때문이야.'를 따지고 잘잘못을 힐난하는 데 더 많은 시간을 보낼 것이다. 하지만 '우리는 무엇을 잘하는가? 잘하는 사람은 어떻게 문제를 해결했는가?' 등 잘한 점에 집중해보자. 그럼 풀리지 않던 문제를 해결할 수 있다. 단순한 것이 때로는 복잡함을 이기는 법이다. 문제는 해결된다고 단순하게 생각하고 잘한 점에만 집중하자. 새로운 문제 해결 가능성이 열린다.

안 풀리는 일이 있다면 잘된 사례를 찾는다.
"잘된 사례의 가능성을 믿고 단순하게 실천한다. 바로 지금부터."

2

일잘러는 팩트를 긍정적으로 해석한다

동일한 상황도 해석에 따라 결과가 달라진다

"좋은 환경에서는 좋게, 나쁜 환경에서는 나쁘게 일이 풀린다."

사람들은 그렇게 말한다. 주어진 환경에 따라 모든 것이 결정된다는 것이다. 그런데 사실 인생은 그렇지가 않다. 인생은 보드게임과 같아서 게임의 승부는 어떤 카드를 받았는지보다 어떻게 게임을 진행하는가에 따라 결정된다. 좋은 카드는 게임 초반에 유리한 것처럼 보이지만 승리의 결정적인 조건은 아니다. 그것보다 카드를 어떻게 해석하고 활용하는지에 따라 게임의 승부는 갈린다. 환경이나 상황이 동일해도 그것을 해석하고 대응하는 방식에 따라 결과는 큰 차이를 낳는다.

예를 들어 가정 형편이 어려워서 공부를 열심히 하는 사람도 있지만 동일한 이유로 공부를 소홀히 하는 사람도 있다. 자린고비 부모의 영향으로 절약이 습관이 된 사람도 있지만 반대로 돈을 펑펑

인생은 보드게임과 같아서 게임의 승부는 어떤 카드를 받았는지보다
어떻게 게임을 진행하는가에 따라 결정된다.

쓰는 사람도 있다. 한 직장에서 동일한 일을 하는 사람들의 만족도
도 사람마다 제각각 다르다. 누구에게나 공평한 시간도 해석에 따라
달리 사용된다. 약속 시각까지 두 시간 남았을 때 두 시간밖에 남지
않았다고 생각하며 흘려보낼 수도 있다. 반면 두 시간이나 남았다고
생각하고 내가 원하는 무언가를 할 수도 있다. 이처럼 해석에 따라
우리는 다른 행동을 보인다. 그 일을 어떻게 해석하고 반응하는가에
따라 행동은 달라지는 법이다.

2020년 전 세계는 전파력이 막강한 코로나바이러스라는 무서
운 위협을 받았다. 그런데 각 국가는 동일한 위협에 저마다 다른 반
응을 보였다. 모든 정보의 공개로 위기를 해결하려는 국가가 있는
가 하면 무조건 은폐하려는 국가도 있다. 방역에 온 힘과 예산을 투
입하는 국가가 있는가 하면 집단 면역을 위한다며 방치하는 국가도
있다. 일상생활을 하면서 사회적 거리 두기를 하는 국가가 있는가
하면 집 밖 출입을 강하게 제한하는 국가도 있다. 결국 외부 위협을
어떻게 해석하고 어떻게 대응하느냐에 따라 결과는 엄청난 차이를

만델라가 대통령이 된 후 참모들이 교도관들을 어떻게 할지를 물었다.
"저의 급하고 사나운 성격이 옥중에서 교도관들 덕분에 억제되었습니다.
이분들이 없었다면 나는 나와 입장을 달리하는 사람과 대화하는 법을
배우지 못했을 겁니다."라고 말했다.

보였다.

내가 교육 직무 경력직으로 이직 후 바로 겪었던 일이다. 모든 것에 민감하고 긴장할 때였다. 첫 사내교육을 준비하는데 사내 핵심부서인 개발부 팀장이 "업무하기도 바쁜데 무슨 교육이냐?"라며 거세게 항의를 했다. 교육하는 것이 내 일이고 본인 부서에 도움이 되는 교육인데 왜 저럴까 하는 원망의 마음이 들었다. 두렵기도 했고 피하고 싶은 마음에 의기소침해졌다. 그때 넬슨 만델라Nelson Mandela 대통령의 수감 시절 이야기를 우연히 읽었다.

만델라 대통령이 수감생활을 할 때 유난히 가혹했던 교도관들이 있었다고 한다. 만델라가 대통령이 된 후 참모들이 교도관들을 어떻게 할지를 물었다. "저의 급하고 사나운 성격이 옥중에서 교도관들 덕분에 억제되었습니다. 이분들이 없었다면 나는 나와 입장을 달리하는 사람과 대화하는 법을 배우지 못했을 겁니다."라고 말했다

고 한다. 이 이야기를 읽고 마음을 다잡았다. 개발부 팀장이 인정하는 교육을 만들어보자고 결심하고 더 준비했다. 배움의 기회로 생각하기로 마음을 다잡으니 이겨낼 용기가 생겼다. 지금 생각하면 개발 팀장 덕분에 더 집중하고 빠르게 적응해 기본기를 튼튼하게 다지게 된 것이다.

1%의 가능성도 긍정의 가능성이다

'모든 일에는 좋은 점이 있다.'

공학자의 행복론이 궁금해서 읽은 책 『행복을 풀다』를 한 마디로 요약한 문장이다. 저자 모 가댓Mo Gawdat은 구글X 개발 총책임자다. 사회적으로 성공했으니 성취와 행복한 삶은 당연하리라 생각했다. 그런데 모 가댓은 최고의 직장, 주식으로 이룬 부, 눈부신 성공과 명예, 명석한 두뇌에도 불구하고 성공가도를 달릴수록 공허함을 느꼈다고 한다. 어느 날 가족 여행을 준비하던 중 큰 아들이 복통을 호소했다. 병원에서 맹장염이라는 진단을 받고 수술을 했는데 말도 안 되는 일이 벌어졌다. 의사의 실수로 선량했고, 건강했고, 가족의 빛이었던 아들을 허망하게 하늘나라로 떠나보내야 했던 것이다. 모 가댓은 깊게 절망했다. 깊이 슬퍼하던 가운데 한 줄기 빛처럼 깨달았다. 아들의 죽음이 아들 인생 전체의 불행을 의미하지 않듯, 자신 또한 여전히 행복할 수 있다는 것을 깨달았다고 한다. 아들의 죽음은 여전히 슬프고 사무치지만, 절망 속에서 찾아낸 희망은 '지금 이 순간을 살아야 한다. 현재를 충만하게 살려면 현재의 사건을 받아들이되 긍정적인 면을 찾는 것'이었다. 열쇠를 찾아 헤맸는데 열쇠가 내

주머니에 있듯 긍정은 내 안에, 내 해석에 달렸다는 것이 그의 전언이다. 우리의 삶은 불완전하다. 그걸 인정하고 그 사실에 근거해 현실을 직시해야 한다.

어려운 환경 속에서도 좋은 점을 찾아 기회를 만드는 사람이 있다. 소연 씨는 지금 영등포에서 사회복지사로 일한다. 우연히 거동이 불편한 어르신 집을 같이 청소하면서 소연 씨의 모습을 보게 되었다. 그녀가 청소하는 내내 입이 딱 벌어졌다. 20년 묵은 집의 냉장고, 싱크대, 창고를 쓸고 닦아내고 쉬지 않고 정리했다. 일이라면 자신 있다는 나조차도 다섯 시간 동안 쉼 없는 노동에 주저앉았다. 그런데도 소연 씨는 "제가 젊잖아요!" 하며 끝까지 일을 해냈다. 팔을 걷어붙이고는 지저분한 것들을 척척 처리했다. 구김살 없는 아기 미소를 가진 소연 씨는 소위 '멘탈갑'으로 불리는 복지사다.

밝은 성격으로 긍정적 에너지가 넘치는 소연 씨의 성장 과정은 평탄치 않았다. 그녀가 중학생 때 부모님이 이혼했고, 고등학교 시절부터 집안일과 아버지 식사까지 책임지며 학교에 다녔다. 환경적 요소로 보면 충분히 부모님 탓을 하고 원망할 수 있지만 소연 씨는 그러지 않았다. 그 가운데 좋은 점을 찾았다. 가난하지만 자식을 엄청나게 사랑하는 부모님의 마음과 부모님 세대를 이해했다. 부모님이 의지가 없거나 무능해서가 아니라 IMF 탓에 구조적으로 힘든 시기였다고 생각한다. 그래서 사회복지사로 진로를 선택했다고 한다.

그렇다고 어려움 속에서 소연 씨가 무한긍정 낙천주의자인 것은 아니다. 오히려 어렵고 힘든 일이 있다는 것을 인정한다. 다만 어려운 일 속에도 좋은 점은 있다는, 모든 문제에는 해결책이 있다는 긍정적 낙관을 가지고 있다. 그런 마음은 행운을 불러온다. "고등학교

가능성이 0%라도 의미를 찾아낼 자유는 나에게 있다는 것을 믿는 태도,
그것이 긍정 마인드다.

졸업 후 편의점 아르바이트를 했어요. 손님 중 한 분이 밝고 심지가
굳어 보인다면서 자기 회사로 취직을 제안해 주셨어요. 그 직장 덕
분에 대학 졸업까지 안정적으로 일을 할 수 있게 되었죠." 좋은 태도
는 대학에서 학생회장을 할 때도 발휘되었다. 늘 비슷한 컨디션을
유지하는 소연 씨에게 사람들은 안정감을 느꼈다. 사회복지사로, 책
임감 있는 사람으로 능력을 인정받아 모든 행사에서 주도적 역할을
한다. 지금의 삶에 아주 만족감을 느낀다는 소연 씨의 인생을 응원
하지 않을 수 없다.

우리는 환경과 조건을 이야기하지만 환경과 조건은 바꿀 수 없다.
『죽음의 수용소』를 쓴 빅터 플랭클Viktor Frankl은 나치의 강제수용소에
서 굶주림과 학대를 이겨내고 긍정론자가 된 사람이다. 그는 의사이
면서 심리학자로 "더 이상 상황을 바꿀 수 없을 때는 우리 자신을 바
꾸는 수밖에 없다."라고 했다. 환경과 조건은 변하지 않는다. 하지만

무엇을 볼 것인가는 내가 선택할 수 있다. 긍정이란 가능성을 25%나 90%처럼 숫자나 확률로 보지 않는다. 비율로 보면 50% 미만은 부정적으로 해석된다. 하지만 긍정은 '있다 대 없다'로 단순하게 보아야 한다. 아주 조금의 가능성이라도 있다면 그냥 가능성이 있는 것이다. 0%만 아니면 있는 것이다. 가능성이 0%라도 의미를 찾아낼 자유는 나에게 있다는 것을 믿는 태도, 그것이 긍정 마인드다.

긍정적 착각이 성공의 길로 인도한다

"현실과 다른 긍정적 착각은 오히려 해가 되지 않을까?" 이 질문에 UCLA대 심리학과 셸리 테일러 교수는 "긍정적 착각은 장기적으로 성공의 길로 인도할 수 있다."라고 한다.

EBS 다큐프라임 『인간의 두 얼굴』에서 긍정적 착각이 어떤 영향을 주는지 알아보는 실험을 했다. 서울 미동초등학교 4학년 150명을 대상으로 '긍정적 착각도'에 대한 설문조사를 해서 '나는 괜찮은 사람이고 미래는 밝을 것이다.'라고 기대하는 긍정적 착각도가 가장 높은 아이들을 선별했다. 실험의 핵심은 대상자가 실제 능력이 뛰어난 아이들이 아니라 긍정적 착각도가 높은 아이들이라는 점에 있다.

일주일 후 긍정적 착각도가 높은 아이들과 평균인 아이들을 나누어 경기를 했다. 두 명씩 발을 묶고 상자를 높이 쌓아 올리는 경기였다. 긍정적 착각도가 평균인 아이들은 '왜 나만 시켜?' '협동 좀 하자!'라며 서로 장난을 치며 탑을 쌓았다. 반면 긍정적 착각도가 높은 아이들은 좀 더 조용하게 행동해서 먼저 움직이는 친구에게 발을 맞췄다. 하나 둘 하나 둘, 상위 그룹은 약속이라도 한 듯이 구호를 정하고 힘을 모아 문제를 해결해나갔다. 그때 제작진이 쌓아 둔 상자를 실수인 척 무너트렸다.

그러자 긍정적 착각도 평균 그룹은 드러눕고 소리친다. "아이 못 하겠어! 몰라, 이게 뭐야! 왜 그러세요." 반면 긍정적 착각도 상위 그룹은 "괜찮아, 괜찮아! 탑 한 개만 더 만들자. 이런 상자 가지고 쌓는 게 쉽지 않은데 잘했어."라며 정성껏 쌓은 탑이 무너졌을 때도 원망 대신 괜찮다고 서로에게 힘을 주었다. 이후 다른 실험에서도 동일한 결과가 나왔다. 착각이라도 현재 상황을 긍정적으로 보는 사람은 타인에 대한 배려가 있었다. 주어진 상황에 유연하게 적용하고 끝까지 시도해 더 많은 성취를 이루었다. 긍정은 인생의 수많은 난관이 올 때 포기하지 않고 해낼 힘을 준다. 나쁜 일은 일시적인 현상으로 여긴다. 실패를 받아들이지만 주눅 들지 않는다. 다시 도전할 수 있기 때문에 성공 가능성이 열리는 것이다.

인생은 사건이 아니라 해석에 따라 달라진다

우리는 원래 긍정의 모습으로 태어났다. 사람은 태어나서 바로 걷지 못한다. 걸음마를 배울 때부터 수많은 시행착오와 실패에도 굴하지 않고 다시 한 발을 내딛는 용기를 냈다. 무릎이 깨지고 넘어져도 우린 잘 해낼 거란 믿음으로 다시 도전했고 결국에는 걷게 되었다. 그런데 성장하면서 긍정성이 점차 감소하는 듯하다. 객관과 논리로 상황을 판단하기 때문이다. 여전히 성장해야 하는 지금 우리에게 필요한 것은 정확함보다 '잘할 수 있고 잘될 것'이라고 믿는 긍정적 착각이다. 나 또한 긍정의 마음과 부정의 마음 사이에서 갈팡질

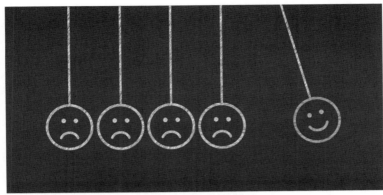
인생은 일어난 사건이 아니라 나의 해석에 따라 달라진다.

팡할 때면 인디언 추장이 손자에게 들려준 인생의 지혜를 떠올린다.

추장: 마음속에서는 늘 싸움이 일어난단다. 마치 두 마리 늑대가
　　　싸우는 것과 같지. 하나는 미움, 불가능, 원망의 나쁜 놈이고
　　　다른 하나는 감사, 긍정, 사랑의 선한 놈이란다.
손자: 그럼 어떤 늑대가 이기나요?
추장: 누가 이길 것 같으냐?
손자: 힘이 센 놈이요! 누가 더 센가요? 긍정의 마음인가요?
　　　부정의 마음인가요?
추장: 누가 이기느냐 하면, 바로 네가 먹이를 주는 놈이란다.

　　사람의 마음은 늑대와 같다. 우리가 어떤 쪽에 관심을 가지고 먹
이를 주느냐에 따라 달라진다. 결론은 나에게 달렸다는 것이다.
　　인생은 일어난 사건이 아니라 나의 해석에 따라 달라진다. 사건
을 긍정적으로 해석할 때 성공 가능성이 커진다. 만약 부정적인 생

각이 들면 손바닥을 뒤집어보자. 긍정과 부정은 손바닥과 손등의 차이다. 모든 일에는 좋은 점이 있다.

안 풀리는 일을 바라본다. 긍정적인 쪽에 먹이를 주자.

3

일잘러는 도전을
멈추지 않는다

긍정적인 사람들의 성공 포인트는 '삼세번'이다

긍정적인 사람들은 아무리 어려운 상황에서도 가능성을 찾는 눈을 가지고 있다. 가능성을 바라보니 주도적으로 대응한다. 긍정과 주도는 단짝으로 함께 활동하며 밀접하게 서로 영향을 미친다. 긍정과 주도가 힘을 합치면 자기 자신에 대한 존중, 자기 효능에 대한 자존감, 실패에 대한 회복 탄력성이 모두 높아진다. 긍정적인 사람은 부정적인 사람이 포기한 그 지점에서 문제 해결을 위한 장벽 뚫기를 다시 시도한다. 할 수 있다고 믿고 할 수 있는 일을 찾아낸다. 그래서 이루어낸다. 세상에는 아무런 능력이 없는 사람도, 처음부터 완벽한 능력을 지닌 사람도 없다. 긍정적으로 바라보고 자기 주도성을 발휘할 때 남다른 결과가 따라오는 것이다.

긍정 심리학의 대가인 마틴 셀리그만Martin Seligman은 성과의 핵심을 긍정적 태도로 보았다. 1982년 메트라이프 생명보험에서 마틴 셀리

긍정적인 사람들의 성공 포인트는 '삼세번'이다. 거절, 실패, 나쁜 일에도
그것을 이겨낼 긍정적인 이유를 찾아내고 오뚝이처럼 다시 일어난다.

그만에게 경영 자문을 의뢰했을 때 가장 먼저 긍정적인 지원자를 채
용하라고 조언했다. 그리고 그들을 추적 조사했다. 입사 첫해 긍정
점수가 높은 사원들은 일반 사원들과 비교해 8% 더 우수한 실적을
올렸고 2년 차에 실적 차이는 더 벌어져 31%나 더 높은 실적을 올
렸다. 더 놀라운 결과는 부정적인 사원들에 비해서는 57%나 더 높
은 실적을 이뤘다. 긍정적이기만 해도 성공 확률이 높아진다.[4]

긍정적인 사람들의 성공 포인트는 '삼세번'이다. 거절, 실패, 나쁜
일에도 그것을 이겨낼 긍정적인 이유를 만들어내고 오뚝이처럼 다
시 일어난다. 리서치 회사 다트넬Dartnell의 조사결과에 따르면 영업
사원의 48%는 고객의 단 한 번의 거절에 포기한다. 그리고 두 번째
거절에는 25%, 3번째 거절에는 15%가 포기하고 3회 거절에도 포
기하지 않은 영업사원은 단 12%에 불과했다. 그 12%의 사람들이
전체 매출의 80% 이상을 올렸다. 그들의 성공 차별점은 언변이나
능력이 아닌 가능성을 찾는 태도였다. 거절을 이겨낼 긍정적 이유를

4   마틴 셀리그만 저, 우문식·최호영 역, 『마틴 셀리그만의 낙관성 학습』, 물푸레, 2012

찾아내는 관점이다. 지금 우리에게 능력보다 더 필요한 것은 성공 확률 100%인 인디언 기우제식 사고다. 비법 대신 비가 올 때까지 기우제를 드리는 '끝까지 해내는 힘'만 있으면 된다.

삼세번이 정말 통한다는 것을 실감한 사소한 경험이 있다. 한번은 타 부서 회식에 초청을 받았는데 다른 일정이 빠듯해서 시간 내기가 매우 어려웠다. 그래서 정중하게 참여를 못 하는 이유를 말씀드렸다. 그러자 다시 한 번 함께 가자고 권유를 해왔다. 나는 다시 한 번 죄송하다고 말씀드렸다. 그런데도 정말 마지막이라면서 꼭 왔으면 한다고 했다. 삼고초려도 아니고 이렇게까지 초청을 하니 가고 싶은 마음이 들었다. 나는 어느새 다음 일정을 조정하고 있었다. 회식은 즐거웠다. 누구에게나 자신의 결정을 유지하고 싶은 마음이 있다. 그래서 한 번 거절은 예사다. 거절을 하면 상대는 쉽게 포기하는 경우가 많다. 그러나 신기하게도 세 번 이야기를 들으면 의외로 원래의 결정을 쉽게 바꾸는 경우가 많다. 아주 사소한 약속부터 큰 결정까지 말이다.

그래서 나도 시도해보았다. 인사책임자로 발령 난 후 국가에서 정한 장애인고용의무 해결이 과제로 주어졌다. 부담금도 아깝고 고용의무도 다하고 싶었다. 또한 장시간 집중적으로 앉아 있는 개발자가 많아서 이코노미클래스증후군에 취약한 우리 회사의 문제점을 개선하고 싶었다. 이에 시각장애인 안마사 채용을 제안했다. 부담금도 아끼고 직원들에게도 좋을 거라는 확신이 있었지만 시작이 쉽지 않았다. 1차 제안에는 안마에 대한 부정적 선입견이 상당했다. 긍정적 면을 보완해 다시 제안했으나 의사결정자분들은 문제 발생을 우려했다. 나는 담당자로서 문제가 발생하면 책임을 지겠다고 했지만 그럼에도 다시 생각해보라고 했다. 그리고 3차 제안에서 3개월만 시범 운영을 해보고 싶다고 강한 의지를 보였다. 그 덕분에 3개월 후 재평가하자는 조건부 수락이 떨어졌다. 결과는 장애인 의무고용률 달성과 함께 직원 선호도가 높은 복지제도로 6년째 이어지고 있다. 긍정적 이유를 찾고 주도성을 발휘하니 가능성이 열린 것이다.

긍정적인 사람들은 객관적으로 보되 좋은 점을 찾는다

긍정이란 현실을 객관적으로 보면서 그 속에서 가능성을 찾으려고 노력하는 것이다. 모든 사람은 나쁜 일이 생기면 부정적으로 생각하고 부정적 감정을 느낀다. 부정적인 사람들은 거기서 멈춘다. 반면 긍정적인 사람들은 거기서 의식적으로 좋은 점을 찾고 다시 에너지를 회복하는 활동을 추가한다. 나쁜 일이 생긴 것은 인정하되 다시 일어나려는 태도가 성공 포인트다. 소나기에 옷이 젖어도 '이미 젖은 걸 어떡해. 무지개를 즐기며 옷을 말리자.'라는 태도를 보인다.

현실적인 긍정성은 일체유심조—切唯心造, 즉 세상일은 마음먹기에 달려 있다고 믿는 것이다. 이는 무조건 잘된다거나 노력하면 세상 모든 일을 이룰 수 있다는 허황된 믿음과는 다르다. 노력하면 이룰 수 있는 일이 무한대로 있다는 표현이 정확하다. 긍정적 태도는 실패나 부정적 감정에도 다시 일어설 힘을 만든다. 의식적으로 할 수 있는 일에 집중하게 하는 것이다.

성공이나 리더십 발휘를 다른 말로 표현하면 '목표를 향한 문제 해결'이다. 긍정은 '문제 해결'에서 앞 두 글자인 '문제'가 아니라 '해

기업에서 긍정적인 사람을 채용하고 우대하는 데는 이유가 있다.
시련에 다시 도전하고 안 되는 이유 대신 되는 방법을 찾는 긍정성 때문이다.

결'에 방점을 찍는다. 문제에 부딪히고 부정적 감정을 느끼지만 굴하지 않고 용수철처럼 다시 튀어 오른다. 폭풍이 희망을 앗아가도 다시 떠오르는 태양처럼 힘차다. 그 에너지로 할 수 있는 일에 도전한다. 그럼 기회가 많아지고 기회는 원하는 것을 성취할 수 있는 길을 열어준다.

　기업에서 긍정적인 사람을 채용하고 우대하는 데는 이유가 있다. 시련에 다시 도전하고 안 되는 이유 대신 되는 방법을 찾는 긍정성 때문이다. 긍정을 바탕으로 주도성을 발휘할 때에야 앞으로 나아가 남다른 결과를 만들 수 있다. 의식적으로 좋은 점을 보고 길을 찾는 사람이 직장이나 세상에서 성공하는 법이다.

긍정적 태도는 근육처럼 계속 키울 수 있다

　직장에서 긍정 없는 도전은 힘을 소진하고 조급하게 만든다. 반

낙관성이라는 긍정적 태도는 후천적으로 발달된 것이다. 스트레스를 받긴 하지만
그것을 인정하고 받아들이며 그 속에서 희망, 가능성, 좋은 점을 찾는다.

면 긍정적 태도는 여유를 주고 성공으로 이끈다. 그렇다면 긍정적
태도는 어떻게 배울 수 있을까? 어떤 사람들은 긍정적 태도를 타고
난 특징이라고도 하고 또 어떤 사람들은 마음먹기에 달렸다고도 한
다. 둘 다 맞다. 낙천성은 선천적 성격이라서 타고나야 한다. 그러나
낙관성은 관점이라서 후천적으로 충분히 바뀔 수 있다. 후천적인 낙
관을 긍정적 태도라 부른다.

　낙천성과 긍정적 태도는 다르다. 타고난 낙천성은 인생을 즐겁고
좋은 것으로 본다. 스트레스를 안 받고 불행도 빨리 잊으며 문제를
해결해야 할 필요도 못 느낀다. 그에 반해 낙관성이라는 긍정적 태
도는 후천적으로 발달된 것이다. 인생의 어려움과 현실을 직시한다.
스트레스를 받긴 하지만 그 속에서 희망, 가능성, 좋은 점을 찾는다.
긍정肯定의 한자는 즐길 긍, 정할 정이다. 현실에서 즐길 것을 정할 수
있는 능력이다. 문제 해결에 필요한 것은 낙천성보다는 현실 감각
이 있는 긍정적 태도다. 다행히 긍정적 태도는 경험을 통해 키울 수
있다. 문제보다 해결에 집중하기, 긍정 늑대에게 먹이 주기, 좋은 점

찾기 등을 통해 관점을 바꿀 수 있다. 의지를 가지고 연습하면 운동처럼 긍정의 근육이 생긴다.

성공의 요인은 긍정적 태도이기에 긍정적인 사람은 삼세번이라도 도전한다. 한 번 도전하는 것보다 세 번 도전하면 성공 가능성은 5배나 높아진다. 부정적인 문제에는 누구라도 부정적 감정이 들 수 있지만 긍정적인 사람은 부정적 감정을 이유로 나아가는 일을 멈추지 않는다. 긍정 찾기를 시도하고 재도전을 한다. 닫힌 문 뒤에는 열린 공간이 있다는 믿음, 이것이 차별점이다.

거절당한 문제를 적고 읽어보자. 다시 도전해보자.
한 번 더 기회가 있다. 또 도전하면 된다.

4

일잘러는 긍정 언어로
말한다

지금 바꾸고 싶은 것이 있다면 말부터 바꾸자

긍정적 태도와 성취를 이끄는 최고의 방법은 확언이다. 확언이란 긍정적인 자기 선언으로 "내가 원하는 것은 이것이다. 나는 해낸다." 라고 단호하고 긍정적으로 표현하는 것이다. 그러면 내가 원하는 삶이 끌어당겨 온다. 확언의 힘은 생각 이상으로 세다. 확언에는 성취력이 있다. 원하는 대로 말만 바꿔도 현실을 재창조할 수 있다. 용기가 생기고 마음이 편안해져서 현실에서 어려움을 잘 해결할 수 있게 된다.

지금 바꾸고 싶은 것이 있다면 말부터 바꿔보자. 좋은 일은 더 커지고 나쁜 일은 작아질 수 있다. 직장처럼 사람, 일, 프로세스, 시스템, 규정, 환경, 이해관계가 복잡한 곳에서도 확언의 힘은 발휘되어 원하는 것을 성취하게 한다. "말이 씨가 된다." 이 말을 부모님의 잔소리로만 여겼는데 지금 와서 생각해보니 인생 경험이 녹아든 지혜였다. 구체적으로 원하는 모습을 그리고 실천하게 하는 핵심 스위치가 바로 확언이다. 확언은 자신에 대한 이미지를 바꾼다. 머리 깊숙이 새겨진 확언은 지지 않는 태양처럼 힘이 있다. 자신을 긍정적으로 생각하면 능력이 향상되어 자기 조절력이 좋아진다.

확언을 통해 긍정적으로 자신을 인식하면 두 가지 효과가 있다. 첫째, 기분이 좋아지고 능력이 향상된다. 능력이 향상되는 것처럼 느낀다는 것이 아니라 진짜 능력이 좋아진다. 독일 괴팅겐대 심리학과 프리드리히 헤세 교수는 '기분이 좋으면 전체 흐름이나 맥락 속에서 상황을 빠르게 이해해 세부적인 사안들의 연결고리를 쉽게 파악한다. 하지만 기분이 부정적이면 자신의 감정이나 상황을 전체적으로 들여다보지 못하는 경향을 보인다.'라는 사실을 실험을 통해 증명했다. 직장처럼 이해관계가 복잡한 곳일수록 맥락을 이해하는 것이 능력이 된다. 또한 자기 감정을 절제하고 조절할 수 있을 때 일을 끝까지 해낼 수 있다.

둘째, 나쁜 일이 생겨도 일시적인 것이라 생각하고 쉽게 극복할 수 있다. 부정적 감정이 지배하지 않아서 희망을 가진다. 좋은 결과가 나오면 다른 일들도 좋아질 것이라고 확대해서 생각한다. 반대로 자신을 부정적으로 생각하면 좋은 일이 생겨도 '우연'이라고 생각해서 둔감하게 반응한다. 나쁜 결과는 바뀌지 않는다고 생각해서 크고 민감하게 반응하고 절망한다. 실패를 당연시하고 성공은 우연한 것으로 보아서 기회를 스스로 저버리게 된다.

긍정적 태도: 앗, 사원증! 급하게 나오느라 깜빡했네.
　　　　　(원인을 일시적인 사건으로 해석)

부정적 태도: 앗, 사원증! 난 원래 덜렁대. 머리가 나쁜가 봐.
(원인을 변하지 않는 요인으로 해석)

긍정적 태도: 난 김 대리님과 기획서 쓸 때는 잘 안 맞네!
(상황과 사람을 한정해 해석)

부정적 태도: 난 회사 사람들과 다 관계가 안 좋아!
(확장 해석)

확언은 우리의 행동을 지배한다. 예일대 심리학 교수 존 바그John Bargh는 "'움직인다'라는 동사를 읽으면 뇌는 의식적으로 행동할 준비를 한다. 언어는 굉장히 강력하다. 말은 뇌를 자극해 자신도 모르게 행동하게끔 한다."라고 말했다. 반복적으로 말을 하면 뇌가 기억하고 그 말대로 행동을 이끈다는 것이다. 언어 습관은 우리에게 일어난 사건과 상황을 스스로에게 설명하는 습관적 방식이기에 말을 관리해야 한다. 긍정적 확언은 기분을 좋게 하고 상황을 긍정적으로 바라보게 하고 행동하게 한다.

확언은 현재 일어난 일처럼 현재형으로 말한다

확언은 확신 있게 현재에 일어난 일처럼 현재형으로 말해야 한다. 의지나 행동을 표현해도 좋다. '나는'이란 말 대신 내 이름을 불러 객관적으로 느끼는 방법도 효과적이다. 아침과 저녁 그리고 필요할 때마다 3회 이상 거울 속 내 눈을 보며 예언한다.

원하는 인생을 사는 방법은 단지 견뎌내는 것이 아니라
구체적으로 상상하고 말을 바꾸는 것이다.

- 내 앞에는 새로운 길이 열려 있다.

  도전하는 일은 잘된다. 나는 끝까지 해서 이룬다.

- ○○(이름)아, 넌 할 수 있어!

  난 반드시 한다. 나는 해내는 사람이다!

- 내 모습 그대로 나를 사랑한다.

  ○○(이름)아, 너는 지금 그대로 사랑스러워!

- 나는 자유롭다.

  '나는 이기게 되어 있어. ○○(이름)아, 넌 의지가 있어.'

이때 "나는 ○○하다."라고 상황이나 마음가짐을 말하면 된다. "~일 것이다." "~하면 좋겠어." 등 희망적으로 말하는 것이 아니라 선언을 해야 한다. 내 속에 이미 가지고 있는 것을 표현하는 것이다. 그래야 행동으로 이어진다.

우리가 소설이나 영화를 좋아하는 이유는 재미있어서다. 허구인

긍정적 확언이 나를 바꾼다.

줄 알면서도 주인공이 되어 가슴 졸이고 화내고 감정이입을 한다. 뇌는 사실과 상상을 구분하지 못하기에 그렇다. 영화를 현실로 느끼고 감정이입하듯 일상의 말도 현실감 있게 하면 뇌는 현실로 받아들인다. 그래서 원하는 인생을 사는 방법은 단지 견뎌내는 것이 아니라 구체적으로 상상하고 말을 바꾸는 것이다.

- "힘들면 어쩌지?" 대신 "별거 아니야!"
- "내가 할 수 있을까?" 대신 "그까짓 거 해보지 뭐!"
- "어차피 나는 못해." 대신 "의외로 나는 용기가 있어. 실력이 있어. 잘해. 당차!"
- "~때문에 안 돼." 대신 "~덕분에 가능해!"
- "문제가 뭘까? 왜 안되는 걸까?" 대신 "해결법은 뭘까? 되게 하려면 어떻게 해야 할까?"
- "아깝다." 대신 "애썼어. 수고했어."
- "겨우, 조금밖에 없어." 대신 "이만큼이나 남았어!"

이렇게만 말을 바꿔도 에너지가 생기고 행동력이 발생해 일이 잘 풀린다.

"동그랗고 빨간, 새콤하고 달콤한 사과를 생각하지 마세요!"라는 말을 들으면 사람은 사과를 떠올린다. '살찌니깐 밤에는 치킨을 먹지 말아야지.' 하는 순간 치킨이 생각나고 먹고 싶은 마음이 든다. 부정적인 말로는 나를 움직일 수 없다.

'10킬로그램을 빼야지. 뚱뚱하다는 말을 듣지 않겠어!' 대신 '50킬로그램의 날씬한 내가 될 거야!'라고 말한다. 10킬로그램을 뺀 모습보다 50킬로그램으로 날씬해진 모습을 뇌는 상상하기 쉽다. '지각하지 말아야지.' 대신 '10분 일찍 출근해서 커피를 한 잔 마셔야지!'라고 말한다. 지각에 대한 불쾌한 경험 대신 일찍 가서 여유 있었던 모습을 상상할 때 행동하기 쉽다. 원하지 않는 모습이 아니라 원하는 결과를 말해야 뇌가 기억하고 행동한다.

긍정적 확언은 단호하게 현재형으로 긍정적으로 표현한다. 확언으로 자신에 대해 긍정적으로 인식하면 기분이 좋아지고, 기분이 좋아지면 상황을 전체적으로 파악해 문제를 더 잘 해결하며 더 좋은 결과를 만든다. 긍정적 확언이 나를 만든다. 지금까지 해왔던 말이 오늘의 나를 만들었듯 오늘 한 말이 내일의 나를 만들 것이다.

"오늘은 기분 좋은 날이다. 일이 술술 풀린다."
아침 출근길에 세 번만 소리 내어 말해보자.

5

일잘러는 삶을
재편집한다

'보는 대로 믿는 것'이 아니라 '믿는 대로 보는 것'이다

긍정적 태도가 좋은 결과를 만든다는 것을 알고 있다. 그럼에도 부정적 생각과 남과 비교하는 마음이 시작되면 멈출 수 없다. 한 번 안 좋게 본 일, 상황, 사람은 계속 반복적으로 안 좋은 점들만 크게 보인다. 다른 사람의 인스타그램 등을 보다 보면 나의 삶은 초라해 보인다. '부러우면 지는 것'이란 유행어가 있다. 내가 자꾸 지고 있다는 생각이 들 때면 '다른 사람의 삶은 편집되어 있다.'라는 것을 기억해야 한다.

사람은 보이는 대로 믿는다고 생각하지만 사실 믿는 대로 본다. 사람들이 흔하게 하는 말 중 "내가 정확하게 봤는데…." "내가 확실하게 들었는데…."에서 '정확'과 '확실'에는 검토가 필요하다. 사람들은 보고 싶은 대로 보고 듣고 싶은 대로 듣는다. 『대학』에서도 말하듯 '마음이 없으면 보아도 보이지 않고 들어도 들리지 않는다心不在焉 視而不

^見 ^{聽而不聞}.' 사람은 누구나 그렇다. 따라서 내가 보고 싶은 것만 본다는
사실을 인정해야 그 사실을 활용해 좋은 선택을 할 수 있다.

사내강의에서 직원들에게 주의력 착각에 대한 교육을 진행하며
유명한 실험 영상을 보여준 적이 있다. "2분 영상입니다. 흰색 옷을
입은 사람들이 농구공을 몇 번 패스하는지 맞춰 보세요." 그리고 영
상이 끝나고 농구공의 패스 횟수가 아닌 다른 것을 묻는다. "고릴라
못 보셨어요?"

이 질문에 절반 이상의 사람들이 어리둥절한 표정을 짓고 당황해
한다. 개중에 몇몇 사람들이 자신이 고릴라를 봤다고 말한다. 하지
만 절반 이상의 사람들은 어이가 없다는 듯 말도 안 되는 소리 하지
말라고 한다. 이때 영상을 두 번째로 보여주며 확인하는 과정에서
사람들은 놀란다. 흰옷을 입은 사람들 사이로 고릴라 한 마리가 걸
어와 가슴을 두 번 두드리고 사라지는 장면이 분명 있었던 것이다.
그런데 농구공 패스에 정신이 집중되어 그것을 보고도 못 본 것이
다. 다들 '내가 저걸 못 봤다고?' 하며 놀란다.

집중할 수 있는 영역은 제로섬 게임 같다

부주의맹시^{不注意盲視}라는 말이 있다. 어느 한 가지에 집중하면 다른
것은 인식하지 못하는 현상을 일컫는다. 첫 번째 영상에서 고릴라를
본 사람은 30%가 안 된다. 다른 직원들을 대상으로 한 12회 차 교
육에서 교육생 400여 명 중 고릴라를 본 사람은 110여 명에 불과
했다. 70% 사람들은 흰옷 입은 사람들의 공 패스에 집중하다 보니
영상 중앙에서 가슴을 두드리는 고릴라를 전혀 보지 못했다. 오히려

고릴라를 봤다고 주장하는 사람들을 의심했다.

고릴라가 보이지 않은 이유는 집중할 때 주의를 분산하지 않으려는 뇌의 특성 때문이다. 정보처리 용량에 한계가 있는 뇌는 효율적으로 작동한다. 정확한 정보처리를 위해 중요한 것(농구공, 패스)에 집중하면 나머지는 자동 차단된다. 이 실험은 인지 심리학자 크리스토퍼 차브리스Christopher Chabris의 '보이지 않는 고릴라' 실험이다.

여기서 한 교육생이 "의식하고 보면 속지 않을 텐데."라며 억울하다는 듯이 말했다. 기다렸던 말이다. 그래서 다시 영상을 보여준다. 이번에는 밀밭 사진이다. "집중해서 봐주세요! 변화가 있으면 조용히 손을 들어주세요." 밀밭 사진은 조금씩 바뀌었다. 밀밭 사이의 길이 15초 만에 서서히 사라졌다. 좁은 오솔길이 아니다. 처음 화면의 3분의 1을 차지하는 큰길이 사라져도 교육생의 80% 이상은 전혀 눈치채지 못했다. 이렇듯 세상은 내가 집중하는 것만 보이고 두 눈 똑바로 뜨고 보면서도 미세하게 변하는 것을 인지하지 못하기도 한다.

부주의맹시는 일상에서도 자주 경험한다. 지하철에서 휴대폰 톡에 집중하다가 내려야 할 역을 지나친 경험이 한 번쯤은 있을 것이다. 혹은 휴대폰 통화에 집중하다가 반대편에서 걸어오는 사람을 못 보고 부딪치기도 한다. 우리는 늘 어떤 것에 집중하면서 아주 중요한 다른 것을 못 볼 수 있다. 그러면서도 못 봤다는 것조차 모른다.

우리가 볼 수 있는 부분은 한정되어 있다. 집중할 수 있는 영역은 제로섬 게임과 같다. 한쪽에 주의를 기울이면 다른 한쪽에는 주의를 덜하게 된다. 그래서 우리가 무엇에, 누구에게 어떤 곳에 관심을 가져야 할지는 매우 신중하게 선택되어야 한다.

누구나 편집된 세상을 본다

언제나 남의 떡이 더 크고 옆집 잔디가 더 푸르게 보인다. 한국이나 서양 모두 비슷한 속담이 있다. 모든 사람의 공통적인 심리인 듯하다. 왜 그럴까? 이유는 롱테이크로 찍은 내 인생과 잘 편집된 남의 인생을 보는 차이 때문이다. 같은 일주일간의 생활을 비교해보면 나의 일상은 24시간 롱테이크로 찍은 7일짜리 장편 다큐멘터리다. 소소하고 심드렁한 일들이 대부분이다. 아주 가끔 특별한 일들이 벌어질 뿐 지루하고 매력적이지 않다. 반면 남들의 일상은 남들에게 보여주고 싶은 포인트만 편집해서 SNS와 글을 통해 공개되는 것이니 예쁜 순간의 모음이고 멋지게 편집된 삶이다. 짧고 화려한 CF처럼 그들의 삶은 임팩트 있고 멋져 보인다.

직장 생활에서도 이런 경우를 자주 본다. "친구 회사는 여름휴가를 일주일 추가로 더 준대!" "친구 회사는 보너스가 나왔대!" 그러면 좋겠다, 부럽다는 생각이 바로 든다. 그런데 잘 생각해보면 이건 회사를 종합적으로 비교한 것이 아니다. 다른 회사의 일부만, 특히 좋아 보이는 그 면만 보고 부러워하는 것이다. 좋은 점만 부분 편집되어 전달된 말에 부정적 영향을 받는 것이다. 비교는 바퀴벌레 같다. 방심하면 어디선가 나타나 긍정 에너지를 잡아먹고 부정적인 세균을 퍼트린다.

30대 후반 박 과장이 면담을 신청했다. 박 과장은 남들보다 자기 인생이 자꾸 꼬이는 것 같다는 말을 하며 눈이 촉촉해졌다. 나는 도움을 주고 싶어 찬찬히 이야기를 들었다. 충분히 공감되는 상황이다. 사실 박 과장은 내 입장에서 볼 때 부러운 면을 많이 가진 사람이다. 그런 박 과장에게 어떤 도움을 줄 수 있을까 고민하다가 최근

읽었던 책의 한 부분을 함께 나눴다.

한 청년이 소크라테스에게 질문했다. "세상에서 가장 중요한 것이 무엇입니까?" 질문을 받은 소크라테스는 대답 대신 청년을 데리고 나가 다른 사람들에게 같은 질문을 했다. 당연히 사람들이 소중하게 생각하는 것은 다 달랐다. 그런데 자신이 가지지 못한 것이나 가졌다가 다시 잃은 것에 대해 말한다는 공통점이 있었다. 권력이 있으면 건강을, 건강이 있으면 돈을, 돈이 있으면 시간을 원했다. 소크라테스는 청년에게 따뜻하게 말했다. "남이 가진 것만 보고 내가 가지고 있는 것을 보지 않으면, 잃고 나서 소중함을 깨닫게 됩니다."

박 과장에게 그가 지금 상황을 어떻게 해석하는지 질문하고 서로 생각을 나눴다. 남들의 삶에서 좋은 것들만 편집해서 나와 비교하고 스스로를 고문하는 것일 수도 있다. 우리는 모두 (주의력) 착각을 한다. 세상은 주의 집중한 부분만 두드러져 보인다. 나쁜 점을 찾기 시작하면 실제 좋은 일은 볼 수 없게 된다. 그렇다면 다른 사람의 인생처럼 내 인생도 멋지게 좋은 것들로 재편집해서 보는 것은 어떨까?

나의 열렬한 응원단은 바로 나다

보드게임을 하는데 매번 나쁜 카드만 받는 경우가 있을까? 만약 그렇다면 그 게임은 조작된 것이지 우연이나 운이라고 보기 어렵다. 인생이라는 게임도 마찬가지다. 만약 내 인생만 자꾸 꼬인다면 나도 모르게 누군가가 내 인생을 조작하고 있을지 모른다. 그 누군가는 바로 나다. 내 스스로 부정적으로 내 인생을 편집하며 살고 있을 수 있다. 신이 나에게만 장난을 쳤을 리는 없다. 그렇게 신에게 집중적인 특별대우(?)를 받을 리 없는 것이다. 내 안에 살고 있는 나를 너무나도 잘 아는 부정적 비평가에게 잠시 휴식을 주고, 대신 긍정적 응원단을 열심히 일하게 하자. 사실 이런 응원단은 우리에게 늘 필요하다.

사실을 바탕으로 세상을 정확하게 바라보는 법을 담은 『팩트풀니스』에서 저자 한스 로슬링Hans Rosling의 주장을 요약해 보면 이렇다. "사실을 확대 해석하거나 관점을 왜곡하지 않고 객관적 데이터로 봐야 한다. 확증편향, 우리의 편견, 선입견과 달리 세상은 비록 느리지만 분명 나아지고 있다. 지금 세상이 나쁘지 않다는 말이 아니다. 그 세상에서 더 긍정적이고, 덜 스트레스를 받으며 희망을 품고 살 수 있다." 누구나 부정 본능을 버리고 긍정적 시각을 선택할 수 있다는 것이다.

잊지 말자. 우리는 세상을 있는 그대로 보지 못한다. 나의 주의력 착각을 인정해야 한다. 남의 삶은 편집된 채 일부만 보인다는 것을 알아야 한다. 남의 관점으로 편집해서 보여주는 일부 세상만 보면서 지금 내가 가진 것을 부정하면 안 된다. 비교로 인해 내 인생을 초라하게 만든다면 정작 내 인생의 좋고 소중한 것을 누리지 못하게 된다. 나를 사랑하는 선택을 하자. 스스로를 응원하고 삶을 좋은 것, 긍정적인 것으로 재편집하자.

> 내가 가진 좋은 점, 좋은 사람, 행운 리스트를 만들어보자.
> 생각보다 많다는 것에 놀랄 수 있다.

6

일잘러는 자신을
잘 안다

누구나 자기만의 재능이 있다

타고난 소질 또는 원래 잘하는 것은 재능이다. 그리고 재능에 시간과 노력을 곱해 얻어낸 능력은 강점이라 부른다. 강점은 내 삶에 지속적인 영향력을 발휘해서 성과는 물론 삶에 대한 만족도를 높인다. 오른손잡이는 왼손보다 오른손으로 글씨를 쓰는 것이 빠르고 쉽고 결과물도 좋다. 누구나 아는 사실이다. 하지만 정작 내가 무엇을 잘하는지, 어떤 강점이 있는지 구분하기가 쉽지 않다.

그래서 우선은 깊은 성찰을 통해 내가 잘하는 재능이 무엇인지 찾아야 한다. 재능이라는 재료를 찾아 다듬고 연마할 때 강점은 날카로운 무기가 된다. 인생이나 직장에서 강점을 활용하면 수월하고 재미있게 결과를 만들 수 있다. 강점으로 승부를 걸면 이기는 싸움을 할 수 있다.

누구에게나 자신만의 고유한 재능이 있다. "저는 잘하는 것이 없어요.”라고 말한다면 그것은 남들과 비교하거나 자신의 재능을 들여다보지 않아서다. 재능은 남들보다 특출한 능력이 아니다. 내가 가진 능력 중 가장 빛나고 매력적인 것이다. 내가 수월하게 잘하는 것, 긍정적인 부분에 집중할 때 재능 찾기는 시작된다. 그것이 처음부터 강력한 무기가 아닐 수 있고 갈고 닦지 않아 무딜 수 있지만, 누구나 재능이란 원재료를 가지고 있다. 재능을 찾아 다듬기만 하면 된다. 그래서 무엇보다 자기의 재능을 찾는 것이 매우 중요하다.

"사람은 유일무이한 존재로서 고유한 재능을 가지고 있다. 여기서 비롯된 개인 고유 강점을 활용할 때 생산성을 높일 수 있을 뿐만 아니라 더 강한 자신감과 더 많은 희망을 가지고 옳은 방향으로 나아갈 수 있다." 스트렝스파인더StrengthsFinder라는 강점 진단 도구를 개발한 갤럽은 30년 동안 축적된 리서치 결과를 다음과 같이 발표했다.

강점의 씨앗이자 원재료인 재능을 찾는 방법은 한 발 뒤로 물러나 나를 바라보는 것이다. 재능에는 동경, 학습 속도, 만족감이란 요소가 있다. 평소 좋다, 멋지다, 해보고 싶다, 재미있겠다고 생각하는 것 중 빠르게 배울 수 있고 지속적 만족감을 주는 것이 재능이다. 예를 들어 기타를 연주해보고 싶은 마음이 들어 기타를 배웠다고 치자. 배우는 속도도 빠르고 오랜 기간 기타 연주에도 만족감이 지속된다면 음악에 재능이 있다고 할 수 있다. 동경하지만 학습 속도가 느리거나 만족감이 빠르게 사라진다면 그것은 재능이라 할 수 없다.

나를 알아야 나를 키운다

재능 찾기의 또 다른 방법은 성찰이다. 나의 동경, 학습 속도, 만족감에 대해 오랜 시간 곰곰이 들여다보고 일상에서 긍정적 결과나 만족감을 느낀 사건, 술술 잘 풀린 일들을 관찰하고 기록하면서 경험을 통해 찾는 것이다. 가장 좋은 방법이지만 긴 시간이 필요하고 객관성에 대한 담보가 어렵다는 것이 단점이다. 그럴 때 질문법을 활용할 수 있다. 나를 잘 알면서 솔직하게 이야기해 줄 수 있는 지인에게 물어보는 방법이다.

강점 교육을 하게 되면 사전 과제로 '지인 세 명에게 교육 참석자가 잘하는 것(재능) 물어보기'를 내준다. 과제를 처음 받으면 모두 손발이 오그라든다면서 쑥스러워하지만 의외로 재미있어 한다. 나에게 잘하는 것이 여러 가지 있다는 것을 알게 되고 객관적인 나를 파악하는 데 도움이 된다.

효과적인 면을 고려한다면 재능 진단 도구를 활용하는 방법도 좋다. 진단은 나를 이해하는 좋은 출발점이 된다. 예를 들어 스트렝스파인더 검사는 강점이 될 가능성이 큰 재능을 진단해준다. 진단은 180개 문항으로 되어 있다. '나는 바로 일에 뛰어드는 것을 선호한다.' '일을 시작하기 전 충분히 고민하는 것을 선호한다.' 등 한 쌍의 문장 중 나를 더 잘 설명해주는 문장을 선택하는 방식이다. 설문이 끝나면 총 34가지의 강점 테마 중 내가 가지고 있는 재능을 '심사숙고, 행동, 주도력, 집중, 분석, 사교성' 등의 용어로 정리해준다. 진단으로 나의 재능에 구체적인 이름이 생기면 재능이 명확해져서 나를 성찰하고 개발하는 데 도움이 된다. 의사나 목수가 도구를 잘 알면 효율적으로 사용하듯 재능을 알게 되면 다양하게 활용할 수 있다.

삽질은 그만! 나만의 강점을 파악하라

재능을 강점으로 만드는 방법은 먼저 이론적 지식을 쌓는 것이다. 아무리 음악적 재능이 있어도 기타 코드를 모르면 기타를 연주할 수 없다. 논리적 사고에 재능이 있어도 분석 도구나 관련 지식이 없으면 제대로 분석할 수 없는 것이다. 그다음으로는 경험적 지식을 쌓아야 한다. 학교에서 배우거나 책을 읽어서 아는 것이 아니라 연습을 통해 연마하고 다듬어 자기 것으로 만들어야 한다. 음악적 재능 위에 다양한 코드와 주법을 연습해 자유자재로 연주할 수 있을 때 탁월한 기타리스트가 된다.

재능과 강점을 알면 약점 보완보다 강점 개발에 집중할 수 있다. 그럴 때 더 즐겁고 빨리 성장한다. 또한 강점을 발휘할 때 수월하고 탁월하게 성과를 낼 수 있다.

강점의 중요성을 우화로 각색해보자. 동물들이 더 나은 삶을 위해 학교를 만들었다고 하자. 생존을 위해 달리기, 나무 오르기, 헤엄치기, 땅 파기를 필수과목으로 정했다. 첫 달리기 수업 시간에 토끼는 신이 났다. 단숨에 달려 목표지점에 도달했다. 다음 나무 오르기 시간에 토끼는 포기하지 않고 여러 번 시도했지만 나무에 오를 수 없었다. 선생님은 처음이라 그렇다고 위로하고 노력해보자고 격려했다. 그러나 토끼는 아무리 노력해도 나무에 오를 수 없었다. 다람쥐가 쉽게 나무에 올랐다. 토끼는 우울했다. 노력해도 소용없다고 생각했다. 그때 맹수가 나타났다. 토끼는 어떤 선택을 해야 할까?

토끼와 다람쥐는 각각 다른 강점을 가졌다. 토끼의 강점은 뒷다리 근육을 이용한 오르막 달리기다. 살려면 나무 위를 오르는 것이 아니라 경사진 곳을 찾아 달려야 한다. 만약 토끼가 불가능한 나무

오르기에만 집중한다거나, 자신의 강점이 달리기인 줄 알고 내리막으로 달린다 치자. 결과가 어떻게 될까? 비극적일 것이 뻔하다. 토끼는 토끼만의 강점으로 승부를 걸고 강점이 발휘될 수 있는 언덕 위를 바라볼 때 살 수 있다. 불가능한 점에 몰입하거나 강점을 오용하면 안 된다. 강점이 잘 활용될 부분을 찾고 강점을 연마해야 한다.

강점을 활용할 때 성공 확률이 높아진다

각각의 강점으로 좋은 결과를 낼 수 있다. 예를 들어 사교성이 강점인 선생님은 친밀하고 소통하는 선생님이 될 수 있다. 체계적 정리가 강점인 선생님은 학습 방법을 연구해 명쾌하게 가르치는 선생님이 될 수 있다. 책임감이 강점인 선생님은 아이들 한 명 한 명을 꼼꼼하게 관리하는 선생님이 될 수 있다. 그런데 나에게 없는 강점으로 좋은 선생님이 되려고 한다면 그만큼 성과가 나지 않는다. 탁월한 성과는 약점을 보완하는 것이 아니라 강점을 살릴 때 역동적으로 만들어진다.

확실히 자신의 강점을 사용해야 능률이 오른다. 책을 쓰며 강점에 대해 다시 한 번 깨달았다. 사실 글쓰기는 내 강점이 아니다. 오히려 약점에 가깝다. 23년간 써온 보고서는 자신 있지만 글쓰기는 완전 다른 분야였다. 애초에는 이 책을 힐링체로 쓰고 싶었다. 감성적이고 말랑말랑하게 잘 쓴 글을 목표로 삼았다. 태도라는 주제에도 힐링체가 적합하다고 생각했다. 하지만 며칠 밤을 꼬박 새워도 글이 써지지 않았다. 결과도 만족스럽지 않았다. 그래서 고민하며 성찰한 결과, 보고서 쓰기가 강점이니 그 강점을 살리기로 했다. 직장 생활 노하우와 심리학 이론을 실천한 경험이 담긴 콘텐츠를 논리적으로 쓰기 시작했다. 글이 써지기 시작했다. 보고서 쓰듯 내 생각을 쓰되 자료로 정확하게 근거로 삼는 방식이 나의 강점이었다. 어떤 일이든 내가 가진 강점을 사용해야 한다.

강점이론은 긍정 심리학을 바탕으로 만들어졌다. 강점이론의 핵심은 성공하려면 자신의 강점을 찾아서 거기에 노력을 집중해야 한다는 것이다. 경영학의 아버지로 불리는 피터 드러커Peter Drucker는 『강점에 올인하라』에서 "사람은 오직 자신의 강점을 통해서 능력을 발휘할 수 있다."라고 말했다. 다만 빛이 강하면 그림자가 짙은 법이다. 그때는 그림자가 아니라 빛을 보는 시선이 필요하다. 예를 들어 '우유부단'이란 나의 그림자(약점)에는 '신중함'이나 '배려'라는 빛(강점)이 있다. 따라서 약점에 괴로워하는 것이 아니라 강점에 집중하는 것이 중요하다. 한 발자국 더 나아간다면 나와 다른 사람을 위해 우유부단함을 관리하는 것도 강점 관리에 포함된다.

누구나 재능이 있다. 다만 재능을 발견하는 지표를 통해 재능을 발견해도 바로 강점이 되지는 않는다. '재능'에 '노력'을 곱할 때 강점이 된다. 내가 가진 재능을 갈고닦아 빛나고 매력적인 보석으로 다듬을 때 비로소 강점이 되어 탁월한 성과를 만드는 나만의 무기로 사용할 수 있다.

> <u>스스로 성찰하거나 지인에게 질문하거나 진단을 활용한다.</u>
> "내가 잘하는 것이 무엇인지 생각하고 세 가지만 써본다."

『스트렝스파인더 34가지 강점 테마』 www.strengthsfinder.com
이력서를 쓸 때도 자신의 강점을 기반으로 쓰면 좋다. 34가지 강점에 대한 설명은
스트렝스파인더 강점 테마를 기반으로 일부 수정한 것이다.

성취 Achiever	추진력이 있다. 에너지가 왕성하며 지치지 않고 열심히 일한다. 바쁘게 일하면서 생산성을 올리는 데서 큰 만족감을 얻는다.
행동 Activator	머릿속에 있는 생각을 행동으로 옮겨 실현할 수 있다. 일단 결정하고 나면 행동해야 한다. 행동이야말로 최선의 학습 방법이라 믿는다.
적응 Adaptability	상황 흐름에 따라 적응하는 것을 좋아한다. 일이 발생하면 유동적으로 대처한다. 현재에 충실하다.
분석 Analytical	이유와 원인을 찾는다. 어떤 상황에 영향을 줄 수 있는 모든 요인에 대해서 생각한다.
정리 Arranger	복잡한 상황을 체계적으로 정리할 수 있다. 생산성을 위해 자원을 최적으로 활용하는 것을 좋아한다.
신념 Belief	흔들리지 않는 가치나 신념이 있다. 인생의 목적과 의미가 중요하다. 자신과 타인의 책임과 도덕성을 높이 평가한다.
주도력 Command	항상 당당하다. 자신이 주도권을 가지고 의사결정을 하는 것을 좋아한다.
커뮤니케이션 Communication	쉽게 자신의 생각을 표현한다. 대화, 글쓰기를 잘하고 발표에도 능하다. 무미건조한 것을 흥미진진하고 생생하게 만들고 싶어 한다.
승부 Competition	자신의 성과를 다른 사람의 실적에 비교해서 평가한다. 1등을 차지하기 위해 분투하며 경쟁을 즐긴다.
연결성 Connectedness	세상의 모든 것들이 연결되어 있다고 믿는다. 우연은 없으며 모든 일에는 이유가 있다. 연결성에는 인류의 일원으로서 책임의식이 있다.
공정성 Consistency	어떤 상황에서도 똑같이 대우해야 한다고 생각한다. 특혜를 거부한다. 저울의 균형은 유지되어야 한다. 원칙대로 모든 사람을 일관되고 공평하게 대하려고 한다.
회고 Context	지난 일을 되돌아보고 생각하는 것을 즐긴다. 과거에 대한 성찰을 통해 현재를 이해한다. 역사와 전기에 관심이 많다.
심사숙고 Deliberative	의사결정을 내리거나 선택을 할 때 제반 사항을 신중하게 고려한다. 항상 조심한다. 리스크를 잘 감지한다.

개발 Developer	다른 사람들이 가진 잠재력을 알고 키워주려고 한다. 사람들이 발전해가는 모습을 통해 만족감을 얻는다.	
체계 Discipline	정해진 일상의 순서나 체계를 좋아한다. 모든 것이 질서 정연하고 계획되어 있어야 한다. 예측하지 못한 상황이 발생하는 것이나 실수를 못 참는다.	
공감 Empathy	다른 사람들의 상황에 감정이입하고 다른 사람의 감정을 느낄 수 있다. 다른 사람이 감정을 제대로 표현할 수 있게 도와준다.	
집중 Focus	방향이 정해지면 목표를 달성할 때까지 진로에서 벗어나지 않고 주력한다. 일의 우선순위, 목표, 목적이 중요하다.	
미래지향 Futuristic	미래에 대한 생각과 가능성에서 영감을 얻는다. 힘든 일이 있어도 미래에 대한 비전을 바라보며 기운을 얻는다.	
화합 Harmony	합의를 추구한다. 갈등이나 충돌을 좋아하지 않고 합의점을 찾고자 한다.	
발상 Ideation	아이디어에 매료된다. 언뜻 보기에는 전혀 상관이 없어 보이는 현상들의 연관성을 찾아낼 수 있다.	
포용 Includer	다른 사람들을 잘 받아들이는 성향이 있다. 소외된 사람들을 의식하고 포용하려고 한다.	
개별화 Individualization	개인의 고유한 개성에 관심이 많다. 일반화하는 것을 싫어한다. 본능적으로 개개인별 동기, 인간관계를 맺는 법을 파악해 협력한다.	
수집 Input	무엇인가를 더 알고 싶어 한다. 각종 정보를 수집해서 보관하는 것을 즐긴다.	
지적 사고 Intellection	생각하는 것, 정신 활동을 좋아한다. 사상이나 사람의 감정 등 주제보다 생각하는 것 자체를 즐긴다. 명상, 성찰의 시간을 좋아한다.	
배움 Learner	배움에 대한 강한 열망이 있으며 끊임없이 발전하고 싶어 한다. 배움의 결과물보다는 배우는 과정 자체를 즐긴다.	
최상화 Maximizer	개인이나 단체의 탁월성을 이끌어내기 위해 그들의 강점에 초점을 맞춘다. 기준은 평균이 아니라 최상이다.	
긍정 Positivity	긍정적 열정이 있다. 잘 웃고 낙관적이다. 어떤 상황에서든 긍정적인 면과 재미를 찾는다.	

절친 Relator	사람들과 깊고 친밀한 관계에 기쁨과 힘을 얻는다. 진실한 관계를 추구하고 친밀한 사람들과 함께 목표를 향해 열심히 일할 때 큰 만족감을 느낀다. 우정을 쌓기 위한 여러 단계를 기꺼이 받아들인다.
책임 Responsibility	자신이 하겠다고 약속한 것들에 대해 강한 책임감을 느낀다. 의무감이 강하다. 정직과 충실함 같은 가치관을 중요하게 여긴다.
복구 Restorative	문제의 원인을 잘 파악하여 해결안을 찾아내는 데 뛰어나다.
자기확신 Self- Assurance	삶을 이끌어가는 자신의 능력과 의사결정에 대한 자신감이 있다. 스스로 옳다고 생각한다. 최종적인 책임도 자신에게 있다고 생각하고 두려워하지 않는다.
존재감 Significance	다른 사람들에게 중요한 존재로 비쳐지기를 원한다. 독립적이며 다른 사람들에게 인정받기를 원한다.
전략 Strategic	일을 진행하는 데 있어서 여러 가지 대안을 만든다. 어떠한 상황에서도 신속하게 그 상황에 관련된 패턴과 이슈를 파악할 수 있다.
사교성 Woo	새로운 사람들을 만나고 마음을 얻는 일을 즐긴다. 어색한 분위기를 깨고 다른 사람과 인맥을 쌓는 데 만족감을 느낀다.

7

일잘러는 감사의
힘을 안다

감사란 발견하는 것이다

감사란 나에게 주어진 것에 대한 긍정 선언이다. 내가 가진 것의 가치를 발견하고 말과 행동으로 표현하는 것을 말한다. 감사의 첫 단계는 가치 발견이다. 세상에 당연한 것은 없다고 생각할 때, 내가 가진 익숙한 것들 속에서 좋은 가치를 발견할 수 있다. 감사는 말과 행동으로 표현할 때 비로소 기쁨의 열매가 맺힌다. 사실상 감사하기 시작하면 감사할 일들이 계속 늘어나면서 행복해진다. 일이 잘 풀리고 건강해지며 소통이 잘된다. 꽃을 보고 싶어 하는 사람에겐 언제나 꽃이 보인다. 단연코 감사는 삶의 가장 아름다운 꽃이다. 내 마음에 감사의 꽃이 피면 현실에서 열매가 열린다.

국어사전에선 '감사하다'를 '고맙게 여기다'라고 정의한다. 우리말 '고맙다'는 '남이 베풀어 준 호의나 도움 따위에 대하여 마음이 흐뭇하고 즐겁다'라는 뜻이다. 무엇을 고맙게 여기는지 구체적인 내용을 찾기 위해 영영사전을 찾아보았다. 인정, 고마움, 가치를 표현하는 단어 'Appreciate'는 세 가지로 정의된다. 첫째, 타인의 배려와 도움을 인정한다. 둘째, 문제나 상황의 해결을 고마워한다. 셋째, 음식이나 음악 등 일상에서의 좋은 가치를 알아본다. 결국 감사는 하늘에서 뚝 떨어진 것이 아니라 늘 있던 것에 대한 발견이다. 감사는 타인과 상황을 제대로 인정하는 것과 일상의 가치를 발견하는 것을 말한다.

그럼 감사의 첫째 의미부터 보자. 감사는 타인이 나에게 해준 작은 배려와 도움을 사소히 여기지 않고 인정하는 것에서 시작한다. 그것을 당연한 권리로 느끼지 않고 그 도움 속에 어떤 마음과 헌신이 있는지 제대로 인정하는 것을 말한다. 자식을 위한 부모님의 헌신은 당연하지 않다. 길을 양보해주는 운전자의 배려도 당연하지 않다. 동료나 선배가 일을 가르쳐주고 도와주는 일도 당연하지 않다. 이 모든 것에 고마움을 느끼고 배려의 마음을 발견하고 도움을 인정할 때 감사할 수 있다.

내가 다니는 직장의 승강기 앞엔 대형 모니터가 있다. 중요한 손님이 오거나 외국에서 바이어가 방문하면 그 모니터에는 대표이사 비서실에서 준비한 환영 메시지가 상영된다. 그 메시지 배경에 그려진 수채화 꽃이 참 예쁘다. 수채화 꽃 배경은 내가 편집한 것이다. 다른 용도로 사용하던 것을 비서분이 보더니 쓰겠다고 해서 VIP 환영 메시지의 배경 그림이 되었다. 사소하지만 그걸 볼 때마다 기분이 참 좋다. 사용해준 분에게 고맙다고 인사를 했다. 그랬더니 오히려 그분이 예쁜 그림을 줘서 고맙다고 인사한다.

혜민 스님이 한 말씀이 떠오른다. "감사하면 누가 행복해요? 비서

분이? 보는 사람이? 아니, 내가 제일 행복해요. 여러분 아셨죠? 일상이 당연하다고 생각하면 누가 힘들어요? 내가 힘들어요. 아니 나만 힘들어요." 타인에 대한 감사는 결국 나에게 좋은 일이다.

행복은 강도가 아니라 빈도다

감사의 둘째 의미는 문제나 상황 해결에 대한 감사다. 너무나도 당연한 감사다. 보통 문제가 생겨 고민하다가 해결되면 고마움을 느낀다. 그러나 늘 문제를 해결해주는 사람이 있다면 당연시하면서 고마움을 못 느끼곤 한다. 사실 팀장이나 선배가 내 업무 진행을 위해 문제를 해결해주는 것도 당연한 것이 아니다. 고맙게도 자신의 시간과 노력을 투자하고 있다. 이것을 제대로 인정할 때 감사의 리액션이 자연스럽게 이루어진다. 이 감사의 리액션에 따라 상대에게는 다음에도 도와주고 싶은 마음이 생기고 그러면서 관계가 발전하고 관계를 통해 기회가 오는 것이다.

감사의 셋째 의미는 일상에서 좋은 가치를 알아보는 것이다. 이 또한 매우 중요하다. 일상에서 좋은 가치를 알아보면 감사의 영역이 늘어나고 감사의 수가 늘어나며, 삶은 기적으로 가득 차게 된다. 아무 감동 없이 습관처럼 자고 일어나 출근하고 퇴근하는 직장 생활을 살펴보자. 이 직장 생활은 절대 당연하지 않다. 간절히 다니길 바랐던 지금의 직장에 합격한 것, 많은 어려움을 이겨내며 일을 해내는 것은 아무나 할 수 있는 일이 아니다. 직장 생활을 버텨낼 수 있는 건강이 있음도 감사할 일이다. 직장 동료와 퇴근 후 맛집에서 마주 앉아 음식을 함께 나눠 먹는 것도 그렇다. 코로나바이러스가 일상을 침범하고 나서야 비로소 일상의 소중함을 깨닫게 되었다.

일상에서 감사를 발견하면 행복해진다. 행복은 강도가 아니라 빈도다. 일상에서 감사를 발견하라는 것은 주변에 널려 있는 행복을 즐기고 이미 가진 것을 확인하라는 말이다. 세상에는 네잎클로버보다 세잎클로버가 더 많다. 세잎클로버의 꽃말은 '행복'이고 네잎클로버는 '행운'이다. 사람들은 행운을 바라면서 지천으로 널린 행복을 간과한다. 어쩌다 운이 좋아야만 보이는 네잎클로버의 행운보다 늘 내 곁에 있는 행복을 누릴 수 있는 최고의 비법이 감사다.

흔한 일상에서 좋은 가치를 발견하는 눈을 가지게 되면 감사할 일들이 많아진다. 작은 것에 감사하고 내가 가진 것에 집중할 때 감사는 자라는 법이다. 세상에 어떤 일이든 당연한 것은 없다. 내가 가진 사소한 것이 어떤 사람에게는 딱 하루라도 가졌으면 하는 간절한 것일 수 있다. 우리가 가져야 할 것이 있다면 감사할 만한 일이 아니라 감사를 발견하는 눈일 것이다.

다리를 다쳤을 때는 다시 걸을 수 있음에 감사했다. 시력이 약하고 건안이라 렌즈 착용이 어려워 라식 수술을 했다. 수술 다음 날 눈을 떴을 때 누워서 시계가 보이자 신기하고 감사했다. 임신 입덧이 심할 땐 아무거나 먹을 수 있는 것이 감사한 일임을 깨달았다. 세상에 당연한 것은 없다. 일상에서 내가 가진 것, 익숙한 것들 속에서 좋은 가치를 발견할 수 있다면 항상 감사할 수 있다. 감사는 신이 주신 행복의 열쇠다.

모든 행복한 사람이 감사를 느끼진 않지만, 감사하는 사람은 반드시 행복하다.

감사하는 사람은 반드시 행복하다

감사는 행복의 열쇠다. 일상의 평범함과 익숙함이란 자물쇠에 갇혀 있는 행복을 여는 열쇠는 감사 표현이다. 감사는 긍정적 선언이다. 말과 행동으로 표현할 때 마법은 시작된다. 감사의 유일한 법칙은 "~덕분에 정말 고마워." "~이유로 참 감사합니다."라고 구체적으로 표현하는 것이다. 매일 저녁 감사 일기를 쓰는 것을 추천한다. 감사 일기는 나의 일상을 긍정적으로 재구성하게 한다. "감사의 표현은 유쾌함 등의 긍정적 감정을 유발하고, 건강에도 도움이 되며, 심리적 어려움을 이겨내거나 끈끈한 유대감을 형성하는 데 기여한다."[5] 모든 행복한 사람이 감사를 느끼진 않지만, 감사하는 사람은 반드시 행복하다.

---

5 『하버드 헬스』 저널

감사는 성공 기회의 문을 열어준다.

　감사는 신체적인 건강에도 도움이 된다. 미국 캘리포니아 주립대 폴 밀스 교수는 감사가 신체에 어떤 영향을 주는지를 알기 위해 186명의 심부전증 환자들을 대상으로 감사 일기를 쓰게 했다. 8주후 일반 치료자들은 염증 지수가 4% 상승한 반면에 감사 일기를 쓴 그룹은 염증성 지표가 22%나 떨어졌다. 감사를 느끼고 표현하면 뇌의 즐거움과 관련된 쾌락 중추 부분이 작용해 도파민, 세로토닌, 엔도르핀 등 이른바 행복 호르몬이 분비된다. 그러면 스트레스가 완화되고 혈압도 안정되고 근육도 이완된다. 이처럼 감사는 정신뿐만 아니라 몸에도 좋은 영향을 주는 것이다.

　또한 감사는 우리를 긍정적으로 만든다. 감사는 긍정의 깃발 세우기다. 여기서 깃발 세우기는 점령 지역을 선포하는 행사다. 내 생각과 감정의 방 중앙에 감사의 깃발을 먼저 세우지 않으면 다른 것들이 점령한다. 불평, 불만, 무관심, 외면, 짜증 등 부정적 감정이 나를 채우지 않도록 마음의 방을 감사가 채우게 하는 것이다. 감사를 선언하면 당연하게 여겼던 많은 일도 감사할 수 있다. 감사하는 마음 자체가 상황을 바꾸고 새로운 기회를 만든다.

감사의 힘은 생각 그 이상이다

실제로 감사는 성공 기회의 문을 열어준다. 사람은 긍정적일 때 여유가 생기고 남을 돕고자 하는데 남을 도우면 행복해지고 행복감으로 또 다른 사람을 돕고 싶어진다. 그리고 어떤 사람의 도움에 내가 감사를 표현하면 도움을 준 사람에게 또 다른 긍정적 영향을 미친다. 이것이 감사의 선순환이다. 그런데 안타깝게도 모든 사람이 감사하면 좋겠지만 현실은 그렇지 않다. 아이러니하게도 그래서 감사하는 사람들은 유독 일이 잘 풀린다. 사람은 자신의 도움에 반응을 보이는 사람을 기억하고 다시 기회를 제공하게 되니 자연스럽게 감사하는 사람의 성공을 돕는 동반자가 된다. 감사의 힘은 생각 그 이상이다.

감사의 또 다른 힘은 성장이다. 감사는 감사 표현을 받는 상대의 마음을 감동시켜 그 상대가 감사에 걸맞은 사람이 되도록 이끈다. 나는 리더로서 당연히 해야 할 일을 했을 뿐인데 부서원들이 진심으로 고마움을 표현할 때가 있다. 어려운 점을 먼저 물어보고 해결을 위해 돕는 아주 사소한 도움에 대해 혹은 들어주기만 한 것에 대해 한참 뒤 "그날 정말 고마웠다."라는 감사 표현을 듣게 되면 더 좋은 리더가 되어야겠다고 결심하게 된다. 감사의 힘은 끝이 없다. 일상의 가치를 발견하는 감사는 삶을 제대로 행복하게 이끈다.

감사란 긍정 선언이다. 타인의 도움과 배려를 제대로 인정하는 것과 일상의 가치를 발견하고 말과 행동으로 표현하는 것을 말한다. 일상의 가치를 발견하는 감사는 삶을 행복하게 한다. 감사는 행복, 긍정, 건강, 성공 기회, 감동 전이를 만든다.

감사를 선언하자.
매일 한 개씩이면 한 달에 30개의 감사가 쌓인다.

일잘러들의 태도 3

일과 삶의 의미를 찾아간다

1

일잘러는 삶의 목적이
구체적이다

목적이 구체적이어야 원하는 것을 이룬다

삶의 목적이 있다면 인생길을 안내하는 내비게이션을 가진 것과 같다. 목적지까지 원하는 방법대로 갈 수 있고 시간도 엄청나게 절약할 수 있다. 빠른 길, 무료 도로, 최단 거리, 편한 길 등 우선순위에 따라 방법도 설정할 수 있다. 목적지까지 길의 흐름을 보여주어 현명한 선택을 돕는다. 삶의 목적은 내비게이션처럼 구체적이고 분명해야 한다. 그래야 따라갈 수 있다. 삶의 목적이라는 장기적 시선을 가질 때 지혜롭게 판단할 수 있으며 인생의 큰 흐름 속에서 지금 나아갈 길을 현명하게 선택하게 된다.

보물지도가 눈앞에 있다고 생각해보자. 생각만으로도 설레지 않는가. 보물을 가진 것도 아닌데 벌써 행복해지고 당장 보물 찾으러 갈 방법에 집중하게 된다. 이와 같이 우리는 생각만으로도 행복해지는 삶의 보물지도를 만들어야 한다. 이 지도는 내가 원하는 것을 구

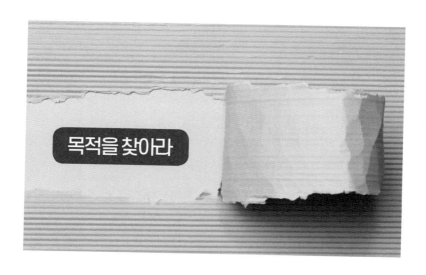

체적이고 생생하게 그릴 때만 가능하다. 목적이 생생하고 구체적이면 생각만으로도 갖고 싶다는 끌림이 생긴다.

뇌를 자극하고 사람을 움직이게 하는 것은 본능적 끌림이다. 끌림을 만드는 요소는 무엇일까? EBS 다큐 『인간의 두 얼굴』에서는 다음과 같은 실험을 했다. 명동에서 진행자가 지나가는 사람들에게 룰렛 게임을 제안한다. 2만 원을 우선 받는다. 그다음 게임에 참여해서 이기면 3만 원을 더 받고 지면 2만 원을 다시 돌려줘야 한다는 제안이다. 사람들은 2만 원의 행운에 만족해할 뿐 게임에 도전하지 않았다. 여기서 놀라운 두 번째 실험, 아주 작은 변화로 사람들을 도전하게 만든 실험이 이어진다.

우선 5만 원을 주는 것이다. 그러고서 3만 원을 다시 가져가며 게임을 제안한다. 진행자가 가져간 3만 원을 다시 따려면 2만 원을 내고 게임에 도전해서 이겨야 한다고 말한다. 그러자 놀랍게도 사람들은 이렇게 조건을 바꾸면 돈을 잃더라도 게임에 참여했다. 왜 게임에 참여했냐는 질문에 참여자들은 이구동성으로 대답했다. "내 손에 들어왔다가 나가니 왠지 손해 보는 느낌이 들었어요."

코넬대 심리학과 토마스 길로비치 Thomas Gilovich 교수는 "상상만으로 뇌에서 실제와 같은 경험을 하기 때문에 생기는 현상이다."라고 말한다. 내 손에 돈을 쥔 순간 '갖고 싶다.' '내 것을 뺏겼다. 되찾아야지.'라는 강한 본능에 빠진다는 것이다. 사람은 논리적인 계산이 아니라 본능에 따라 행동한다. 내 손에 쥐어진 돈이 이성적으로는 내 돈이 아닌 것은 안다. 하지만 내 손에 닿는 순간 내 것이라고 느끼는 것이 본능이다. 사람은 욕구를 자극하는 접근 동기에 본능적으로 반응한다. 사람을 움직이게 하려면 접근 동기를 갖도록, 즉 끌리도록 해야 한다. 매력적이고 구체적인 그림만 그리면 뇌는 스스로 그걸 가지려고 움직이기 시작한다.

뇌는 상상을 현실과 구분하지 못한다

뇌는 본능의 뇌(변연계)와 이성의 뇌(신피질)로 구성되어 있다. 본능의 뇌는 행동과 의사결정을 담당한다. 그래서 의사결정에는 이성보다 본능이 먼저 힘을 발휘한다. 본능의 뇌는 이성적인 설명보다 직감을 따른다. 느끼는 대로 판단하고 행동한다. 따라서 본능의 뇌를 행동하게 하려면 느끼게 해야 한다. 생생하게 그림을 그려줄 때, 작은 성공 경험으로 즐거움을 느낄 때 우리의 본능은 움직인다.

사내 교육을 진행하면서 '구체적으로 상상할 때 뇌는 이것을 현실과 구분하지 못한다.'라는 것을 입증하는 실험을 한 바 있다. 진행자는 교육생들에게 로또 1등 당첨을 상상하라고 요청했다. "50억에 당첨되셨습니다. 50억으로 무엇을 할지 우선순위 여섯 개를 선정한 후 구체적으로 표현해주세요. 예를 들어 자동차를 산다면 은색 제네시스 G80 최고 사양 또는 빨간색 포르세 911 투도어 등 구체적으로 써주세요!"

상상하는 동안 교육생들 입가엔 미소가 가득했다. 진행자가 답안 완성 후 여섯 개 중 세 개 항목을 지우라고 하자 교육생들은 잠시 망설였다. 다시 세 개 중 한 개만 남기라고 요청하자 교육생들은 항의했다. 잠시 상상했을 뿐, 상상한 항목을 지운다고 없어지는 것도 아닌데 구체적으로 상상한 사람들일수록 더 거세게 저항(?)했다. 이처럼 뇌는 현실과 상상을 구분하지 못하고 상상만으로 기분 좋은 느낌을 준다. 그래서 삶의 목적이 구체적이라면 이미 가진 것처럼 행동하기 시작한다. 그 목적이 인생의 내비게이션이 되어 길을 안내하는 것이다.

삶의 목적을 구체적으로 세우면 '나에게 의미 없던 것도 나에게 의미 있는 것'이 된다. EBS 실험에서 내 손에 쥐어진 5만 원은 단순한 5만 원이 아니다. 내 돈 5만 원이 되는 순간 5만 원으로 할 수 있는 무언가를 구체적으로 떠올리며 의미를 갖게 된다. 김춘수 시인의 시 「꽃」처럼 이름을 불러주었을 때 나에게로 와서 꽃이 된다. 뇌는 의미가 부여되면 그것을 갖고 싶다는 강력한 본능을 발휘하게 된다. 그 착각이 성취를 끌어당기는 것이다.

예일대 졸업생 중 명확한 목표를 종이에 적은 3%가 20년 후 나머지 97% 졸업생들 전체의 재산보다 더 많은 재산을 가졌다는 이야기는 많이 알려져 있다. 구체적이고 생생하게 삶의 목적을 세워야 삶을 이끌 수 있다.

길게 보아야 현명하게 판단한다

"미래에 당신이 어디에 있고 싶은지가 분명할수록 현재 올바른 결정을 더 쉽게 내릴 수 있다."[6]라고 한다. 삶의 목적이 구체적이어야 하는 이유는 본능의 뇌 때문이다. 본능은 즉흥적으로 판단하고 끌리는 대로 움직인다. 이를 보완하려면 장기적으로 길게 보고 판단하는 이성의 뇌를 깨워야 한다. 모든 것을 본능에만 맡겨서는 안 된다. 본능의 뇌가 움직이면 반드시 이어서 이성적 뇌가 활동하게 해야 한다. 그래야 현명하게 판단할 수 있다. 장기적으로 보는 그 행동만으로도 이성을 자극해 의사결정의 질을 높일 수 있다. 장기적으로 길게 보아야 현명하게 판단한다.

초보 운전자와 베테랑 운전자의 가장 큰 차이는 무엇일까? 시야의 차이다. 초보 운전자는 앞만 바라보기 때문에 교통 흐름을 제대로 판단할 수 없다. 끼어드는 차량 같은 작은 변화에도 급브레이크를 밟고 민감하게 반응하며 불안감으로 더 긴장한다. 한편 베테랑 운전자는 출발하기 전에 목적지까지 멀리 보며 흐름을 따른다. 사고 상황, 차의 흐름, 끼어드는 차, 신호등을 보고 종합적으로 판단한다. 안정감 있게 현재의 위험 상황에 대처하며 동승자나 다른 운전자까지 배려하는 운전을 한다. 베테랑 운전자처럼 삶의 목적을 멀리 보면 전체적인 상황을 고려한 현명하고 효율적인 판단을 할 수 있다.

오늘 하루를 마음대로 보내도 된다면 어떻게 보내고 싶은가? 대부분 오늘 하루는 맘 편히 쉬고 싶다거나 놀고 싶다는 등 본능에 충실한 결정을 할 것이다. 하지만 오늘부터 앞으로 10년간 마음대로

---

6 게리 하멜·C.K. 프라할라드 저, 김소희 역, 『시대를 앞서는 미래 경쟁 전략』, 21세기북스, 2011

해도 된다면 어떻게 하고 싶은지를 물어보면 답이 달라진다. 길게 생각하면 이성이 발동한다. 심리학에는 시간 전망이란 개념이 있다. 브라이언 트레이시는 『겟 스마트』에서 이렇게 말했다. "가장 낮은 최하층의 시간 전망을 가진 사람들, 예를 들어 심각한 알코올 중독자는 다음 한 잔만을 위해 산다. 반면 최상위 부자들은 몇 년, 몇십 년, 심지어 다음 세대까지 내다보는 매우 미래지향적인 시간 전망을 가지고 있다. 멀리 내다보는 행동만으로도 전망을 선명하게 해 단기 의사결정의 질을 현저히 개선한다."

삶의 목적이 곧 인생의 방향이다

미래를 구체적으로 꿈꾸고, 멀리 보며 자신의 길을 선택하고 있는 다니엘 웰링턴 아태평양 헤드 안상민 대표는 '삶의 목적'이 분명한 사람이다. 10년 전 대학생 실습생인 그를 처음 만났다. 15년 간 만났던 연수생 중 아직도 기억에 생생할 만큼 일에 몰입하는 학생이었다. 그는 실습 기간 내내 진짜 하고 싶은 일이 무엇인지 찾기 위해 어떤 일이든 경험하고 배우려 했다. 방학을 활용하여 관심 있던 시민단체, 교육기업, 공사 등에서 스태프, 개발과 영업 직무를 경험했다. 그중 KOTRA(대한무역투자진흥공사) LA지점 인턴 시절 세계 최대 '성인 박람회' 구경 후 '성인 사업을 통해 세상에 다양성과 개방성을 확대하겠다.'라는 꿈을 구체적으로 꾸기 시작했다. 비즈니스로서 기회가 보였고, 편견 없는 사회를 만들고 싶다는 평소의 가치관에도 부합했기 때문이었다.

안 대표는 첫 직장을 세계 최대 생활용품 기업 피앤지P&G로 정했

인생은 항해와 같다. 파도가 일렁이고 바람이 몰아치는 바다에서
항로와 나침판이 필요하듯 인생엔 목적이 필요하다.

다. 회사 일을 자신의 꿈을 실현하는 과정으로 생각했기에 열과 성
을 다하다 보니 남들보다 빠르게 성장했다. 연봉도 높았고 안정적인
삶이 보장되었다. 하지만 시장 상황이 급변하는 것이 보이자 직접
회사를 운영하는 것이 더 효과적으로 꿈을 이룰 수 있다고 판단하고
퇴사 후 코사이앤컴퍼니를 창업했다. 바로 앞 이득만 보았다면 어려
웠을, 꿈을 이루기 위한 선택이었다. 꿈을 향한 선택이었으나 현실은
냉정했다. 경험이 더 필요했다. 업계 1위인 스웨덴 LELO가 한국에
진출할 때 지사장 자격을 갖추기 위해 스웨덴을 본사로 둔 다니엘웰

링턴 한국 지사 첫 번째 직원으로 다시 시작했다. 꿈을 향해 한 걸음 한 걸음 내딛은 결과 현재는 아태평양 헤드로 꿈을 펼치고 있다. 안 대표는 지금도 성인 사업에 대한 편견에도 아랑곳하지 않고 재미있고 에너지 넘치게 꿈을 향해 전진하고 있다. 인생에서 목적을 정하면 장기적 안목을 가지게 되어 원하는 삶으로 향하는 현명한 선택을 하게 된다. 그 선택으로 결국 내가 원하는 삶을 살게 된다.

인생은 항해와 같다. 파도가 일렁이고 바람이 몰아치는 바다에서 항로와 나침판이 필요하듯 인생엔 목적이 필요하다. 만약 방향이 없다면 항로 없는 배가 바다 위에서 표류하는 것과 같다. 항로를 알아야 배를 조종할 수 있다. 그래야 전체적인 흐름에서 지금 할 수 있는 최고의 선택이 가능하다. 하지만 항로를 모른다면 그 어떤 바람도 도움이 되지 않는다.

'눈 목目 과녁 적的', 목적은 움직이지 않는 과녁에 눈을 고정하는 것이다. 삶의 목적을 가진다는 것은 인생의 방향을 정한다는 것이다. 삶의 목적은 내가 앞으로 나아가야 할 방향을 보여주고 지금 내가 어떤 방향을 향해 서 있는지 알려주어 지혜로운 선택을 하게 한다.

삶의 목적을 구체적으로 정하자.
상상만 해도 행복한 일, 긴 시간을 두고 해보고 싶은 일을
구체적이고 최대한 상세히 적어보자.

2

일잘러는 원하는 삶의
방향을 안다

원하는 방향에 집중할 때 꿈은 이루어진다

인생의 목적은 "내가 원하는 삶은 이 방향이다."라고 선언하는 것이다. 방향 선언을 하면 선점 효과가 있다. 선점하면 다른 것들이 마음대로 자리 잡지 못해서 내가 원하는 삶에 집중하게 된다. 인생의 목적은 최종 목적지를 말하는 것이 아니라 현재 삶의 방향을 말하는 것이다. '내가 원하는 삶'인 동시에 '나의 역할'을 선언할 때 목적은 힘을 발휘한다. 삶에서 일관되고 지속적으로 의미 있는 목적에 집중할 때 내가 원하는 삶은 이루어진다.

화살을 쏘는데 과녁이 있을 때와 없을 때 어느 쪽이 원하는 지점을 맞출 확률이 높을까? 당연히 과녁이 있을 때 집중하기 좋다. 인생의 목적은 과녁과 같은 역할을 한다. 집중할 때 중요한 것에만 힘을 쏟는다. 힘과 에너지는 한정되어 있다. 집중하려면 힘쓸 필요 없는 곳은 확실히 힘을 빼야 한다. 중요하지 않은 것, 의미 없는 것, 원하지 않는 것을 멈추고 외면할 때 집중할 수 있다. 내가 원하는 삶을 살려면 내가 원하는 것을 명확하게 선언해야 한다. 내 삶의 영역에 중요한 것이 선점되고 그 이외의 것이 들어오지 못하도록!

한 소녀가 있었다. 그녀는 가난했지만 꼭 성공하고 싶었다. 그래서 솔로몬 왕을 찾아가 밤낮으로 지혜를 구했다. 솔로몬은 포도주를 잔에 가득 부은 뒤 소녀에게 건네주며 말했다. "이 포도주 잔을 들고 성을 한 바퀴 돌고 오면 성공의 지혜를 알려주겠다. 하지만 만약 포도주를 한 방울이라도 흘린다면 넌 노예로 팔려갈 것이다. 도전하겠느냐?" 소녀는 조심조심 포도주 잔을 들었다. 목숨과 바꾼 기회를 잡기 위해 포도주 잔에 집중해서 성을 한 바퀴 돌았다. 솔로몬은 소녀에게 물었다. "무엇을 보았느냐?", "무엇을 들었느냐?" 제대로 말해야 한다는 호통에 소녀는 울먹이며 말했다. "포도주 잔만 보느라 아무것도 보고 듣지 못했습니다." 솔로몬은 말했다. "바로 그것이 성공의 비결이다. 중요한 것에 집중하면 중요하지 않은 일들과 유혹에 흔들리지 않는다."

투자의 귀재로 불리는 워런 버핏Warren Buffett은 직업상 목표의 우선순위를 정하는 3단계를 다음과 같이 소개했다. "첫째, 직업상 목표를 25개 쓴다. 둘째, 자신을 성찰해 가면서 그중 가장 중요한 목표 다섯 개에 동그라미를 친다. 반드시 다섯 개만 골라야 한다. 셋째, 동그라미를 치지 않은 20개의 목표를 찬찬히 살핀다. 그 20개는 당신이 무슨 수를 써서라도 피해야 할 일이다. 당신의 신경을 분산시키고 시간과 에너지를 빼앗고 더 중요한 일에서 시선을 앗아가는 것들이다."[7]

---

7   앤절라 더크워스 저, 김미정 역, 『그릿』, 비즈니스북스, 2019

이 글을 보았을 때 나를 위한 충고라고 생각했다. 더 중요한 것과 덜 중요한 것으로만 구분해서 판단했던 생각을 바꿔야 한다는 것을 깨달았다. 중요한 것을 하려면 나머지는 버려야 한다.

인생에서 나만의 '마이 볼'을 외쳐라

모든 정보를 손안에서 수시로 확인할 수 있고 많은 것이 공개되는 시대에 집중은 참 어렵다. 이메일, 문자, 전화, SNS, 인터넷 등 자극들이 곳곳에 깔려 있다. 부족한 것이 없는 듯 보이는 세상에서 더 좋은 직업, 더 멋진 삶, 더 비싼 아파트를 향해 달려야 할 것만 같다. 보이는 것이 많고 화려해 시선이 분산된다. 유혹들이 곳곳에 가득하다. 목적이 있지 않으면 내가 중요하게 의미 있게 생각하는 삶을 살지 못한다. 부질없이 남을 따라 달리다 내가 소중하게 생각하는 삶은 사라지고 남의 그림자가 되고 만다. 우리는 목적에 집중하는 만큼 무엇을 멈추고 버리고 신경을 꺼야 할지 구별해내야 한다. 내가 중요하게 생각하는 의미에 집중해야 원하는 삶을 살 수 있다.

'별똥별이 떨어질 때 소원을 빌면 이뤄진다.'라는 속설이 있다. 별똥별은 순식간에 나타났다가 사라진다. 무심코 하늘을 바라보다가 갑자기 떨어지는 별을 보며 소원을 빌 수 있을 정도로 마음에 품고 있는 중요한 소원이라면 이루어진다는 것이다. 이루고 싶은 소원에 집중할 때, 꿈은 이루어진다. 지금은 별똥별을 예측하는 첨단 과학 시대에 살고 있지만 그 구전 속 지혜는 여전하다.

그리고 집중을 돕는 또 하나의 방법은 선언이다. 목적을 선언하면 '내가 원하는 삶'에 집중하게 된다. 혼자 생각하는 결심은 결심으로 끝날 가능성이 높고 생각은 명확하지 않다. 반면 선언은 구체적으로 말이나 글로 표현하는 것이다. 삶의 목적을 선언하면 명확해져서 기억하게 된다. 사람은 공개적으로 선언하면 선언한 말을 고수하고 지키려고 한다. 목적을 공개적으로 선언하면 나의 선언과 결을 같이하는 사람들이 다가와 격려하고 도울 뿐더러 목적을 이루는 기회를 제공하기도 한다.

야구에서는 '마이 볼'을 외치지 않는가. 자기가 원하는 삶이 정확하지 않은 사람들은 '정말 간절히 원하는 것이 있는 사람들'에게 길을 내어주고 만다. 선언에는 이끄는 힘이 있어 인생의 목적을 선언하고 집중하면 길이 열린다.

삶의 의미는 자기 효능감을 높인다

인생의 목적이 의미 있고 매력적이라면 꿈꾸는 것만으로도 즐겁다. 소풍 가기 전날 더 행복한 이유가 무엇이겠는가. 매력적이고 의미 있는 삶을 꿈꾸면 행복해진다. 사람은 꿈을 이룬 순간만이 아니라 꿈을 꾸는 모든 순간이 행복하다. 꿈을 구체적으로 꾸는 것만으로도 도파민이 분비되어 행복을 느끼게 하기 때문이다. 행복한 느낌은 사람을 지속적으로 행동하게 한다. 매력적인 삶의 의미는 행동을 지속하게 해 결국 이루게 한다.

삶의 의미는 좋은 신발 같아서 우리의 삶을 보호해 오래 걷게 한다. 인생에서 길을 잃고 헤맬 때, 지루하고 지칠 때 다시 일어날 힘을 준다. 실패에도 회복력을 갖게 해 다시 도전할 힘을 준다. 심리적 보호막이 되어준다.

삶의 의미는 나무의 뿌리 같아서 내 인생을 지탱하는 힘이 된다.

삶의 의미는 나무의 뿌리 같아서 내 인생을 지탱하는 힘이 된다. 스스로를 의미 있는 일을 하는 괜찮은 사람, 가치 있는 사람이라고 느끼는 자기 효능감이 발휘되게 한다. 그것이 심리적 안전지대가 되어 큰바람에 흔들려도 쓰러지지 않게 한다. 다시 도전하게 만들어 결국 원하는 것을 얻고, 자기 효능감은 더 높아진다.

실로 의미 있는 삶의 목적은 힘들 때 나를 버티게 한다. 길게 보기 때문에 일희일비하지 않고 중도에 포기하지 않는다. 삶이 허무하다고 느낄 때 이길 힘을 준다. 의미 있는 나의 역할은 무거운 짐이 아니라 살아야 할 이유가 된다.

어디로 갈지 모를 때 느끼는 불안은 크다. 아주 조금씩이라도 가고 있다는 걸 알면 더디더라도 희망으로 견딜 수 있고, 초조하게 쉬지 않고 편안하게 쉬었다 갈 수 있다. 우울감을 느낄 수는 있지만 우울증에 빠지지는 않는다. 나침판은 흔들리기 때문에 정확한 북쪽을 가리킬 수 있다고 생각하며 흔들릴 수 있음을 인정한다. 그와 같은 정서적 안정감과 회복력이 원하는 방향으로 지치지 않고 걷게 한다.

일관되게 지속적으로 의미 있는 목적에 집중할 때 원하는 삶은 반드시 이루어진다.

삶의 목표 중 중요한 세 가지만 남기고
나머지를 과감히 지우자. 이것이 성공 포인트다.

3
일잘러는 나다움을
갖고 있다

좋은 목적에는 나다움이 있다

삶의 방향 선언은 '나에게 중요하고 의미 있는 일'을 바라보고 살겠다는 다짐이다. '이 목적을 위해 평생 살아도 좋다. 이렇게 사는 것이 내가 사는 이유다.'라고 말할 수 있는 의미와 목적에 대한 다짐이다.

내 인생을 걸 수 있을 정도로 좋은 목적에는 두 가지 조건이 있다. 첫째, 내가 중요하다고 생각하는 나다움을 담아야 한다. 다른 사람의 그림자처럼 살지 않으려면 꼭 필요한 조건이다. 둘째, 선한 영향력이 포함되어 있어야 한다. 내가 세상에 있기에 세상이 조금이라도 좋아진다는 공헌감을 가질 때 내 삶은 더 행복해진다. 나다움으로 선한 빛을 발하고 좋은 향기를 낼 때 세상은 더 따뜻해진다. 나와 남을 동시에 이롭게 하는 목적이 가장 큰 힘을 발휘하는 것이다.

삶의 목적을 세우는 것은 내가 중요하게 생각하는 가치를 탐구하는 것으로 시작한다. 나의 가치가 흔들리는 이유는 남들의 시선이나 말이나 상식에 휘둘리기 때문이다. 그 모든 것들에서 벗어나 나에게 집중해서 무엇에 재미나 끌림을 느끼는지, 언제 의지나 재능을 발휘하는지 내가 가진 것을 곰곰이 들여다보는 것이 필요하다. 누구에게나 진짜 간절하게 원하는 것, 이런 삶을 살면 정말 멋지겠다고 생각하는 삶이 있을 것이다.

아무리 바빠도 가장 나다운 의미 있는 삶이 무엇인지를 찾는 것은 중요하다. 헤드헌팅 전문기업 피플온의 하주희 대표는 CEO와 임원급 전문 헤드헌터로서 성공한 직장인들을 많이 알고 있다. 그녀는 최근 퇴직 연령층이 점차적으로 젊어지고 있다면서 퇴직 임원들과 나눈 이야기를 해주었다. 대기업의 한 임원은 가장으로 자녀 교육 등을 위해 경제적 도움을 주는 것이 삶의 목표였다. 그 목표를 이루기 위해 회사를 선택하고 남과 비교하며 고위직으로 승진하는 것만을 보고 살았다고 고백한다. 그러다 퇴직을 하게 되면 심리적 공황을 매우 크게 겪으면서 그제서야 내가 '어떤 가치를 가지고 살았을까?' 질문한다고 한다. 그것을 보면서 하 대표는 삶의 목표는 내가 어떤 위치까지 올라가는 것이라기보다는 어떤 삶, 어떤 가치관을 가지고 사는 것이 더 중요하다는 것을 깨달았다고 한다. 그 덕분에 일하면서 받는 상처나 매너리즘에서 빠져나올 힘을 얻게 되었고 좀 더 자유롭게 열정적으로 일할 수 있게 되었다고 한다.

나다움을 찾는다는 것은 나를 결박하고 구속하는 것이 아니라 자유를 찾는 과정이다. 나답게 사는 것은 자유롭게 사는 것, 자신을 따르며 사는 것이다. 남 눈치를 보는 대신 나만의 빛깔과 향기를 찾아 나의 기준에 따라 사는 것에 자부심을 느끼는 삶이다. 타인의 명령보

다 나의 가치판단을 의식하면서 내 삶의 주도권을 쥐고 사는 삶이야
말로 자유로운 삶이다.

하지만 현실에서 자유로운 삶을 사는 사람들은 많지 않다. 각국
의 '중산층 기준'을 보면 우리나라 사람들이 경제력 대비 행복도가
낮은 이유를 알 수 있다. 우리나라 사람들은 '빚 없는 30평 아파트,
월 소득 500만 원 이상, 중형급 자동차, 연 1회 이상 해외여행' 이
정도를 중산층이라 생각한다. 반면 조르주 퐁피두Georges Pompidou 대통
령 공약에 따른 프랑스인의 중산층 기준은 '악기 연주와 외국어를
하나 이상 할 수 있고, 스포츠를 즐기고, 색다른 요리와 봉사활동을
하는 것'이다. 또한 옥스퍼드대학이 정의한 영국인의 중산층은 '페
어플레이 정신을 갖고 약자 보호에 나서며 자신의 주장과 신념이
있고 불의에 의연하게 대처하는 사람'이다.

확실히 우리의 기준이 돈이라는 가치에만 한정되어 있고 자유롭
지 않은 것을 알 수 있다. 이와 같은 외부적 시선에서 벗어나 나만의
의미 있는 삶을 살아갈 나의 가치를 찾는 것이 필요하다.

민들레는 민들레답고 동백꽃은 동백꽃답게

드라마 『동백꽃 필 무렵』의 주인공 동백이 말한 찰떡 같은 대사
를 소개한다.

> 동백: 남들 보란 듯이 행복한 건 진작 포기했다. 행복을 수능 성적표
> 로 생각하고 올려다봐도 답이 없더라. 그건 니들 기준이고 내
> 점수는 내가 매기고 산다.

자영: 동백 씨 마음엔 꽃밭이 있네. 난 그 유명한 법대 갔는데 내 마음
엔 꽃밭이 없더라.

나다움과 관계없이 남들 말만 듣고 따라가면 아무리 좋은 곳이
라 해도 의미를 찾을 수 없다. 동백꽃은 동백꽃으로, 민들레는 민들
레로, 프리지아는 프리지아로, 장미는 장미로 빛깔과 향기와 모양이
저마다 다르며 각자의 매력과 쓰임이 있다. 눈 속에서도 피어나 청
수한 빨간 꽃과 빛나는 잎을 가진 동백, 사자 갈기를 닮은 모습에 생
존력까지 강한 민들레, 달콤한 향기를 풍기는 프리지아, 화려한 외
모가 돋보이는 장미 가운데 어느 것이 더 나은 꽃이라 할 수 없다.

나다운 향기, 에너지, 매력을 내뿜을 때 힘차게 나의 방향으로 나
아갈 수 있다. 남의 것으로 채우려 하면 경쟁이 치열한 레드오션에
서 의미도 모르고 뛰어야 한다. 그리고 시간이 지나면서 허무하다는
생각에 결국 지치고 만다. 시간을 쪼개서라도 나다움을 찾자. 그러
지 않으면 왜 바쁜지, 어디로 가는지도 모르게 열심히 최선을 다해
남의 그림자만 밟게 된다. 목적 찾기가 늦었다는 사람들에게 해줄
말이 있다. 성인인 공자도 30대에 뜻을 세우고而立, 40세가 되어야
겨우 '삶의 방향을 잡게 되어 더 이상 흔들리지 않는다不惑'라고 했다.
지금 시작해도 절대 늦지 않았다.

좋은 목적에는 선한 영향력이 있다

"좋은 삶의 목적은 따뜻하고 동시에 예리하다. 목적을 통해 세상
의 특별한 고통, 상처, 결함을 치유한다. 고통과 상처에는 더없이 따

뜻하고, 자신에게는 강력한 책임, 용기를 추동한다. 자신의 책임, 재능이 누구를 위한 것인지 알고 발현한다."

대한민국 리더십 교육의 인싸로 인정받는 구루피플스의 이창준 대표가 한 말이다. 좋은 삶의 목적은 선한 영향력이다. 내가 가장 고귀하다고 생각하는 가치를 세상에 펼칠 수 있음은 행복이다. 사람들과 연대해 공유하고 그 공동체에서 내가 좋은 영향력을 미칠 기회는 감사다. 선한 영향력을 발휘하는 것은 남을 위해서도 나를 위해서도 유익하다는 것은 이미 많은 연구를 통해서 밝혀진 사실이다.

조직 심리학자 애덤 그랜트Adam Grant의 책 『기브 앤 테이크』에서는 사람을 세 가지 유형으로 구분한다. 이기적인 사람, 이타적인 사람, 받은 만큼만 주려는 사람이다. 첫째, 자기의 이익을 중시하는 이기적인 사람은 이익이 있다고 판단할 때만 의도적으로 남을 돕는다. 둘째, 타인을 위해 내가 무엇을 할 수 있을지 고민하는 이타적인 사람은 돕기 위해 애쓴다. 셋째, 손해와 이익의 균형을 맞추려는 기브 앤 테이크 성향의 사람은 받은 만큼만 되돌려준다.

이 중 성공하기 가장 힘든 유형은 누구일까? 두 번째의 이타적인 사람이다. 그럼, 성공의 꼭대기에는 어떤 유형이 있을까? 놀랍게도 역시 이타적인 사람이다. 이타적인 사람이 성공하면 주변에서 더 기뻐하고 응원한다. 그리고 기브 앤 테이크 하는 사람들에게 영향을 주어 파이를 키워 크게 성공한다. 성공하는 이타적인 사람은 자신의 이익을 위해서도 적극적이다. 타인을 위해 돕는 일은 결국 나에게도 남에게도 좋다는 걸 안다.

「마태복음」에서는 사람은 창조주의 선한 영향력을 행사하라는 목적에 의해 지어졌다고 했고, 불법佛法에서도 자리이타自利利他라 해서 자신을 위할 뿐만 아니라 남을 위해 불도를 닦는 것이 바른 수행이라고 했다. 나다움에 집중하는 마음, 선한 영향력이라는 이타적 마음이 성공과 행복으로 이끄는 것이다.

꿈의 크기만큼 나는 성장한다

삶의 목적에는 존재론과 목적론이라는 두 가지 관점이 있다. 언뜻 이 둘은 서로 양립할 수 없는 것처럼 보인다. 존재론에선 인생은 그 자체만으로 의미 있다고 주장한다. 한편 목적론에선 인생은 이유가 있어서 그 이유에 따른 책임을 이행하는 것이 중요하다고 주장한다. 존재론은 개인이 우선이다. 내가 하고 싶고 내 능력이 잘 발휘되는 것에 관심이 있다. 반면 목적론은 내가 세상에서 어떤 역할을 할 것인가에 방점이 있다. 모든 사람은 큰 나무가 될 잠재력과 가능성을 가지고 태어났기 때문에 그 재능을 사용할 의무가 있다는 것이다.

이 두 가지는 모두 중요하다. 둘 중 하나가 아닌 둘 다 필요하다. 존재론은 나다움이고 목적론은 영향력을 설명하고 있기 때문이다. 이 두 가지는 다른 것 같지만 함께 있어야 좋은 목적이 된다. 코이Koi라는 일본 잉어가 있다. 코이는 어항에 있으면 2~3인치 정도로 자라지만 연못에서는 6~10인치까지 자라고 넓은 강에 풀어 놓으면 놀랍게도 36~48인치까지 자란다고 한다. 송충이와 솔잎 이야기처럼 내 깜냥만큼만 사는 삶이 편할 수 있지만 내 꿈의 크기만큼 나는 성장할 수 있다. 한 번 사는 삶이라면 큰물에서 놀아봐도 좋지 않을까? 폴 하비Paul Harvey는 이렇게 말했다. "눈을 감은 사람은 손이 미치는 곳까지가 그의 세계요, 무지한 사람은 그가 아는 것까지가 그의 세계요, 위대한 사람은 그의 비전이 미치는 곳까지가 그의 세계다."

좋은 목적의 두 가지 조건인 '나다움'과 '선한 영향력'을 기억하자. 나의 가치를 발현해 세상이 더 따뜻하고 조금이라도 좋아진다는 것은 진짜 멋진 일이 아닌가.

이렇게 말해본다.
"나는 나다운 (강점 1:   ), (강점 2:   )으로
나의 (영향력:)을 실현한다."

4
일잘러는 건강한 삶의
의미를 만든다

나는 왜 이 일을 할까?

나다움과 선한 영향력을 겸비한 삶의 방향 선언은 어렵지 않다. 일의 목적부터 찾으면 쉽게 접근할 수 있다. 일은 나와 세상을 이어주는 연결고리이기 때문이다. 일에서 목적 찾기란 '이 일을 왜 할까?'에 대한 대답이다. '일을 하는 이유'를 찾으면 의미와 보람이 따라오고 모든 일에서 가치, 효용, 혜택에 대한 정의를 새롭게 내릴 수 있다. 목적을 생각하며 일을 하면 자연스럽게 내 직무 가치가 올라간다.

일에 의미를 부여하려면 '왜 이 일을 할까?' 하고 질문해보자. 이 일이 왜 필요하고 이 일을 통해 무슨 영향력을 미칠지 스스로 묻는다. 지금 하는 일(직무)을 주도적으로 재해석하는 것이다. 내가 이 일을 하는 진짜 이유를 찾아 일을 정의하면 일이 살아 숨쉬고 성장하면서 나는 의미 있는 일을 하는 사람이 되고 내 일은 의미 있게 바뀐다.

"우리 아빠는 지구를 지켜요. 미세먼지를 줄이고 공기를 맑게 해 준대요." 아빠에 대한 자부심이 느껴지는 아이의 말은 기분 좋고 기억에 남는 보일러 광고 대사다. 보일러를 만드는 직무를 보일러가 세상에 어떤 영향을 주는지 생각의 폭을 넓혀 정의한 것이다. 보일러를 만드는 공정에서 하나의 역할을 담당하는 사람에게 지구의 공기를 맑게 개선하는 일에 일조하고 있다는 의미가 더해지면 일을 대하는 마음이 달라진다.

사람은 모두 선한 의도가 있고 우리에겐 이왕이면 좋은 일을 하고 싶은 마음이 있다. 이와 같은 광고를 보면 고객의 입장에서도 내가 그 제품을 쓰는 것 자체가 의미 있는 선택이 되는 것이다.

일의 의미가 진심이 된다

회사에서 창립 20주년을 맞이하여 전 직원을 대상으로 '회사에서 무슨 일을 하세요?What do you do at Company'란 캠페인을 한 적이 있다. 직장에서 어떤 의미와 가치를 만들고 있냐는 물음이었다. 이에 여러 가지 대답들이 나왔다. '나는 공정한 기회를 만듭니다.' '세상의 기초를 다지는 일을 합니다.' '요리조리 궁리하는 힘을 만듭니다.' '나는 학생들이 꿈을 이루는 과정의 동반자이며, 지지자 역할을 합니다.' 등 개개인이 하는 일의 의미와 가치들이 선언되었다. 개개인의 일의 가치가 발표되자 이렇게 멋진 동료들과 함께 회사에 몸담고 있다는 것에 뿌듯해했다. 서로의 가치에 동반하고 기여하고자 하는 마음도 생겨났다.

내가 하는 일에 의미를 부여하면 일에 대한 만족도와 행복감이 더해진다. 직업을 통해 돈도 벌고 좋은 일도 하니 일거양득 아닌가. 하루 중 70% 이상의 시간을 보내는 직장이 의미 있고 가치를 실천하는 곳이 되는 것이다.

일하는 의미가 명확하고 정도를 걷는 지인이 있다. 유명 학원 '생각하는 황소'의 염 원장이다. 염 원장은 '아이들이 바르게 성장해야 한다.'라는 가치를 실천한다. 그 학원 수강생 중 누군가가 학교 시험을 망쳐 시험지를 찢었다는 소식을 접하자 염 원장은 그 아이를 크게 야단쳤다. "넌 전교 1등이고, 일류 대학에 가서 대한민국의 리더가 될 것이다. 그런데 자기 감정조차 다스리지 못한다면 어떻게 좋은 리더가 되겠니? 공부뿐만 아니라 인격을 갖춰야 쓰레기 같은 리더가 되지 않아! 나는 그런 쓰레기를 대한민국 리더로 만드는 걸 돕고 싶은 마음이 조금도 없다!"

무서운 선생님에게 서른 살이 넘어서까지 연락하는 학생들이 많다고 한다. 염 원장께 배웠던 학생 중에 내 조카도 있었다. 대학에 입학하면서 유일하게 존경할 수 있는 선생님으로 입시학원의 염 원장을 뽑은 걸 보면 사람의 진심은 분명 통하는 것이다. 학원 선생님이든 학교 선생님이든 장소의 구분은 중요하지 않다. 일의 의미를 가지면 진심이 우러나오고 신뢰가 쌓인다. 그 지역 학부모 로망이 '생각하는 황소'에 자녀를 보내는 것이고 그곳이 지역 우등생들이 모이는 학원으로 성장한 데는 이런 이유가 있다.

일의 목적에 따라 직무를 재설계하라

직무에 대한 의미부여는 단순히 의미만 부여하는 차원을 넘어 일을 재정의하고 변화시키는 것이다. 일을 재정의하면 일을 보는 눈이 달라진다. 재정의한 일의 목적에 따라 역할과 일하는 방법을 바꿀 수 있다.

직무의 역할과 방법을 스스로 설계하는 것을 직무재설계라고 한다. 목적이 명확한 일은 목적지에 도달하는 지름길이 보인다. 이에 따라 직무를 재설계하면 새로운 역할, 새로운 결과, 새로운 시장을 만들 수 있고 일의 전문성이 쌓인다. 결과적으로 내 브랜드가 생긴다.

직무를 재설계하는 네 가지 방법을 소개한다. 전 직원을 대상으로 '회사에서 무슨 일을 하세요?' 캠페인을 진행했고 수년간 조직문화와 직무재설계 강의를 하면서 쌓인 노하우다. '일의 의미'라는 추상적인 주제는 다음 네 가지 질문으로 구체화된다.

첫째, 왜 이 일을 하는 걸까? 왜 이 방법으로 하는 걸까?
둘째, 목적에 맞지 않은, 버려야 할 일들은 무엇일까?
셋째, 이 일은 변화된 시대에 맞는 걸까?
넷째, 지금 하는 일로 고객에게 다른 가치를 줄 수 있을까?

첫 번째 질문은 당연한 것을 낯설게 보는 것으로 시작한다. 타성대로 하던 일 처리 방식에 대한 문제 제기다. 효율적으로 일하는 일잘러들은 질문에 대한 답, 핵심을 찾아 제대로 일한다. 그리고 일을 반복하다 보면 그 일을 왜 하는지 정확한 목적도 모르고 하는 경우가 많다. 그래서 두 번째 방법, 직무 다이어트가 필요하다. 즉 목적이 분명하지 않은 일은 멈추고 꼭 해야 하는 일인지 점검하는 것이다. 목적지를 향한 과정에서 '하면 좋지만 안 해도 괜찮은 일'은 과

감히 버리는 것이 핵심이다.

조직이 오래되면 과정과 절차라는 이름으로 관행이 생겨 군더더기 지방이 쌓이게 마련이다. 개인의 직무도 마찬가지다. 지방이 쌓이면 몸이 비대해질 뿐만 아니라 몸 움직임이 둔해진다. 혈관에 노폐물이 쌓여 혈류의 흐름을 더디게 한다. 빠른 변화가 경쟁력인 시대다. 일과 삶의 균형Work-Life Balance을 추구하기 위한 주 52시간 근무제가 법제화된 시대에 효율적 일하기라는 직무 다이어트는 선택이 아닌 필수가 되었다.

직무 다이어트에서 일을 버리는 기준은 중요도와 긴급도이다. 중요하지 않은 일을 버리고 중요한 일에 집중하는 것이다. 누구에게나 주어진 52시간을 확실히 지배하는 시간 관리자가 되어 변화를 이끌 때 성과가 나는 법이다.

일의 긴급도와 중요도

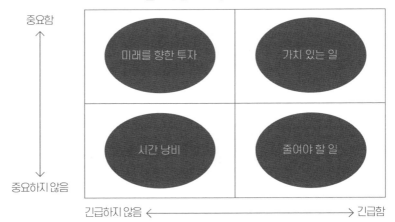

어제의 나를 버리고 내일의 나를 만들자

세 번째 질문은 일의 목적을 미래 관점에서 재정의해 새로운 역할을 찾는 것이다. 과거에 중요하고 당연했던 것이 미래 관점에서 직무를 재조명하면 버려야 할 군살인지도 모른다. 미래 관점에서 일을 재정비하고 불필요한 것은 버리고 새로운 트렌드를 반영하면 결과적으로 미래를 준비하게 된다. 채용 담당자라면 이력서만 검토하고 면접 일정만 짜서는 안 된다. 좋은 인재 유치를 위해 빅데이터를 추출하고 인공지능과 비대면 가상현실 면접을 시도할 필요도 있다. 지원자 정합성 예측 지표 개발, 채용 데이터 분석으로 제도를 개선하는 등의 시도는 직무 가치를 올린다. 이런 시도와 경험은 인공지능으로 일자리가 줄어드는 시대에 나의 생존 무기가 된다. 인공지능에게 일을 뺏기는 피해자가 아니라 활용 능력자가 되는 것이다.

네 번째 질문은 고객이 얻는 효용을 중심으로 직무를 재편하는 것이다. 동영상 서비스 회사의 동영상 구매 수급 담당자라면 자신의 일을 '영상 다운로드 서비스'라는 기능에 한정 짓지 않고 '알려지지 않은 좋은 작품을 고객에게 알린다. 고객의 다양한 취향에 따라 제안해서 영상 산업의 다양성과 활성화에 기여하겠다.'라고 정하는 것이다. 이렇게 되면 담당자는 시각이 달라져 영화를 선정하는 기준이 바뀐다. 블록버스터 영화에만 집중되던 시각을 돌려 예술 영화 투자도 끌어낼 수 있다. 이런 생각이 모여 새로운 비즈니스 모델로 확장되고 전문 큐레이션 서비스로 발전한다. 고객에게 주는 가치와 효용에 집중하면 기적이 일어난다. 고객은 회사에 대한 만족과 신뢰로 응답하고, 결과적으로 회사의 성과로 연결되는 선순환 구조가 되는 것이다.

일의 목적 찾기란 '일을 왜 할까?'에 대한 답을 스스로 구하는 일이다. 답을 찾았다면 일에 의미가 부여되면서 타성에 젖어 있던 어제의 나는 사라지고 생명력 강한 나로 새로 태어날 것이다.

나는 어떤 일을 하고 있으며 그 일은 어떤 의미를 가지는지
적어보자. 이 두 가지를 적으면 미래가 보인다.

5

일잘러는 자기가 좋아하는
일을 한다

나답게 할 수 있는 일을 할 때 잘하게 된다

어떤 일을 해야 할지에 대한 질문에 인생 선배들마다 책마다 각각 다르게 조언한다. '하고 싶은 일을 해야 한다.' '잘하는 일을 해야 한다.' '해야 할 일을 해야 한다.' 도대체 무엇이 정답일까? 정답은 없다. 다만 조언할 기회가 있다면 나는 이렇게 답하겠다. "하고 싶은 일이 있다면 무조건 그것부터 하세요. 만약 하고 싶은 일에 확신이 없으면 하고 싶은 일, 할 수 있는 일, 해야 할 일의 벤다이어그램을 그려서 겹친 부분부터 하세요. 만약 하고 싶은 일마저 없다면 해야 할 일부터 하세요."

이렇게 말하는 이유는 하고 싶은 일, 할 수 있는 일, 해야 할 일의 경계가 불분명하기 때문이다. 뒤섞이기도 하고 서로 순서가 바뀌기도 한다. 하고 싶은 일, 좋아하는 일을 찾는 비결은 지금 당장 눈앞에 있는 일을 해내는 것이다. 지금 일단 무언가 해보면 그것이 내가 하고 싶은 일이 되기도 하고 좋아하는 일이 될 수도 있다.

　누군가 "하고 싶은 일을 하며 살 거예요!"라고 하면, 소위 어른들은 이를 철없는 말로 여겨 "사람은 좋아하는 일만 하고는 살 수 없다."라고 조언하곤 한다. 하지만 지금은 하고 싶은 일을 해야 성공하며 어떤 분야든 최고가 되면 살 수 있는 세상이다. 하고 싶은 마음이 있다면 비록 지금은 잘하지 못하더라도 괜찮다. 무엇이든 계속하면 늘게 마련이고 의욕만 있다면 할 수 있다. 정말 간절하다면 배우고 연습하면 잘하게 된다. 처음부터 잘하는 사람은 없다. 태어나자마자 걷는 송아지와 달리 사람은 걷는 데 1년씩이나 걸리지만 그렇다고 걸음마를 포기하는 아이는 없다. 그 시간만 투자하면 누구든 걷고 뛸 수 있다.

　내가 하고 싶은 일을 알려면 나의 시간을 쓰고 싶은 곳, 관심사를 관찰해보면 된다. 시간 가는 줄 모르게 즐거운 일을 직업으로 가진다면 반드시 성공한다. 마음의 소리에 귀 기울여 좋아하는 일, 하고 싶은 일을 잡든가 보람을 느끼는 일을 하는 것도 좋다. 하고 싶은 일을 할 수 있는 일로 만드는 것이 성장의 비결이고 성공으로 가는 지름길이다.

　할 수 있는 일을 잘하는 일로 만들기까지는 반드시 연습이라는 과정이 필요하다. 연습 없이는 누구도 잘할 수 없다. 하고 싶은 일, 좋아하는 일이라면 연습의 과정이 힘들면서도 즐겁고 행복하다. 내가 하고 싶은 일을 잘 해내는 것이 성공의 비결이다.

하고 싶은 일이 있음은 다행한 일이다

모든 일에는 하고 싶은 일과 해야 하는 일이 버무려 있다. 나는 분석하고 사람 만나는 일을 좋아한다. 업무에서 빅데이터를 분석하고 그 속에서 몇 가지 가설을 만들고 그 가설이 사실인지 검증하는 과정에서 재미를 느낀다. 여기에 검증의 결과가 과학적 사실로 발견되면 짜릿함도 느낀다. 이것은 내가 하고 싶은 일이다. 하지만 나는 대중 앞에 나서서 발표하는 것이 부담된다. 결과를 공유하는 일은 반드시 해야 하는 일이고 프레젠테이션하는 일은 하고 싶은 일을 계속하기 위해선 어쩔 수 없이 해야 하는 일이다. 내가 좋아하는 일 속엔 해야 하는 일도 포함되어 있다. 모든 일에는 하고 싶은 일과 해야 하는 일이 뒤섞여 있다.

강의보단 글이 더 자신 있다고 생각해서 강의한 내용을 책으로 만들기로 했다. 독자에게 도움 되는 글을 쓰기 위해 자료를 보충하고 근거를 찾고 실험하는 과정은 즐거웠다. 동시에 직장 생활과 두 아이의 육아를 병행하면서 매일 밤 세 시간씩 글을 쓰는 것은 해야 하는 일이 되었다. 세상에서 가장 무겁다는 눈꺼풀과 싸움이 시작되었고 체력과 전투에서 이겨 나가야 했다. 하고 싶은 일에도 견뎌야 할 일들이 많다. 무조건 꽃길은 아니다. 그것이 현실이다. 하지만 내가 좋아하는 일을 하고 있어서 이겨낼 능력이 생긴 것이다.

스타 강사 김미경 대표가 한 말이 기억난다. "여러분, 내가 가장 하고 싶은 일이 뭔지 알아요? 강의예요, 강의! 그런데 내가 가장 하기 싫은 일이 뭔지 알아요? 강의 준비예요, 강의 준비!"

지금 하고 싶은 일을 잘 못해도 괜찮다. 하면 되고 하면 는다. 공자는 『논어』「옹야편」에서 "많이 아는 사람은 그것을 좋아하는 사람만 못하고 좋아하는 사람은 그것을 즐기는 사람을 이길 수 없다."라고 했다. 하고 싶은 일이 있다는 것만으로도 시작된 것이다. 시작이 반이다.

해야 하는 일 가운데 하고 싶은 일이 있다

사람들은 해야 할 일을 통해 성장한다. 하고 싶은 일이 없다고, 하고 싶은 일을 모르겠다고 걱정하지 않아도 된다. 해야 할 일을 반복하다 보면 할 수 있는 일이 늘어난다. 직장만큼 해야 할 일이 많은 곳은 없다. 매일 매일 출근하면서 자연스럽게 많은 것들을 경험한다. 직장을 활용하면 된다. 그러다 보면 잘하는 일이 늘어나고, 하고 싶은 일을 찾을 수 있다. 해야 할 일은 보통 남에게 도움이 되는 일이다. 직장에서 남에게 도움 되는 일을 하고 그에 맞는 월급을 받는다면 기회를 활용해야 한다. 내 역할, 내 자리가 있다는 것은 감사할 일이다.

해야 할 일도 좋은 마음으로 꾸준하게 하다 보면 더 잘하게 되고, 잘하게 되면 성공할 기회가 점점 더 많아진다. 성장하고 성취하면 하고 싶은 일을 만나게 된다. 해야 하는 일에 집중하고 제대로 하다 보면 해낼 수 있다는 자존감이 높아진다. 일에 대한 근성, 일 근육도 생긴다. 일 근육이 생기면 일이 쉬워진다. 앞서 이야기했듯 내게 강의는 부담스러운 것이지만 최선을 다하다 보니 점점 덜 긴장하고 더 수월해졌다. 이제 강의할 때 사람의 눈을 보며 이야기를 나누는 일도 가능해졌다. 더 재미있는 사실은 지금은 교안을 만드는 일보다 강의하는 일의 결과가 더 좋다는 것이다. 잘하는 일과 해야 하는 일이 바뀐 셈이다.

해야 하는 일 가운데 하고 싶은 일이 있다. 하고 싶은 일을 선택하는 용기는 아름답다. 그만큼 해야 할 일을 묵묵히 해내는 것도 아름답다.

인생을 장기적으로 보고 일희일비하지 말자

지금 하는 일이 하고 싶은 일은 아니지만 재미, 의미, 성장이 있다면 계속하면 된다. 만약 재미, 의미도 없고 잘하려고 노력하지 않는다면 그 일은 그만둬야 한다. 성장이 없어 희망이 없다. 숙제처럼 억지로 해치우고 있다면 하고 싶은 일이 될 수 없다. 소진되고 지칠 뿐이다. 잘하기 위해 내 시간과 내 에너지를 쓰기 아깝다면 빨리 떠나야 한다. 일을 대충 때우는 습관은 내 삶의 태도에 심각한 악영향을 끼친다. 의미, 재미, 성장이 없는 일은 시간 때우기 노동만 될 뿐이다. 먹고사는 생존 문제라거나 어쩔 수 없이 머무르게 된 사정이 있다면 아주 잠시만 머물러라. 그리고 부디 내 인생을 위해 빨리 거기서 탈출하기를 바란다.

5년간 매년 평균 10억 원의 소득세를 낸 한국의 부자 아빠 세이노Say No는 『세이노의 가르침』이란 책에서 이렇게 말했다.[8] "미국 백만장자들의 경우를 좀 더 살펴보자. 그들이 어느 날 아침 갑자기 일어나 자기 능력과 적성에 맞는 일을 하기 시작한 것은 절대 아니다." 부자와 의사, 변호사 등 성공한 전문 직업인들이 일을 택한 동기는 "우연한 기회(29%), 시행착오(27%), 예전 직업과의 관련성(12%), 이

---

8 다음 카페 〈세이노의 가르침〉 http://cafe422.daum.net/_c21_/home?grpid=Dm1p

전 고용주가 놓친 기회(7%) 때문이다. 거의 대다수의 백만장자들은 어쩌다 하게 된 일이 시발점이 되어 돈을 벌었다. '어떻게 하다 보니까 하게 된 일'에서 기회를 포착하고 그 일을 사랑하고 즐김으로써 '능력과 적성을 한껏 발휘할 수 있는 일'로 바꾸어 버렸던 것이다."

　지금 하는 일에 집중하고 잘하려고 노력하면 쓸모가 생긴다. 쓸모가 생기면 반드시 주머니의 송곳이 삐져나오듯 두각을 나타낸다. 이를 낭중지추囊中之錐라 한다. 실력을 발휘할 기회가 반드시 온다는 것이다. 하고 싶은 일을 해라. 처음에는 잘하지 못해도 괜찮다. 하고 싶은 일부터 시작해서 점점 잘하면 된다. 하고 싶어서 하면 나다움을 갖게 되고 영향력이 생긴다. 이것이 능력이고 실력이며 성공으로 가는 지름길이다. 일희일비하지 말자. 인생은 길다. 내가 무수히 되새김했던 말이다.

하고 싶은 일을 모르겠다면 지금 해야 하는 일에 집중하자.
그 속에 하고 싶은 일이 있다.

일잘러들의 태도 4

경쟁이 아닌 성장을
지향한다

1

일잘러는 경쟁보다
성장을 우선한다

성장하려면 학습 목표를 가져야 한다

우리는 역사상 가장 빠른 변화의 시대에 살고 있다. 변화의 시대에 적응하려면 성장은 무엇보다 중요하다. 직장인에겐 더욱 그렇다. 평생직장에서 평생직업의 시대로 바뀌었기 때문이다. 이제 조직이 전부가 아닌 시대가 되었다. 회사라는 배경보다 개인이 '무엇을 했고, 무엇을 할 수 있는지' 그 경력이 중요해진 것이다.

평균수명도 늘어나서 직장 생활 기간보다 정년 이후 살아가야 할 시간이 길어졌다. 정년 이후를 준비해야 한다. 또한 삶의 질에 대한 관심도 커져서 주 52시간 근무제로 워라밸을 중시하는 분위기가 자리잡고 있다. 이런 트렌드는 코로나 팬데믹으로 가속화된 비대면 상황에서 더욱 강조된다. 유튜브, 줌을 사용한 비대면 미디어 발달은 이제 샐러리맨이 아니라 자신을 위해 일하는 프리 에이전트Free Agent [9]

9　원하는 시간과 장소에서 원하는 조건으로 그리고 원하는 사람을 위해 일하는 노동자

로 살 것을 요구한다. 한 장소에 모여서 동일한 업무 잣대로 경쟁하고 상대평가를 통해 성장하는 것은 의미가 없어졌다. 원격으로 협업해야 한다. 객관적인 절대평가에 의해서 내 실력을 입증해야 협업의 멤버로 참여할 자격이 생긴다. 스스로 업그레이드하려는 노력이 필수인 세상이 되었다.

성장하려면 목표를 세워야 한다. 그러나 다수의 사람들은 스스로 목표를 세우거나 도전하지 않는다. 이유는 힘들까 봐(타성), 성취할 수 없을까 봐(부정), 잘할 수 없을까 봐(증명에 대한 부담) 등 두려움 때문이다. 왜 두려움이 생기는 걸까?

우리는 경쟁, 돈 중심, 혼돈 사회에서 다양성 대신 획일화된 기준에 맞추며 산다. 내 기준을 바로 세우고 나의 성장을 꿈꾸기보다는 남이 만든 기준에 맞추고 잘함과 못함을 남과 비교하며 증명하려 한다. 이렇게 증명하려면 과정을 즐기지 못하게 되고, 과정은 단지 목표를 이루기 위한 희생이 된다. 결과의 순간은 짧고 과정은 긴 시간을 견뎌야 하니 지치는 것이다. 이 긴 과정을 행복하게 만들려면 나 중심의 성장 관점을 가져야 한다.

목표에는 두 가지가 있다. 평가 목표와 학습 목표다. 평가 목표는 결과에 집중한다. 자신의 능력을 입증하는 목표다. 달성 또는 미달성이란 결과로 능력을 증명하며 성공 여부가 중요하다. 반면 학습 목표는 과정에 집중한다. 새로운 것을 배워 자신의 능력을 높이기 위한 목표이기에 학습 그 자체에 의의를 둔다.

자기 페이스를 지켜야 과정이 즐겁다

목표를 세우고 그 결과를 이루기 위해 노력하는 평가 목표는 분명 필요하다. 면허증이나 자격증 취득은 반드시 도달해야 할 목표가 있는 평가 목표다. 하지만 삶의 모든 일이 평가 목표는 아니다. 성취의 기준을 남에게 맞추거나 목표에 집착하면 내가 힘들다. '강남에 살아야 한다.' '반드시 재산 100억 원을 모아야 해.' 등에 집착하게 되면 처음의 좋은 의도와 에너지가 흩어진다. '난 꼭 성공해야만 해요.' '쟤보단 잘살아야 자존심이 서요.'라고 하는 그 자리에 불안과 과도한 긴장 등 부정적 에너지가 남는다. 양쪽 눈 옆을 가리고 앞만 보고 달리는 경주마처럼 성공 강박증과 이기고 지는 것에 집착하게 된다.

결과에 집착하면 처음부터 아예 시도조차 안 하게 된다. '머리는 좋은데 공부를 안 해서'라는 합리화로 자존심만 지키려고 하듯 실패하게 되면 나의 무능력이 드러날까 봐 미리 포기한다. 혹은 내 페이스대로 살지 않고 남의 방식대로 따라 한다. "똑같이 했는데 왜 나만 안 되나요?"라는 질문은 흉내 내는 삶, 그림자 삶, 연기하는 삶을 살고 있는 사람이 흔히 하는 말이다.

EBS 다큐멘터리 『아기성장보고서』 '동기, 실패를 이기는 힘'에서 학습 목표와 평가 목표에 따라 다른 결과를 보여주는 실험을 했다. 7세 아이들에게 처음엔 쉬운 퍼즐로 성공을 경험하게 하고 다음엔 어려운 퍼즐로 실패를 경험하게 한다. 이후 "어떤 퍼즐을 다시 하고 싶나요?"라는 질문에 평가 목표를 가진 아이들은 "쉬운 퍼즐을 더 하고 싶어요. 어려운 건 싫어요." 하며 쉬운 퍼즐만을 선택했다. 반면 학습 목표를 가진 아이들은 "이미 풀었던 퍼즐은 재미없어

성장 관점을 가진 사람은 모든 것에서 배우는 덕분에
시간이 지날수록 인생의 폭은 넓어지고 깊어진다.

요. 맞추지 못한 퍼즐 주세요."라며 풀지 못한 퍼즐을 다시 해보겠
다고 했다.

실험은 계속되었다. 중학교 2학년 수영 시험 시간, 퀴즈 프로그램,
교실 환경에서도 결과는 같았다. 평가 목표를 가지면 실패의 위험부
담을 안고 싶어 하지 않았지만 학습 목표를 가지면 재미를 위해 어
려운 것을 선택했다. 결과적으로 평가 목표는 학습 자체의 즐거움을
빼앗고 아이 스스로 능력을 발전시킬 기회를 포기하게 만들었다.

성장 관점은 게임의 룰을 바꾼다

학습 목표에 집중한다는 것은 성장 관점으로 산다는 것을 말한
다. 성장 관점을 갖는 것은 인생에 '행복감'을 주는 매우 중요한 일
이다. 20대의 나는 성장 관점으로 사는 방법을 몰랐다. 나름대로 목

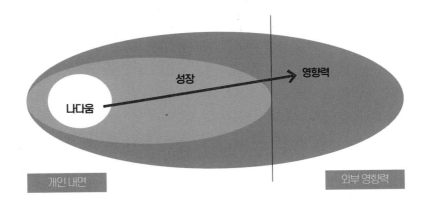

성장 → 영향력

나다움

개인 내면   외부 영향력

표도 잘 달성했고 성취도 느꼈지만 행복과는 거리가 있었다. 인생이 힘든 숙제 같았고 살아내야 한다는 것이 어려웠다. 그러다 30대에 우연한 기회로 성장 관점을 알게 되니 비로소 개안한 느낌이었다. 알지 못했던 관점을 보았을 뿐인데 쉽고 간단하게 인생이 달라졌고 삶에 여유와 재미가 늘어났다. 단지 학습 목표, 성장 관점을 가지기만 했을 뿐인데 말이다.

성장 관점을 가진 사람은 모든 것에서 배우는 덕분에 시간이 지날수록 인생의 폭이 넓어지고 깊어진다. 다른 사람의 성공에서도, 나의 실패에서도 늘 배우며 다른 사람과 승부나 평가에 크게 영향받지 않는다. 성장 관점을 가지면 인생을 길게 보게 된다. 일희일비하지 않는 여유로 행복에 가까워진다. 늘어난 평균수명으로 길어진 인생을 짐이 아닌 덤으로 받아들이려면 성장 관점이 중요하다. 성장의 기간이 길어진 만큼 행복의 기간도 늘어난다.

성장 관점을 가진 사람은 삶의 중심에 자신이 있기에 더욱 나다울 수 있도록 자기 내면에 집중한다. 내 모습에 충실함으로써 인생이 빛나고 다른 사람의 성공에도 흔들리지 않는다. 남들이 말하는

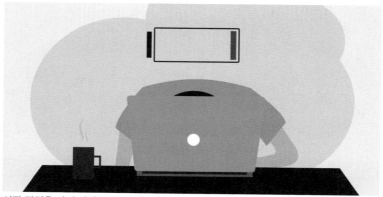

성장 관점을 가진 사람은 성공 강박증과 조급증에서 벗어난다.
목표를 위해 목숨 걸고 달렸는데 목표를 이루고 나니
무엇을 해야 할지 모르겠다는 허무감이나 번아웃증후군을 줄일 수 있다.

획일적인 성공 잣대나 결과보다 나다움을 찾아 성장하고 성숙한 삶에 의미를 둔다.

또한 성장 관점을 가진 사람은 성공 강박증과 조급증에서 벗어난다. 목표를 위해 목숨 걸고 달렸는데 목표를 이루고 나니 무엇을 해야 할지 모르겠다는 허무감이나 번아웃증후군Burnout Syndrome을 줄일 수 있다. 잰 핼퍼Jan Halper가 쓴 『조용한 절망: 성공한 남자들에 관한 진실』에는 사회적 지위가 높은 4,126명의 중년 남자들을 조사한 결과가 나온다. 높은 지위에 있음에도 불구하고 그중 48%는 삶이 공허하다고 했고 60%는 물질적 부를 추구하느라 삶을 허비하고 자신의 정체성을 잃어버렸다고 대답했다고 한다.[10]

하지만 자기 기준과 성장 관점을 갖는다면 내 모습이 지속적으로 나아진다고 보기에 삶의 만족도가 높아진다. 성장 관점은 삶이라는 게임의 룰을 바꾼다. 계속 나아지기에 언제나 이길 수 있는 것이다.

10 문요한 저, 『그로잉』, 웅진지식하우스, 2009

성장 관점이 행복의 비결이다

성장 관점은 행복을 지속적으로 유지하는 비결이다. 연세대 심리학과 서은국 교수는 저서 『행복의 기원』에서 "사람은 행복을 위해 사는 것이 아니라 생존을 위한 행동을 할 때 뇌가 행복을 느끼게 된다."라고 주장한다. 사람의 뇌는 생존을 위해 먹고 자고 사랑하는 행동을 할 때 행복 호르몬을 만들고 계속적인 행동을 유도한다. 사람은 안주하면 변화에 적응할 수 없고 생존에 위협이 되기 때문이다.

뇌는 오랜 즐거움을 주지 않고 사람의 장기 생존을 위해 행복감에 요요 현상을 두었다. 그래서 뇌는 매번 새로운 것을 시도하도록 행복으로 유혹한다. 물건을 사서 기쁜 것도 잠시, 승진을 해도, 월급이 올라도, 집 평수를 늘려도, 로또에 맞아도 행복한 것은 잠시뿐이다. 실제 로또에 당첨된 사람들의 행복감이 로또 당첨 이전 수준으로 돌아오는 데는 채 1~2년이 걸리지 않는다고 한다.

지속적으로 행복을 느끼고 싶다면 사람은 학습 목표를 가져야 한다. 학습 목표를 통한 성장 관점이야말로 나를 계속 새롭게 업그레이드함으로써 지속적으로 행복감을 느끼게 하기 때문이다. 인생의 목적은 남을 이기는 것이 아니라 나답게 선한 영향력을 나누며 행복하게 사는 것이다.

> 성장은 남과의 비교가 아니라 어제보다 더 나아진
> 나를 발견하는 일이다. 어제보다 더 나아진 한 가지만 말해보자.

2

일잘러는 학습민첩성이 뛰어나다

경험에서 배워 새로운 상황에 적응한다

일잘러의 중요한 요건으로 학습민첩성Learning Agility을 꼽을 수 있다. 학습민첩성이란 경험에서 배워 새로운 상황에 재빠르게 적응하는 능력이다. 기술 발전과 코로나 팬데믹 이후 급변한 상황과 불확실한 경영 환경에서 학습민첩성은 빛을 발휘한다. 세계적 리더십 전문기관 크리에이티브리더십센터CCL, Center for Creative Leadership, 구글 등의 전문가, 실무자들이 미래 고성과자의 특성을 연구한 결과 민첩한 학습능력이 핵심이었다. 변화의 가속도가 붙은 현재 시대에 반드시 필요한 능력인 것이다. 애자일Agile 한 조직, 애자일하게 일하는 방법 등 기업이 민첩해져야 한다는 메가트렌드에 편승해 더 주목받고 있는 것이 학습민첩성이다.

학습민첩성이 높은 사람은 네 가지 특징이 있다. 첫째, 새로운 도전을 통해 배우는 경험을 즐긴다. 둘째, 자료 조사, 교육, 독서, 타인의 조언 등 다양한 정보를 통해 배우며 일을 잘하기 위한 방법을 찾는다. 셋째, 배운 것을 빠르게 실무에 적용한다. 넷째, 일의 과정과 결과를 지속적으로 성찰하고 개선하기 위해 노력한다.

이렇게 경험을 통해 배우고, 배운 것을 다시 적용한 결과 성장하며 앞서는 일잘러가 되는 것이다. 그 결과 일을 충실하게 하는 것만으로도 성장하며 앞서게 된다.

크리에이티브리더십센터는 CEO와 임원을 상대로 '자신이 성장하게 된 결정적 요인'을 인터뷰한 바 있다. 그 결과 70:20:10 법칙을 발표했다. 도전적인 업무 경험 70%, 사람을 통한 배움 20%, 체계적인 교육과정 10%를 통해 전문성과 리더십을 가지게 되었다는 것이다.[11] 여기서 결정적 성장 요인의 90%는 타고난 지능이나 교실에서 배우는 교육이 아닌 일의 경험이었다.

내가 인터뷰했던 성공한 리더들도 자신의 성공 요소로 학습민첩성을 꼽았다. 기존에 해보지 않았던 일, 생각했던 것보다 더 높고 도전적인 목표를 수행한 일, 심지어 실패한 경험 등이 자신을 강하게 만들었고 리더로 성장하는 데 중요한 영향을 미쳤다고 한다. 또한 일을 하며 만난 사람들에게 영향을 받고 성장의 기회를 가질 수 있었다고 이구동성으로 말한다. 그들로부터 일하는 방법이나 삶의 자세를 보고 배우기도 하고 대화를 통해 아이디어를 얻기도 했다. 그들은 조언을 얻는 데 그치지 않고 배운 것을 실천했다. 특히 높은 목표를 까다롭게 요구했던, 자신을 힘들게 했던 상사가 시간이 지나고 나니 자신의 성장에 긍정적 역할을 했다고 고백한다. 이 이야기를

---

11 The Career Architect Development Planner by Michael M. Lombardo & Robert W. Eichinger, CCL, 1996

종합해 보면 직장 생활 경험을 잘하는 것만으로도 성장할 수 있음을 알 수 있다.

반면 학습민첩성이 부족한 사람은 세 가지 특징이 있다. 첫째, 다른 사람의 조언에 방어적인 태도를 보인다. 돕기 위한 조언을 간섭, 비난으로 오인하거나 부끄럽게 생각한다. 둘째, 실패에 대한 두려움으로 불확실한 것은 회피한다. 해봤던 일을 하던 방법대로 하며 안전지대에 머무르려고 한다. 새로운 업무를 제안하면 바쁘다, 비효율적이다, 능력 없다 등의 핑계를 만들어 피한다. 셋째, 자신의 생각이나 경험을 지나치게 고집하고 새로운 변화에 적응하지 못한다.

오늘보다 내일을 준비하는 사람이다

과거 성공 방식을 고집하는 리더들은 정체된다. 정체되면 성과는 나빠진다. 달라진 세상에서 달라진 사람들과 함께 나아가려면 학습민첩성을 길러야 한다. 구글 리더십 이사인 데이비드 피터슨은 "자신의 편안한 영역에 머무르는 것은 오늘을 준비하기에 좋은 방법이지만 내일을 준비하기엔 안 좋은 방법이다."라고 말한다.

직장인이 되어서도 학생처럼 일하는 경우가 있다. 보고서에 내가 얼마나 정확하게 알고 있는지, 학교 리포트처럼 논리와 지식만 나열된 문장을 작성한다. 하지만 회사는 학교와 다르다. 회사에서는 의사결정자가 무엇을 원하는지, 의사결정을 위해 어떤 정보가 필요한지에 집중해야 한다. 내 주장, 내 상품이 고객에게 어떤 유익이 되는지 설명해야 한다. 같은 일을 10년 이상 했다고 모두 전문가가 되지 않는다. 경험 자체가 아니라 경험에서 배우고 성장할 때 전문가가 된다. 높은 성과를 내고 인정받아 임원이 되더라도, 이후 유연한 역할 전환을 못 하면 직위만 임원이지 하는 일은 대리에 불과하게 된다. 흔히 우리끼리 말하는 최 대리(실제 팀장), 김 과장(실제 임원)이 된다. 역할 전환을 민첩하게 하지 못하면 기존의 상태에 머무른다. 오늘에 머무르면 성장하지 못한다. 성장하려면 내일을 준비해야 한다.

개방적인 태도를 갖고 연결점을 찾는다

학습민첩성을 높이는 방법은 '개방적인 태도, 연결점 찾기, 복기 하기'다.

첫째, 개방적인 태도를 지닌다. 새로운 일을 하면서 벌어지는 실수나 자신의 비전문성이 드러날지도 모르는 위험을 기꺼이 받아들인다. 실수를 줄이고 전문성을 높이기 위해 사람들에게 조언을 구한다. 나의 부족, 모르는 것이 있다는 것을 인정하고 기꺼이 배운다. 자신의 경험이나 생각만을 고집하지 않는다. '내가 틀릴 수 있다.' '답이 바뀌었다.' '더 나은 방법이 있을 수 있다.'라는 사실을 받아들인다. 새로운 방법, 새로운 정보, 사람, 실수에 여유와 개방성, 융통성을 갖는다.

둘째, 연결점을 찾는다. 서로 관련 없는 것들 간에 연결점을 찾는 것이 통섭Convergence이다. 업무와 다른 영역의 중요한 원리, 가치, 방법을 내가 하는 일에 적용한다. 경험을 연결하는 것은 학습민첩성을 높이는 데 중요한 방법이다. 예를 들어 피아노 연주의 중요한 원리 '기본기, 리듬 타기, 힘 빼기'를 리더십 방법론에 적용할 수 있다. 다양한 경험이 있으면 연결점 찾기에 도움이 된다. 직장에서 여러 직

학습민첩성이 높은 사람들은 새로운 경험에 열려 있다.
경험을 연결하고 지금 사안에 유용하지 않은 접근법은 포기할 줄 안다.

무나 여러 부서를 경험하는 것도 좋다. 다른 직무 경험은 새로운 일에 열린 태도를 지니게 한다. 다양한 연결점을 찾을 수 있다.

이전 직장에서 매년 12월이면 '지식축제'라는 학습조직 결과 발표대회를 했다. 대표이사가 심사위원으로 참석하는 중요 행사였다. 하지만 해가 지날수록 발표하는 조직의 100명 정도만 모이는 행사가 되어 갔다. 외부 장소에서 토요일에 진행하는 것이 가장 큰 원인이었다. 장소와 요일은 바꿀 수 없었다. 지식을 공유하는 자리인 만큼 참여 인원을 늘리는 것이 중요했다. 담당자가 되어 고민하다가 교회학교의 달란트 시장과 대학 축제에서 아이디어를 빌려 왔다.

지식쿠폰을 만들어 선판매 형식으로 임원, 팀장들께 열 장씩 만원에 강매(?)를 했다. 그러자 팀장들이 쿠폰을 나눠주며 대신 홍보원이 되었다. 쿠폰으로는 행사장에서 바로 지식 활용이 가능한 자료집, 탁상달력, 교수자료와 간식을 살 수 있게 했다. 각종 사은품 찬

조도 받았다. 지식을 만든 사람들이 '지식상인'들이 되어 설명하면서 필요한 사람에게 공유했다. 이로써 약 350명이 참석했으며 모든 물건이 완판되었고 진짜 지식축제가 되었다. 서로 관련 없는 것들 간에 연결점을 찾을 때 새로운 성장이 일어난다.

셋째, 복기한다. 복기는 바둑에서 한 번 둔 바둑의 경과를 검토하는 과정을 뜻한다. 일종의 업무 리뷰다. 업무 종료 후 혹은 분기별로 스스로 일에 대해 돌아보며 복기하는 일이 필요하다. '일을 통해 배우고 성장한 것은 무엇인지' '더 나은 결과를 위해 새롭게 시도하거나 변화시킬 부분은 무엇인지' '기대했던 것과 다른 부분은 무엇이고 왜 달라진 것인지' '내가 시도한 일 중 가장 의미 있는 것은 무엇인지' 일을 끝내고 경험을 구체적이고 체계적으로 복기하면 학습민첩성을 높이고 성장할 수 있다.

우리는 실로 학습민첩성이 필요한 세상에 살고 있다. 빠르게 배우고 적용하는 학습민첩성이 성공으로 이끌 것이다.

내가 하는 일과 경험에서 배운다.
오늘 한 일에서 미래를 준비한 경험이 무엇인지 복기해본다.

3

일잘러는 성찰의 시간을 갖는다

경험에서 배우려면 반드시 성찰해야 한다

듣고 보고 경험한 것이 성장의 영양분이 되려면 반드시 성찰의 과정이 필요하다. 성찰은 나의 경험을 돌아보고 마음을 살피는 일이다. 기업 채용이든 학교 입시든 경험을 중시한다. 경쟁적으로 경험을 하다 보니 경험의 양은 많아지고, 다양한 경험만으로 '할 수 있다.'라고 착각하는 일도 벌어진다. '스탬프 투어 학습'에서 도장만 찍었다고 다 아는 것이 아니다. '나 이것도 해봤어.'라고 말한다. 하지만 그 여행을 통해 무엇을 배우고 느꼈는지는 알 수 없다. 그래서 '해봤어 박사'라고도 한다.

경험에서 배우려면 반드시 성찰해야 한다. 성찰은 미래의 완성된 내가 오늘의 나에게 건네는 대화다. 경험을 반추하고 내면을 바라보는 성찰에는 두 단계가 있다. 1단계는 '경험 꺼내기'다. 바쁜 일로 가득한 일상을 잠시 멈추어 돌아보는 것이다. 오늘 나의 행동을 떠올리고, 나의 경험을 관찰한다.

2단계는 '마음 살피기'다. 꺼낸 내 감정과 행동을 찬찬히 들여다 보는 것이다. 왜 그런 행동을 했고 마음이 쓰였는지 깊숙한 동기를 파악하는 단계다. 마음을 관찰하지 않으면 성장하지 못한다. 진정한 성찰은 마음까지 닿아야 한다. 이미 지나간 경험에 머무르지 않고 내 마음을 관찰해야 변화하고 성장한다. 과식한 경우를 예로 들어보자.

1단계: 어젯밤 과식으로 몸이 괴로우면 저절로 행동을 돌아보게 된다. 몸에 무리를 준 행동을 자각하고 '어제 내 정량보다 많이 먹었구나, 그래서 몸이 괴롭구나.' 하고 경험을 꺼낸다.
2단계: 과식하지 않겠다고 마음먹는다. 과식한 이유, 음식을 먹으며 즐거웠던 나의 마음을 살핀다. 친구와 친밀함을 나누려는 마음인지, 스트레스를 풀고 싶은 마음인지 욕구를 찾아 조율하거나 욕구를 채워 줄 다른 방법을 찾는다.

과식과 같이 단순한 사례가 아니더라도 대부분의 불편한 갈등은 좋은 것과 더 좋은 것 간의 싸움이다. 하루의 기억 중 나의 마음을 불편하게 한 것을 찾아보자. 예를 들면 나의 경우 부서 구성원에게 목표를 강하게 독려했던 것이 생각난다.

1단계: 강한 독려를 어떤 말과 행동으로 했는지 기억을 끄집어낸다. 그 행동을 했을 때 구성원들에게 어떤 작용, 반작용이 일어나는지 생각한다.

2단계: 내 마음을 들여다본다. 왜 마음이 불편한지 살핀다. 잔소리 안 하는 리더가 되고 싶은 마음과 성과를 욕심내는 마음이 동시에 있었음을 알게 된다. 일과 인간관계를 둘 다 잘하고 싶었구나! 잘하고 싶어 하는 나를 스스로 위로한다. 모두 잘하기 어려움을 인정하고, 그에 따른 결과를 객관적 사실로 받아들인다. 나를 추궁하고 질책하지 않는다.

성찰은 메타인지와 균형감각을 키운다

메타인지란 나를 객관화해서 볼 수 있는 사고능력이다. 내가 무엇을 알고 무엇을 모르는지 아는 능력이다. 성찰하면 메타인지가 높아진다. 공부 잘하는 학생들은 메타인지가 높다. 객관적인 자신의 학습 수준을 알아서 해야 할 일에 집중하기 때문이다. 이처럼 성찰은 나를 객관적으로 진단해서 현실을 파악하게 한다. 현실에 발을 딛고 서서 이상을 바라보고 어느 방향으로 가고 있는지 알게 한다.

메타인지가 높으면 승자의 저주에 빠지지 않는다. 성공할 때 느끼는 승자 효과는 양면이 있다. 처음엔 자신감을 주어 더 도전하게 하지만 성공을 반복하면 본인이 통제할 수 없는 것도 통제할 수 있다는 착각에 빠져 만용을 부리게 한다. 성공의 요인을 오직 자신의 능력만으로 보는 자만심에 빠져 주변의 도움, 운, 환경의 변화를 깨닫지 못하게 한다. 이런 착각을 상쇄하는 것이 성찰이다.

성찰하면 균형감각이 생긴다. 과잉과 결핍을 알고 조율할 수 있으며 균형을 맞추어 성장하고 성숙하게 된다. 나의 말과 행동에서 잘한 부분은 스스로 머리를 쓰다듬고, 모난 부분은 깎아낸다. 바쁘고, 반복된 일상을 살다 보면 과잉과 결핍을 못 느끼는데 그 과잉과 결핍을 돌아보는 시간이 필요하다.

모든 생물에게는 과한 것도 부족한 것도 생명에 위협이 된다. 식물은 영양분이 부족해도 죽지만 반대로 넘쳐도 제대로 살지 못한다. 과잉긍정, 과잉주도, 과잉책임은 위험하다. 성찰을 통한 균형이 필요하다. 균형감각이라는 의미에는 과잉을 조정하는 것뿐만 아니라 결핍을 채운다는 의미도 포함된다.

균형감각은 삶에 리듬을 만드는 것이다. 삶에는 리듬이 필요하다. 과잉을 조정하고 결핍을 채우는 과정이 그것이다. 열정과 휴식, 익숙함과 새로움, 긴장과 이완의 리듬을 타야 한다. 너무 긴장만 하면 실이 끊어지고 너무 느슨하면 처진다. 땅파기와 다지기를 반복해야 단단해진다. 늘 열심히만 살 수는 없다. 쉬고 싶은 마음이 들면 쉬어야 한다.

게으름도 괜찮다. 쉬어야 회복된다. 조금 못난 모습의 감정도 토닥이며 '괜찮아.' 하고 따뜻하게 안아 주자. 푹 제대로 쉬면 제대로 달릴 힘이 생긴다. 공은 다시 튀어 오르게 마련이다. 나를 너무 닦달하거나 괴롭히지 말자. 세상의 모든 일은 하면 할수록 는다. 실력도, 감사도, 말도, 싸움도 심지어 걱정도 하면 할수록 느는 것이다.

성찰은 반성을 넘어 완성을 향하게 한다

감정이 요동칠 때는 참는 것만이 능사가 아니다. 감정이 흐르도록 들여다봐야 한다. 감정도 고이면 썩는다. 무조건 참기만 한다면 그건 자기 마음을 보호하는 능력이 없어진 것일 수도 있다. 면역력을 잃었을지도 모르니 마음의 소리에 귀를 기울여야 한다. 조용히 가만히 들여다보며 관찰하는 시간이 필요하다. 행복연구소 CEO이자 하버드대 심리학과 교수였던 탈 벤 샤하르Tal Ben Shahar는 "매우 성공한 사람들과 아닌 사람들의 차이는 스트레스를 위한 회복 시간을 마련했느냐에 달려 있다."라고 말한다.12 마음의 치유를 위해 성찰은 꼭 필요하다.

성찰은 건강검진과 같다. 건강검진은 과거를 후회하는 것이 아니라 미래에도 건강하게 살아가기 위해 받는 것이다. 건강한 몸을 유지하려면 두 가지가 필요하다. 정확한 진단과 진단결과를 바탕으로 한 처방이다. 과잉은 줄이고 결핍은 채워서 균형을 이루어야 한다. 특히 아픈 곳이 있으면 당연히 그곳부터 치료해야 한다. 건강한 몸을 위해 습관을 바꾸고 결핍을 보충하는 것처럼 진정한 성찰이란 미래를 위해 자아, 나다움을 찾고 채워가는 것이다. 성찰은 반성反省을 넘어 완성完城을 향하는 것이다.

성찰의 세 가지 방법은 거리 두기, 돌아보기, 감정 분리다. 먼저 거리 두기는 나를 계속 관찰하는 것, 나를 한 발자국 떨어져서 관조하듯 나를 보는 것이다. 그리고 초심으로 돌아가서 혹은 다른 사람의 시선으로, 다른 사람의 입장이 되어 자신을 돌아본다. 이때 감정을 분리해서 나를 보면 내가 객관적으로 보인다. 나답게 살고 있는지, 힘을 과하게 주며 사는지, 힘을 더 주면서 살아야 하는지, 방향은 제대로 가는지 알게 된다. 성찰하지 않으면 고집스러움이 깊어지고 자기만 옳다고 여기게 된다.

---

12 2019 스페인 디지털 교육 콘퍼런스 인라이티드enlightED

깊이 있는 성찰을 하는 데는 산책과 여행이 좋다. 산책은 언제든 가능하다.
걷는 것 자체가 마음에 긍정적 효과를 준다. 또한 잠시 나에게 집중하고
나를 마주하는 고요한 시간을 가지는 것은 자신을 위로하는 가장 좋은 방법이다.

매일 산책을 하며 성찰의 시간을 갖자

매일 일상의 기억을 떠올려보는 것은 퇴근길에 하면 좋다. 이때 오늘 느낀 좋았거나 불편한 감정의 순간을 되짚어 본다. 자기 전에는 불편했던 감정을 돌아보며 새롭게 배우거나 좋았던 일을 적는다. 3줄 일기로 시작한다. 내가 관찰 대상이 되면 그 자체만으로도 의식적으로 행동을 자극하게 되고 그 과정만으로도 잘하려고 노력하게 된다. 영어 공부의 핵심 중 하나가 섀도잉Shadowing이다. 원어민의 발음을 들으면서 따라 한 것을 녹음하고 녹음한 것을 듣는 것이다. 관찰하고 기록하면 실천 가능성이 높아진다.

깊이 있는 성찰을 하는 데는 산책과 여행이 좋다. 산책은 언제든 가능하다. 걷는 것 자체가 마음에 긍정적 효과를 준다. 걷기만 해도 뇌의 해마가 활성화되어 불안과 초조한 감정을 담당하는 편도체 활

동이 무뎌진다. 조금 더 깊은 성찰이 필요하다면 평소에 다니던 길에서 살짝 벗어나 걷는 것이 더 효과적이다. 불안을 느낄 정도가 아니라 살짝 새로움을 줄 수 있을 정도면 된다. 조금 시간이 더 있다면 여행도 좋다. 새로운 환경에서 바라보면 또 다른 면을 볼 수 있다.

잠시 나에게 집중하고 나를 마주하는 고요한 시간을 가지는 것은 자신을 위로하는 가장 좋은 방법이다. 자신과 만나려면 시간과 수련이 필요하지만 숙련되지 않아도 괜찮다. 직장인 또는 사회인으로 쓰고 있던 가면을 벗어던지고 무언가를 해야 한다는 의무감을 버리고 나의 욕망을 드러내고 괜찮다고 위로할 시간이면 충분하다. 직장인이라면 지하철에서 내려 회사까지 걷는 시간을 활용할 수 있다. 기분 좋은 음악을 들으며 집중하면 매일 걷는 공간이 치유 공간이 될 것이다.

출퇴근길에 음악을 들으면서 자신을 들여다보자.
경험을 돌아보고 마음을 살피자. 그것부터 시작하자.

4

일잘러는 타인을 통해
성장한다

직장에는 멋지게 사는 사람들이 많다

우리는 평생 관계 안에서 살아간다. 한자 '사람 인人'처럼 사람은 함께 기대야 설 수 있다. 사람을 통해 배우고 사람들 속에서 행복을 찾는다. 좋은 관계가 좋은 인생을 만드는 것이다. 그런데 긍정적이고 의미 있는 관계는 공짜로 얻어지지 않는다. 노력할 때만 가능하다.

사람을 통해 배우려면 적극적인 태도가 필요하다. 진심을 다해 배우고 시간을 투자할 때 의미 있는 관계를 만들 수 있다. 인간관계는 해도 되고 안 해도 되는 영역이 아니다. 사람은 절대 혼자 살 수 없기에 도움을 요청할 줄도 알고 나도 그들의 성장을 도울 수 있는 능력을 갖춰야 한다. 특히나 직장에서는 혼자만 잘한다고 되는 것이 없다. 직장에서 인간관계 노하우를 정리하면 다음과 같다.

첫째, 가까이서 늘 관찰할 수 있는 사람을 보고 배운다. 직장인이 관찰해야 할 사람은 일 잘하는 '선배'다. 선배가 업무를 시작하기 전 무엇을 준비하는지, 어떻게 성과를 내는지, 업무 이후 경험을 어떻게 다지는지 관찰한다. 그래야 업무를 보는 눈이 커진다. 벨보이에서 시작해 250개 호텔을 지은 콘래드 힐튼 회장의 이야기는 유명하다. 그는 벨보이로 일할 때 항상 자기보다 앞선 사람을 관찰했다고 한다. 꿈을 꾸고 그 꿈을 이루기 위해 가까운 사람 중 상위 직책자를 바라봤다. 벨보이였을 때는 매니저를 보고, 매니저일 때는 팀장이 무얼 하고 어떻게 일하는지 관찰하고 준비했기에 꿈을 이루었다.

"시선이 땅을 향하고 있으면 날개가 있어도 날아오르지 못한다." BC 유니온페이 카드 광고 카피다. 뛰어난 능력이 있어도 일 잘하는 사람을 바라보지 않고 나보다 못한 사람이나 대충 일하는 사람을 보면 날아오르지 못한다. 무슨 일이든 더 잘하는 방법이 있다. 일 잘하는 선배는 짧은 구두 보고에도 원칙이 있다. 상대방이 궁금해하는 내용과 자기가 하고 싶은 말을 가능한 한 짧게 정리한다. 거래처에 연락하는 방법, 문의 응대법까지 고민의 깊이가 다르다. '내 나름대로' 최선을 다했다면 그 기준을 일 잘하는 사람으로 맞춰야 성장한다. 이미 그 일을 해본 경험자들이 바로 옆에 있다. 일 잘하는 선배를 가까이서 보고 밥도 사면서 노하우를 물어보라. 따르는 후배를 싫어할 선배는 없다. 진심으로 다가가 배우고자 하면 노하우를 알려준다. 이때 도움받은 만큼 나도 돕는 것은 기본이다.

둘째, 직장 안에서 동일 직무나 업무 연관성이 있는 사람과 유대를 만든다. 열정적인 사람, 프로답게 일하는 사람을 가까이하자. 실무적으로 도움이 될 뿐만 아니라 성장에 좋은 영향을 받는다. 업무에 필요한 정보도 얻고 고민 해결에 대한 실마리도 찾게 된다.

사원 시절 팀 선배였던 공부머리연구소의 김영주 소장은 배울 점이 참 많다. 그녀의 이력은 다채롭다. 교사관리자에서 시작해서 교육팀 팀장, IT회사 신사업팀장, 어린이출판사 마케팅 책임자, 홍보팀장, 연구실장 등 다양한 역할을 수행했다. 2만 명이 김 소장 강의를 들었을 정도로 강의 실력도 뛰어나다. 사석에서 "다양한 분야를 어떻게 다 잘하시나요?"라는 나의 질문에 그녀는 대답한다. "새로운 역할을 맡으면 책부터 읽어요. 관련된 책을 열 권만 읽으면 어떤 분야든 시작할 수 있어요." 경험에서 나오는 확신에 찬 목소리다. 새로운 분야를 알아갈 때 책만 한 것이 없다. 책은 자신감을 선물하고 두려움을 가져간다는 것을 그녀를 보며 배웠다.

직장에는 멋지게 사는 사람들이 참 많다. 자신의 일에 자부심을 느끼고 완성도를 위해 몰입하는 동료를 보면 나도 에너지가 생긴다. 그들로부터 열정과 프로답게 일하는 법을 배운다. 좋은 동료들과 인연은 누가 맺어 주는 것이 아니다. 업무를 하면서 관찰하는 것만으로는 깊게 배울 수 없다. 직접 만나서 물어보고 대화하면서 배워야 한다. 같이 일할 수 없다면 점심시간을 활용하면 좋다. 같이 밥을 먹으면 좋은 정서가 생긴다. 좋은 에너지를 가진 사람, 자기 일에 열정이 있는 사람 중 만나고 싶은 사람이 있으면 용기를 내 연락해 본다. 같은 직장에 소속되어 있다면 대부분 식사 초대에 응해 준다. 이렇게 해서 인간관계는 시작된다. 관계는 시간과 노력에 비례해 깊어지고 만나는 횟수만큼 배움은 쌓인다.

우리는 성장 에너지를 가지고 있다. 잘하고 싶은 욕심도 있고 능력도 있다. 그러나 능력이 있다는 것을 모르거나 사용법을 잘 모를 수 있다. 좋은 에너지를 가진 동료를 보면서 내 안에 잠자고 있는 능력 세포를 깨운다. 새가 둥지 안에서 첫 날갯짓을 하며 둥지 밖으로 몸을 던질 수 있는 이유는 스스로 날 수 있다고 믿기 때문이다. 내 능력을 믿고 일 잘하는 동료를 보면서 준비하면 빠르게 성장할 수 있다. 하늘을 나는 동료를 보면서 도전을 따라 하면 된다. 만약 그런 사람이 주변에 없다면 나부터 그런 사람이 되어보는 건 어떨까?

셋째, 나에게 일을 배우겠다는 후배에게 일을 가르쳐 보자. 내가 성장하기 좋은 방법 중 하나는 자신이 알고 있는 일을 다른 사람에게 가르치는 것이다. 가르치는 과정에서 정리가 되어 업무 노하우가 쌓인다. 누군가를 가르치다 보면 책임감도 생기고, 그 역할에 맞는 성장을 하게 된다.

'교학상장教學相長', 가르칠 때 더 잘 배울 수 있다는 말이다. 열정을 가진 후배에게 시간을 투자하면 후배도 성장하지만 나도 성장한다. 성장한 후배가 일에도 도움이 되고 오랫동안 좋은 인연으로 서로 돕게 된다. 간혹 후배를 경쟁 상대로 보는 경우가 있는데 배우는 사람은 스승을 넘지 못한다. 우물 안 개구리처럼 작은 세상에 갇히면 안 된다. 경쟁은 외부 시장과 해야 한다. 동료, 후배는 직장에서 함께 힘을 모아야 할 동반자다. 이끌어줘야 같이 성장한다.

좋은 인연은 좋은 인연을 낳는 법이다. 직장 첫 후배인 희경 씨와는 16년간 인연이 이어지고 있어 이젠 서로의 인생을 돕는 관계가 되었다. 자주는 아니지만 힘들거나 고민이 있을 때 서로 대화 상대가 되어준다. 그리고 10년 전 희경 씨의 친구를 소개받은 일이 있다. 친구가 직원 교육 일을 한다고 해서 도움을 준 적이 있는데 그 일을 계기로 희경 씨 친구와도 인연을 맺었다. 희경 씨 친구는 현재 퍼실리테이터 전문 컨설팅 '링크'의 주현희 대표다. 현재 직장에서 평가 제도를 만드는 데 가장 중요한 모티프가 되었던 '소시오크라시'를 주 대표를 통해 배우게 되었다. 그 당시 소시오크라시는 국내에 소개되지 않은 개념이었다. 주 대표 덕분에 어려운 과제였던 '개인의 성장을 돕는 평가' 제도를 설계할 수 있었다.

유대가 약한 사람들이 실질적으로 도와준다

미국 경제사회학자이자 스탠퍼드대 사회학과 마크 그래노베터 Mark Granovetter 교수는 「약한 연결의 힘Strength of Weak Ties」이라는 논문을 발표한 바 있다. 친한 친구, 가족 등 가까운 관계보다 유대가 약한 사람들에게 실질적인 도움을 받는 경우가 더 많다는 것이다. 유대가 약하게 알고 지내는 사람은 생활 반경이 다르다. 다른 환경에서 다른 정보를 접하기 때문에 새로운 기회를 줄 가능성이 크다는 것이다. 마크 그래노베터 교수는 이직한 사람들이 어떤 경로로 새로운 직장을 구했는지 실증 연구를 했다. 소개받은 사람 중 16.7%만이 친한 사람을 통했고 나머지 83.3%는 가끔 만나거나 아는 사람 정도의 인맥을 통해 취업이 이루어졌다.

이런 결과는 친밀한 사람들 간 사회적 네트워크가 중복되기 때문이지만 더 중요한 이유가 있다. 친한 사람의 수보다 약한 연결의 사람들 수가 압도적으로 많기 때문이다. 약한 연결의 한 사람과 그 사람이 속한 그룹을 합치면 거듭제곱이 된다. 좁은 세상보다 넓은 세상에 잠재적 기회, 가능성은 더 크다. 약한 연결의 힘은 연결이 또 다른 연결을 낳는다는 것이다. 아는 사람을 통해 또 다른 지인을 알게 되고, 그것이 또 다른 관계로 이어질 수 있다. 이렇게 확장된 연결은 엄청난 파급력을 발휘한다.

약한 연결의 한 사람과 그 사람이 속한 그룹을 합치면 거듭제곱이 된다.
좁은 세상보다 넓은 세상에 잠재적 기회, 가능성은 더 크다.

성장하려면 공동의 관심사가 있는 사람들과 모임을 하는 것이 좋다. 직무 모임도 좋고, 취미 동호회도 좋고, 독서 모임도 좋고, 조찬 강연회도 좋다. 외부 교육에 가면 혼자 밥 먹지 않는다. 기회가 생기면 서로 도움 되는 관계를 만들려고 노력해야 한다. 분기에 1회 정도는 가급적 다양한 분야의 많은 사람들과 직접 만난다. 새로운 사람들을 만나면 새로운 시선을 배우게 된다. 나와 비슷한 경험을 한 사람들을 통해 검증된 '당연한 것'이 당연하지 않다는 것을 알게 된다.

좋은 사람과의 만남이 곧 성장의 기회다

직무 모임이나 독서 모임 등을 가지며 성장을 위해 노력하는 사람은 발전한다. 내 주변에는 열정적으로 항상 공부하고 사람에 대한 따뜻한 시선을 가진 인사 책임자분들이 많다. 그분들과 가끔 만나지만 언제 만나도 두세 시간이 훌쩍 지나간다. 이분들을 만나면 인사, 교육, 문화에 대한 실질적이고 중요한 정보를 알게 된다. 그런데 그보다 더 좋은 점은 좋은 에너지를 받게 된다는 것이다. 함께 있으면 기분이 참 좋아진다. 열정적으로 사는 모습에 '나도 더 성장해야겠다.'라는 자극을 받게 된다.

인연은 새로운 기회의 연결고리가 된다. 강점 코치 안상희 교수와는 코치와 기업담당자로 만나 인연을 이어가고 있다. 안 교수의 적극적인 추천을 통해 갤럽 '강점' 진단을 알게 되었고 그 덕분에 나도 강점 코치가 되어 사람의 성장을 도울 수 있게 되었다. 지금은 나도 강점 진단을 활용해서 사람의 성장을 도울 수 있게 되었다. 안 교수와 나는 서로 도움을 주고받으며 좋은 책이 있으면 서로 추천한다. 안 교수는 내가 추천한 책으로 강의 콘텐츠를 만들어 도움이 되었다고 한다. 업무 수행에서 궁금한 타 회사 사례를 알려줄 좋은 인맥도 서로 소개하고 소개받는다.

좋은 인연은 새로운 인연으로 이어진다. 마이다스아이티 신 이사와는 강연을 듣고 연락을 드렸던 것이 계기가 되어 인연을 맺었다. 신 이사 덕분에 IT 업계 인사책임자 모임에 참여하게 되었고 엄청난 실력자분들의 경험을 공유받았다. 물론 내 노하우도 공유했고, 장애인 고용 아이디어도 얻어 적용했다. 교육업계에서는 IT 인력을 구하기 어려운데 인력도 추천받았다. 이분들은 자신이 모르면 찾아서라도 알려준다. 경험부터 태도까지 배울 것이 무궁무진하다.

사람을 만난다는 것은 성장할 기회를 얻게 되었다는 뜻이다. 약한 연결 관계는 약하지 않고 아주 큰 영향을 미친다. 그런데 좋은 사람들과 인연은 쉬운 일만은 아니다. 나도 좋은 분들의 수준까지 올라야 한다. 나도 도움을 주어야 만남이 유지되는 것이다. 그래서 노력하게 되고 그 노력이 나를 또 성장시킨다. 나는 이렇게 좋은 사람들을 만난 것을 행운이라고 부른다.

나부터 타인에게 좋은 사람이 되어야 한다

무엇을 배우고 싶을 때 책으로 문을 열고 들어가 사람에게 배우면 책과는 또 다른 통찰을 얻게 된다. 경험을 가진 사람에게 책을 통해 알게 된 용어, 기본지식으로 순도 높은 질문을 하면 금강석 같은 답을 얻게 된다. 예를 들어 중국 사업을 준비한다면 자료 조사와 동시에 중국에서 직접 사업해본 사람, 중국에서 살고 있는 사람에게 질문한다. 자료 조사, 방문으로는 얻을 수 없는 사람만이 느끼는 생생하고 디테일한 경험을 얻게 된다. 현장성 있는 조언과 배움은 사람을 통해서만이 가능하다.

그런데 관계를 통해 배울 때 주의할 것이 있다. 경험을 바탕으로 한 조언은 생생하지만 말한 분의 상황에 따른 경험이라는 점이다. 참고만 해야지 그대로 따라 하다가는 실패하기 쉽다. 남의 이야기라고 "된다" "안 된다" "간단하다" "불가능하다" 쉽게 말하는 사람도 있는데 이를 구분해야 한다.

책과 달리 사람은 직접적인 충고를 하기도 한다. 따라서 나를 위한 충고를 받아들일 아량도 있어야 한다. 충고를 받아들이는 아량을 키우는 방법은 내용과 감정을 분리하는 것이다. 감정을 빼고 내용만 듣는다. 반면 버려야 할 조언도 있다. 질투로 하는 말이나 별 의미 없이 하는 말까지 신경 쓰는 것은 에너지 낭비다. 간언과 조언도 분간해야 한다. 무조건 좋다고 칭찬하는 말에 혹하면 벌거벗은 임금님이 될 수도 있다. 사람의 말에는 분명 받을 것과 버릴 것이 있다.

『탈무드』 이야기다. 두 남자가 굴뚝에서 나왔다. 한 남자의 얼굴은 깨끗하고 또 한 명의 얼굴에는 시커먼 그을음이 묻었다. 두 남자 중 누가 얼굴을 씻을까? 얼굴이 깨끗한 남자가 씻게 마련이다. 이 교훈처럼 다른 사람 얼굴의 그을음을 보며 흉볼 것이 아니라 그 얼굴을 거울 삼아 내 얼굴을 씻는 지혜가 필요하다. 지혜로운 사람은 다른 사람에게 자신을 비춰 경계한다. 반면교사反面敎師하면 된다. 불만이 많고 잘 안 풀리는 선배의 일하는 방식을 보고 그의 말을 들어본다. 만약 100% 공감이 된다면 나도 일 안 풀리는 사람의 공통적인 특징을 가지고 있을 수 있다. 그렇다면 시선을 바꿔야 한다.

생텍쥐페리의 『어린 왕자』에 나오는 여우의 말처럼 '관계를 맺는다'라는 것은 수만 명의 사람 중에서 세상에 하나밖에 없는 존재, 서로에게 의미 있는 존재가 된다는 것이다. 긍정적 영향력을 미치는 존재, 도움이 되는 존재가 된다는 것이다. 관계를 잘 맺기 위해서는 나부터 좋은 사람이 되어야 한다. '나 혼자 알아서 할게요.' 하는 강박적 자기 의존은 자립심이 아니다. 혼자 모든 일을 할 수 없다. 직장에서 업무는 협업을 통한 시너지가 중요하다. 사람은 서로 기대어 관계 안에서 살아가는 존재라는 사실을 명심해야 한다.

오늘 점심은 일을 배우고 싶은 선배, 동료와 함께 해보자.
내선 번호를 누르고 "오늘 저랑 식사 어떠세요?" 하고 물어보자.

5

일잘러는 퇴적하지 않고
축적한다

실력 차이는 일의 축적 여부에 달렸다

성과를 내는 사람, 일 잘하는 사람이 처음부터 정해져 있는 것은 아니다. 직장 생활에서 실력 차이는 일의 축적 여부에 따른다. 같은 일을 하면서도 실력을 축적하는 사람이 있는가 하면 퇴적하는 사람도 있다. 축적이란 스스로 학습하고 경험을 성찰하며 일을 업그레이드하는 것을 말한다. 반면 퇴적은 스스로의 노력 없이 떠밀려 일을 반복하는 것이다. 물에 떠밀린 모래가 쌓여 사주가 되면 퇴적이라 하지 축적이라 하지 않는다. 누구든 스스로 성장을 멈추면 퇴적하기 시작한다. 쌓으면 탑이 되고 방파제가 되지만 떠밀려 가면 쓰레기가 된다.

반복적으로 일만 하면 기계나 인공지능에게 일자리를 뺏길지도 모른다. 성장하는 전문가는 꾸준히 시도하고 시행착오를 겪은 경험을 축적한다. 왜 하는지 일의 목적을 알고 목적에 맞게 실행하고 실행한 경험에서 개선을 찾으면 실력이 축적된다. 계속 고민하며 개선할 때 탁월함이 나온다. 오늘의 치열한 고민이 내일 최선의 결과가 된다. 반면 시간이 흐르지만 아무런 변화 없이 일을 반복하는 것이 퇴적이다. 경력이 쌓여도 타성대로 일하는 것을 말한다. 『무엇이 성과를 이끄는가』에서 닐 도쉬Neel Doshi는 성과를 떨어뜨리는 가장 위협적인 동기를 타성으로 보았다. 3년 이상 같은 일을 했는데 인정받지도 못하고 성장하지도 못했다면 퇴적의 시간을 보내는지도 모른다. 직장에서 성장하고 성과를 내려면 실력을 축적해야 한다. 그래야 숙련가Practician를 거쳐 전문가Expert가 된다. 전문가란 '개념설계'가 가능한 사람이다.

서울대 공대 이정동 교수는 『축적의 길』에서 이 시대의 위기 극복을 위해서는 '개념설계' 역량이 필요하다고 말한다. 개념설계라는 것은 '왜' 하는지에 대한 답이다. 본질과 차별성에 대한 이야기다. 실행 역량이 '어떻게'에 대한 대답이고 효율성을 기준으로 삼는다는 것을 비교하면 이해하기 쉽다. 이정동 교수는 개념설계 역량을 왜 하는지 아는 지식Know-why이라고 정의했다. 개념설계라는 말은 얼핏 들으면 혁신적 아이디어나 없는 것을 만들어내는 것으로 생각하기 쉽지만 축적의 시간 없이 이것은 불가능하다고 강조한다. 그리고 노와이Know-why는 노하우Know-how가 바탕이 되어야 한다. 시행착오를 거친 경험만이 제대로 된 개념설계를 할 수 있다.

지식은 왜 하는지 아는 지식Know-why, 어떻게 하는지 방법을 아는 지식Know-how, 무엇을 아는 지식Know-what으로 나눌 수 있다. 이들 차이를 일상과 공부에서 예를 들어보자. 무엇을 아는 지식은 물건을 살 때 동네 슈퍼보다 대형마트가 더 싸다는 것을 아는 것이다. 그런데 왜 대형마트가 물건값이 더 싼지를 아는 것이 왜 하는지 아는 지식이다. 수학에서는 공식을 외우는 것이 무엇을 아는 지식이다. 개념을 암기하는 단계다. 그리고 공식으로 문제를 많이 풀어서 어떻게 하는지 방법을 아는 지식을 쌓는다. 유형 공부다. 마지막으로 공식의 원리를 이해하고 개념화하는 것이 왜 하는지 아는 지식이다.

모든 일에서 물음표와 느낌표를 반복하라

인터넷이 발전하면서 지식은 즉각적으로 검색이 가능해졌다. 일 잘러는 지식 보유량보다 지식 활용력에서 차이가 난다. 지식을 실무에 적용해 나만의 노하우로 만들어야 능력을 인정받는데 노하우에는 현장 감각이 필요하다. 경험만 한 것이 없다. 배운 것을 실행해봐야 한다. 현장 감각은 경험과 시행착오를 통해서만 알 수 있다. 현장에서 시작해서 현장을 넘어서야 한다. 아이디어가 없으면 현장에서 물어본다. 현장을 넘어서려면 다양하게 배우고 실험하고 적용해야 한다.

혹시 내가 어떤 일을 반복적으로 하고 있다면 개선점을 찾아야 한다. 일을 끝낸 후 기록하며 반성한다. '이 일을 다시 한다면 무엇을 다르게 할까?' 더 효율적으로 일할 방법을 찾아야지, 부딪히고 쓰러지고 넘어지고 일어나기만 한다고 노하우가 생기진 않는다. 경험에서 노하우를 추출하는 능력이 필요하다. 실패해도 괜찮지만 같은 수준에 머물러서는 안 된다.

일에서 축적하며 성장하는 방법은 물음표(?)와 느낌표(!)를 반복하는 것이다. '왜 이 일을 할까? 무엇을 하려고 하는 걸까?'하고 일의 목적이 무엇인지 질문하고 '더 효과적인 방법은 없을까?' 하고 고민한다. 아하! 목적이 이것이었구나! 이 방법으로 하면 효과적이겠다! 그 고민으로 깨달은 것을 실행한다. 다양한 시도를 하고 몸으로 체득한 지식은 개념설계를 위한 '패턴'을 보게 한다. 현재 사업뿐만 아니라 새로운 시장, 답이 없는 세상에서 답을 찾을 수 있게 된다. 패턴 능력이 생기면 성공이나 실패의 중요한 요인들을 빠르게 찾아낼 수 있다.

　다양한 시도와 노력으로 체득한 것에는 강한 힘이 있다. 최근에는 창의적인 아이디어와 혁신을 강조하다 보니 노력의 의미가 간과되고 있다. 심지어 일부 젊은 층에서는 노력을 희화화하기도 한다. 그러나 노력의 중요성은 약해지면 안 된다. 데이비드 블레인David Blaine이라는 마술사는 이것을 몸으로 증명했다. 데이비드 블레인은 물속에서 17분을 버텼다. 의학적으로 6분이면 뇌사에 빠지게 마련이다. 그런데 이 시도는 친구의 놀라운 아이디어로 시작했다. 튜브를 몸에 넣고 숨을 참아보라는 제안이었다.

　첫 시도는 무참히 실패했지만 그 이후 데이비드는 다양한 시도를 한다. 얼음물에서 버티기, 수중 호흡기를 몸속에 넣어보기 등 실패에서 교훈을 얻고 고강도의 훈련을 시작한다. 그리고 성공한다. 마술의 비밀은 바로 "1초씩 더 참는 것"이다. 테드TED 강연 '내가 어떻게 17분간 숨을 참았는가?'에서 데이비드는 말한다. "그것은 연습과 훈련이며 실험이다. 내가 할 수 있는 최고를 위해 고통을 헤치고 나가야 한다. 나에게 마술은 그런 것이다."

　해리포터의 덤블도어 교장보다 더 대단하다. 현실이기 때문이다. 내가 진심으로 바라면 노력하게 되고 노력하면 이룬다.

우리의 시간은 늘 축적의 시간이어야 한다

우리 부서 복지 파트의 이용연 선생(시각장애인 전문 안마사)은 에너지가 넘친다. 어깨, 등, 몸이 아픈 사람들이 헬스키퍼실을 찾으면 뭉친 근육이 풀릴 때까지 통(痛)점과 사투한다. 명의名醫라 불릴 정도의 실력자다. 내가 급체를 했을 때, 병원에서 링거로도 한방에서 침으로도 해결되지 않았던 것을 그가 안마로 고쳐주었다.

이 선생은 실력을 키우기 위해 오디오북을 듣고 안마를 잘한다는 분들을 찾아다니고 배운 것을 적용해본다. 12년간의 노력으로 손가락에 느껴진 뭉친 자리만으로도 몸의 어디가 문제인지 패턴이 읽힌다고 한다. 혈자리에 따라 몸이 회복되는 그 매력에 더 배우기를 멈출 수 없다고 한다. 계속 공부하고 적용하며 원리를 터득한다. 시각장애인에게 책 읽는 것은 일반인보다 더 많은 노력을 필요로 하는 일이지만 장애가 배움의 노력을 막지 못한다. 전문가는 대화하다 보면 인생을 대하는 깊이가 다른데 그래서인지 인생 상담도 가능하다. 한 분야에서 정점에 올라 패턴을 파악하면 그 지혜가 다른 분야까지 확장되는 것이다.

현상과 미래 예측 패턴을 파악하는 능력은 끊임없이 질문해야 길러진다. 그 질문의 답을 실험과 연습으로 찾아내야 한다. 일의 개선을 위해 아이디어를 실행하는 과정을 반복하면 몸에 기억이 남는다. 일하는 방식이 몸에 밴다. 시행착오를 공유하고 기록하고 반성하는 과정에서 새로운 아이디어를 또 실행한다. 그렇게 일하는 방식이 몸에 스며들면 어느 곳에서든 그 능력이 발휘된다. 무엇을 하든 될 때까지 집요하게 이뤄내는 축적이 시작된다.

직장에서 실력을 축적하고 항상 배우려는 자세를 취하면 부정적 상황이 긍정으로 변화된다. 의사소통 전문가인 지니 카와지Jeannie Kahwajy는 채용 담당자와 지원자들이 참여하는 모의 인터뷰를 진행했다. 인터뷰에 앞서 채용 담당자에게 지원자들에 대한 부정적 선입관을 심어 주었다. 그리고 지원자들을 세 그룹으로 나누었다. 첫 번째 그룹에는 자신이 채용되어야만 하는 이유를 열심히 설명하라고 했다. 두 번째 그룹에는 면접관과의 대화에서 무언가를 배우도록 노력하라고 했다. 세 번째 그룹에는 아무런 지시도 하지 않았다. 실험 결과, 첫 번째와 세 번째 그룹의 경우에는 채용 담당자의 부정적 선입관이 더욱 강화되었다. 그러나 두 번째 그룹은 채용 담당자의 부정적 선입관을 완전히 바꿔놓았다.[13]

직장인이라면 매일 출근해서 여덟 시간 이상 일을 하게 된다. 어쩔 수 없다며 시간만 보내는 사람은 그 시간에 떠밀려 퇴적되어 버려지고 인생도 버려진다. 그러나 성장하는 사람은 그 시간이 축적의 시간이 되도록 학습하고 경험을 성찰한다. 깨어 있는 시간의 대부분을 보내는 직장 생활은 배우려는 자세만 있다면 얼마든지 성장의 시간이 될 수 있다. 지금 하는 일에서 더 배우려 하면 부정적 상황이라도 긍정으로 바꿀 수 있다. 나의 미래가 바뀌는 일이다.

오늘 하는 일에서 배울 점을 찾아라.
매일이 쌓이면 축적된다. 인생이 바뀐다.

---

13 티나 실리그 저, 이수경 역, 『스무살에 알았더라면 좋았을 것들』, 웅진지식하우스, 2020

6

일잘러는 시련을
통해서도 성장한다

스트레스가 모두 나쁜 것은 아니다

사람이라면 누구에게나 시련이 있다. 소소한 스트레스도 있지만 재난 수준의 엄청난 고난을 겪기도 한다. 요행히 나를 피해 가면 좋겠지만 내 의지대로 되는 일이 아니다. 그러나 시련을 통해 교훈을 얻고 다시 일어설지, 그만 포기할지는 선택할 수 있다. 내가 할 수 있는 것조차 포기해서는 안 된다. 포기하지 않는다면 시간이 해결해 주기도 하고 사람이 도와주기도 한다. 스스로를 믿고 조금만 기다리면 스스로 일어설 수 있다.

인생이 우리에게 던지는 시련을 마주했을 때 현명하게 대처하는 법이 있다. '시련은 누구에게나 있다. 하지만 일시적이다. 우리는 극복할 수 있다.'라고 믿는 것이다. 시련이라고 생각되지만 성장에 도움이 되는 약한 시련도 있다. 이것을 좋은 스트레스라 한다. '스트레스' 하면 부정적 자극, 고통, 긴장감, 심리적 또는 신체적 피로만 떠

인생이 우리에게 던지는 시련을 마주했을 때 현명하게 대처하는 법이 있다.
'시련은 누구에게나 있다. 하지만 일시적이다. 우리는 극복할 수 있다.'라고 믿는 것이다.

오른다. 그렇다면 스트레스 없는 사람이 건강하고 행복할까? 결론부터 말하면 '아니다.' 삼성서울병원 발표 자료에는 다음과 같이 되어 있다. "과도한 스트레스는 건강을 해칠 수 있다. 반면에 스트레스를 지나치게 회피하거나 극도로 제한하면 오히려 질병이 많이 발생할 수 있다. 적당한 스트레스는 건강 유지에 꼭 필요하다." 건강처럼 행복이나 성장도 마찬가지다. 적당한 스트레스는 필요하다. 오히려 성장에 자극이 되는 것이다.

드라마 『슬기로운 의사생활』의 주인공 채 교수는 후배 의사에게 말한다. "수술할 때 계속 질문을 하는 이유는 항상 긴장하라고 그러는 거야. 이 일이 힘은 드는데 금세 익숙해져. 근데 익숙해질 게 따로 있지 우리 일은 그러면 안 되는 거잖아." 생명이 오가는 수술 현장이 익숙해지면 긴장감을 잃을 수 있다. 긴장감을 잃으면 방심하게 되고 실수하게 된다.

나쁜 스트레스를 좋은 스트레스로 바꾸자

스트레스에는 좋은 스트레스$_{Eu-stress}$와 나쁜 스트레스$_{Di-stress}$가 있다. 좋은 스트레스는 취업, 승진, 연애, 결혼 등 정서적으로나 역량 면에서 긍정적 자극이다. 반면 나쁜 스트레스는 우리가 흔히 말하는 그냥 스트레스다. 과중한 업무, 업무 마감일, 갈등과 깨짐, 열 받음 등 부정적 자극이다. 전혀 다른 두 스트레스지만 몸에는 똑같은 긴장감을 경험하게 한다. 긴장감을 어떻게 받아들이느냐에 따라 내 중심이 흐트러질 수도 있고 반대로 성장하는 방향으로 바뀔 수도 있다. 전문가들은 스트레스 요인이 처음부터 좋은 스트레스와 나쁜 스트레스로 갈라져 있는 경우는 많지 않다고 한다. 그래서 어떤 자극에 무너지는 사람도 있고 같은 자극에 더 발전하는 사람도 있다.

양 목장을 보면 알 수 있다. 곰이나 늑대가 거의 사라진 현대에도 양치기 개는 여전히 필요하다. 양치기 개는 양들을 관리하고 발생할 수 있는 문제를 사전에 방지한다. 몰려다니는 양들을 뿔뿔이 흩기도 하고, 이탈하려는 양들을 위협하기도 하고, 다양한 장소로 양들을 유도하며 풀을 뜯게 한다. 양의 입장에서 보면 개에게 몰리는 상황은 스트레스지만 적당한 관리를 통해 삶의 질이 높아지는 것이다. 인생에는 7대 3 법칙이 있다. 듣기와 말하기, 운과 능력, 소비와 저축, 일과 휴식, 안정과 긴장(스트레스) 모두 그렇다.

현대인들은 모두 스트레스에 방치되어 있다. 경쟁 사회에서 동일한 가치를 좇다 보니 더욱 그렇다. 인내를 미덕으로 하는 유교식 사고가 팽배한 한국 사회에서 참고 살다 보니 스트레스를 그냥 참는 것이 습관이 된다. 허울 좋은 인내라는 이름으로 자기 자신은 정작 보호하지 않고, 습관적으로 참다 보니 스트레스가 많은데 잘 느끼지 못해 자신을 방치한다. 스트레스는 참는다고 해결되지 않는다. 관리해야 한다. 모든 스트레스가 나쁘기만 한 것은 아니라는 인식도 필요한 만큼 무조건 참아야 한다는 인식도 바꾸어야 한다. 인식의 전환이 필요하다. 참는 대신 내 감정을 인정하고 다독여야 한다. 나쁜 스트레스를 좋은 스트레스로 전환할 힘을 키워야 한다.

상처는 내가 만드는 것이다

스트레스를 관리하기 위해선 먼저 스트레스에 대한 관점 변화가 필요하다. 스트레스는 문제도 아니고 죄는 더욱 아니다. 관리해야 할 대상일 뿐이다. 하버드대 심리학과 교수였던 탈 벤 샤하르는 개인의 스트레스 지수를 완화할 방법을 연구한 결과 "우리는 여태까지 엉뚱한 관점에서 스트레스를 생각하고 있었다는 점을 깨달았다."라고 회고했다. 그는 사람들이 '나쁘다'라고 인식해왔던 스트레스는 사실 "문제가 아니었다"라는 연구결과를 발표했다. 운동은 근육에 스트레스를 가하는 것이고 꾸준한 스트레스는 근력을 키우고 몸을 건강하게 만든다. "문제는 스트레스가 아니라 회복 시간의 부족"이라는 것이다.[14]

그럼 누구에게나 적용되는 스트레스 관리법을 소개해보겠다. 첫째, 내 감정에 귀 기울인다. 화가 났구나, 실수해서 마음이 상했구나, 실수를 해결해야 하는 상황이 부담스러웠구나, 잘못한 것이 아닌데 억울하구나, 잘하고 싶었구나 같은 나의 감정을 인정해야 한다. 화내는 것이 당연하다거나 정당화하는 것이 아니다. 눌린 감정을 토닥

---

14 2019 스페인 디지털 교육 콘퍼런스 enlightED

스트레스는 문제도 아니고 죄는 더욱 아니다. 관리해야 할 대상일 뿐이다.

여주는 것이다. 감정은 바람이다. 세찬 바람이 지나가고 평안해지면 성장의 시기가 온다.

둘째, '너는 나에게 상처 줄 수 없다.'라고 선언해라. 다른 사람 눈치를 보고 다른 사람이 준 상처를 곱씹지 말아야 한다. 다른 사람의 의미 없는 말에서 '진의'를 찾느라 고민하지 말아야 한다. 다른 사람은 나에게 그렇게 큰 관심이 없다. 직장이라면 더욱 그렇다. 모두 자신의 문제로 바쁘다. 상처 준 사람은 모르는데 자신이 더 긁어서 상처를 키운 것인지도 모른다. 상처받기를 선택하지 않으면 상대는 나에게 어떤 상처도 줄 수 없다.

아무쪼록 다른 사람의 평가에 민감하게 반응하지 않는 것이 중요하다. 나에게 부정적인 사람은 언제나 험담을 한다. 침묵하면 무시한다고 헐뜯고 말을 하면 말한다고 하고 적당히 하면 눈치 빠르다고 한다. 일 처리가 완벽하면 재수 없다고 욕한다. 나는 예수님이 아니다. 내가 모든 사람을 사랑하지 못하듯 나도 모든 사람을 만족시킬 수 없다. 잘못했다면 인정하고 사과하면 된다. 다음에 더 잘하면 된다. 충고는 진지하게 받아들여야겠지만 감정을 다치진 말아야 한다. 어차피 다른 사람의 마음이나 판단을 내 마음대로 바꿀 수 있지 않다. 그것도 인정해야 한다.

셋째, 숨을 크게 쉰다. 몸은 통제하기 쉽기 때문에 스트레스를 받으면 몸을 관리해야 한다. 의도적으로 숨을 깊게 느긋하게 쉰다. 어깨를 흔들어 긴장을 푼다. 그러면 뇌는 '괜찮아졌네!' 하며 흥분을 가라앉힌다. 심호흡하며 천천히 걷는 것도 좋다. 걷기는 뇌의 해마 활동을 도와 스트레스를 잠재운다. 좋아하는 음악을 크게 들으며 조금 멀리 산책을 하는 것도 좋다. 무리하지 않게 몸이 편안한 상황이라고 느끼게 휴식하는 것이 중요하다.

넷째, 마음이 아파도 몸이 아플 때와 같이 돌봐야 한다. UCLA 심리학과 나오미 아이젠버그 교수는 심리적 고통을 겪는 피험자에게 타이레놀을 3주간 먹였더니 ACC$_{Anterior Cingulate Cortex}$라는 신체적 고통, 통증을 처리하는 세포가 진정되었다고 발표했다. 이 말인즉 마음이 아플 때 진통제를 먹어야 한다는 것이 아니다. 사회적 관계에서 오는 심리적 고통이 있을 때 신체적 고통처럼 보살펴야 한다는 말이다. 스트레스를 받거나 시련으로 마음이 힘들면 푹 잔다거나 내 건강에 도움이 되었던 보양식을 먹는다. 그것만으로도 회복되는 것을 느낄 수 있다. 우리는 스트레스 자체가 아니라 회복 시간이 부족할 때 제자리로 돌아오지 못한다. 정신력으로 버티라는 말은 무시해도 된다.

다섯째, 시선을 돌려보자. 스트레스를 집중해서 보지 말고 시선을 다른 곳으로 돌린다. 유명한 마시멜로 실험이 있다. 아이에게 한 개의 마시멜로를 주고 10분간 먹지 않고 참으면 두 개를 주는 실험으로 인내심을 테스트한다. 이 실험에는 인내심 이외의 숨어 있는 비밀이 있다. 실험 결과를 지켜보면 10분을 참았던 아이들이 모두 마시멜로를 보고 있지 않았다. 의도적으로 다른 곳을 바라봤다. 자기 손을 만지작거리거나 천장을 보거나, 책상에서 일어나 돌아다녔다. 사람은 스트레스 상황에 약하다. 맞서 싸우지 말고 다른 곳에 신경을 분산해야 이겨낼 수 있다.

여섯째, 나를 지지해주는 사람을 만나라. 내 편이 되어 주는 사람, 내가 편하게 내 속을 보여 줄 수 있는 사람을 만나 위로를 받아라. 힘들겠다고 손잡아주는 사람, 나 대신 분노해주는 사람, 따뜻한 차 한 잔을 내주며 끝까지 내 이야기를 들어주는 사람, 나를 따뜻하게 바라봐주는 사람, 같이 아파하고 울어주는 사람을 만나라. 함께 울면 따뜻함이 나를 치유한다. 실컷 이야기를 나누고 감정을 쏟아내면 시원해진다.

일곱째, 시간이 해결한다는 것을 믿어라. 무책임한 말이 아니다. 시간이 해결한다는 어른들의 지혜는 경험에서 알게 된 사실이다. 시간은 모든 것을 치유한다. 상황이 끝나면 한 달, 넉넉잡아도 석 달이면 마음의 상처가 낫는다. 행복에 요요 현상이 있듯이 시련에도 요요 현상이 있어서 스트레스는 일시적이다. 단 내가 벗어나겠다는, 이겨낼 수 있다는 믿음이 있는 한에서다. 세상에서 가장 힘든 고통은 언제 끝날지 모르는 것이다. 끝난다는 것만 알아도 언제 끝나는지만 알아도 훨씬 버티기 쉬워진다. 모든 일은 지나간다. 다들 힘든 일을 겪지만 모두 살아내고 있다. 버티고 시간을 보내는 것도 능력이다. 아무리 극단적인 생각이 들더라도 3일만 더 기다려라.

극심한 스트레스에는 나부터 보호해야 한다

깊은 수렁에 빠졌다고 느낄 때가 있다. 고통이 나를 둘러싸서 움직이지도, 숨 쉴 수도 없이 죽을 것만 같은 고난에 처할 때가 있다. 이때는 앞에서 나온 모든 방법은 무시해도 된다. 나를 보호하는 것이 가장 중요하다. 자존감을 높일 수 있는 모든 방법을 찾는다. 지금은 남 탓도 괜찮다. 원망해도 되고 울고 소리 질러도 된다. 깊은 수렁에 빠진 나를 자책하는 일은 나를 더 깊은 수렁으로 밀어 넣는 행동이다. 절대 하지 말아야 한다. 스스로를 비극의 주인공으로 만들지 말자. 나를 구할 사람은 나밖에 없다. 극심한 스트레스로 혼자 서기 힘들 땐 나부터 보호해야 한다.

통제할 수 없는 상황에 빠진 적이 있다. 알람이 울리기 전 잠을 깼다. 멍하니 누워 있다가 머리의 생각을 덜고 화장대에 앉았는데 화장을 하다가 눈물이 흘렀다. 멈추지 않아 그냥 두었다. 스스로 강한 사람이라고 생각했는데 그렇지 않았다. 일어날 힘이 없어 그렇게 한참을 보냈다. 얼마나 시간이 흘렀는지 모르겠다. 절망의 바닥에 닿으니 삶이 유한하다는 것을 깨달았다. 죽을 용기라면 세상에 못 할 것이 없다는 생각이 용수철처럼 튀어 올랐다. 어느새 나는 하고 싶은 건 다 해보고 죽어도 늦지 않는다고 수렁에서 빠져나올 이유를 찾고 있었다.

나를 응원해주던 사람들을 떠올렸다. 따뜻한 눈빛, 날 위한 새벽 기도, 지지의 문자를 기억했다. 이 시련을 이겨내면 나를 인생의 멘토 삼겠다던 동료, 먹지 못하는 술을 함께 먹다 다음 날 이겨내지 못하고 결근까지 한 동료를 떠올렸다. 이겨낼 거라고 믿어준 선배, 언제든 필요하면 밥 사겠다고 위로하고 따뜻한 차 한 잔을 끓여준 선배를 기억했다. 함께 울고 문제 해결을 위해 조언하던 친구가 생각났다. 항상 응원한다며 팬이라고, 힘내라고 말한 후배, 나를 위해 긴 글을 써준 후배에게 보답하고 싶어졌다.

우리는 무엇이든 극복할 수 있다. 철학자 니체는 "살아갈 이유가 있는 사람은 어떤 것이든 견뎌낼 수 있다."라고 했다. 통제할 수 없는 상황에 빠져 있을 땐 딱 두 가지만 생각하자. 살아내야 할 이유 찾기와 자존감 찾기다. 5만 원짜리 지폐를 구긴다고 돈의 가치가 변하지 않는다. 나 자신도 마찬가지다. 구겨지고 조금 찢겨도 내 가치는 변하지 않는다. 내가 진짜 살아야 할 목적, 나다움과 영향력을 떠올린다. 나는 선한 영향력을 발휘하고 사랑하고 사랑받기 위해 태어났다. 고난은 내 인생의 일부분이다. 그리고 고난이 끝나는 곳에 길이 있다.

오늘 흔들렸으니 내일은 성장할 것이다

모든 일에는 좋은 점이 있다고 하더니 절망의 바닥에서 벗어난 후 알게 되었다. 어려운 일을 겪을 때 진짜 나에게 좋은 사람, 진짜 동료가 누군지 알게 되는 것이다. 내가 어려움을 겪을 때 사람들의 반응을 보고 진심으로 배웠다. 진심 어린 공감의 힘을 느꼈다. 상대가 지금 피 흘리고 있다는 것을 알고 배려해주면 그 어떤 절망이나 억울함도 극복할 수 있다는 것을 알았다. 혹시 지금 힘든 순간을 보내고 있는 사람이 있다면 꼭 기억했으면 좋겠다. 이 순간 포기하지 않고 잘 버텨내고 있는 스스로를 격려해라. 지금 버텨내면 이 순간이 지나간다. 생각보다 당신은 훨씬 강하다.

"강한 놈이 버티는 게 아니라 버티는 놈이 강한 것이다."라는 말이 있지 않은가. 시련, 고난, 실패, 때로는 지겨움을 포기하지 않는 힘을 갖자. 요즘 유행하는 말로 "존버는 승리한다." 존×게 버티면 승리한다는 것, 여기서는 비속어가 오히려 실감 나는 강력한 메시지를 담고 있다.

직장은 스트레스의 진원지인 동시에 성장터이다. 생존을 위한 밥줄이라는 끈으로 묶어서 나를 성장하게 하는 곳이 직장이다. 내가 한 단계 성장한 때는 넘기 힘든 허들을 넘었을 때였다. 흔들리는 시련이 지나면 비 온 후 무성해지는 나무처럼 성장한다. 빗물이 지나간 땅속 물길을 따라 깊게 뿌리를 내리고 껍질이 단단해진다. 흔들린 만큼 굳건하게 바로 설 수 있는 여유가 생긴다. 분명 인생은 살아지는 것이 아니라 '살아가는 것'이다. 내가 원하는 방향으로 묵묵히 나아가자. 버텨야 할 때 버티는 힘도 실력이다. 오늘 충분히 흔들렸으니 내일은 성장할 것이다.

마음이 아프면 마음을 돌봐야 한다.
눈물도 괜찮다. 오늘은 나를 더 돌아보자. 다독여주자.

일잘러들의 태도 5

탁월함을 추구한다

1
일잘러는 재능이 아니라
디테일로 승부한다

디테일이 쌓이면 남다름을 넘어 나다운 탁월함이 된다

성공은 탁월함에서 나온다. 재능 있는 사람은 많다. 하지만 그렇다고 모두 성공하는 것은 아니다. 재능이 아니라 디테일이 탁월함을 만든다. 성공한 사람은 디테일에 대한 집중력이 있다. 나다운 영향력을 발휘하기 위한 모든 과정이 성장이라면 디테일은 완성을 향한 화룡점정畫龍點睛이라 하겠다.

마틴 스코세이지Martin Scorsese 감독은 "가장 개인적인 것이 가장 창의적인 것이다."라고 했다. 디테일이 차이를 만든다. 디테일이 쌓이면 남다름을 넘어 나다운 탁월함이 된다. 디테일은 하나를 하더라도 제대로 하고 싶은 마음에서 출발한다. 완벽하게 일을 해내고 싶은 욕심에서, 그 욕심을 실행할 수 있는 실행력에서 만들어진다. 아무리 태양이 뜨거워도 태양 빛만으로 종이는 타지 않는다. 렌즈로 빛을 한 점에 모아야만 가능하다. 집중하면 빛이 불로 변한다. 집중하면 밥 먹고 사는 일이 아닌 소명받은 일이 된다.

디테일 있게 일을 하는 이유는 소명이 있기 때문이다. 같은 목수라도 성당을 짓는다는 소명을 갖고 일하는 사람과 단순히 일당을 받고 하는 일이라고 생각하는 사람은 마음가짐부터 손끝 디테일까지 차이가 난다. 정확한 소명이 있으면 손끝이 야물어진다. 오랜 역사를 지닌 성당의 성화를 보면 알 수 있다. 붓끝까지 힘이 차 있다. 소명, 즉 왜 이 일을 하는지가 명확하면 제대로 하고 싶어진다. '제대로'라는 나만의 기준이 생긴다. 기준을 맞추기 위해 섬세하게 실행하고 기준을 달성할 때까지 포기하지 않고 끝까지 해낸다.

봉테일로 불리는 봉준호 감독은 그야말로 디테일의 제왕이다. 그의 영화 『기생충』은 디테일의 힘으로 칸 국제영화제 황금종려상을 비롯하여 여타 영화제에서 다수의 상을 받았다. 그의 영화 속에서는 주제를 반영한 '반지하와 대저택'의 디테일한 공간 표현력이 놀라웠거니와 작은 소품인 쓰레기통 하나도 주인공 부부의 부잣집과 어울리도록 250만 원짜리 명품을 썼다고 한다. 봉 감독은 행여 명품 쓰레기통에 흠집이 날까 반납할 때까지 덜덜 떨었다고 한다. 여주인공 인터뷰를 보면 봉 감독은 전화하며 메모하는 장면에서 검지 각도까지 디렉팅해 실존 인물을 만든다고 한다. 이런 디테일은 몰입이 있을 때만이 가능하다. 디테일을 향한 몰입은 억지로는 불가능하다. 재미있어야 하는 일이다.

직장에서도 디테일은 업무 완성도를 결정한다

예술 세계만 디테일로 승부를 보는 건 아니다. 직장에서도 디테일은 업무 완성도를 결정한다. 같은 업무를 수행해도 디테일에 따라 차이가 생긴다. 부끄럽지만 사원 3년 차에 있었던 경험을 공유한다. 전 직원 대상의 큰 행사를 준비하면서 각 부문 사업부장, 본부장들, 이사들께 강의 요청을 해야 했다. 당시는 직급 높은 분들 앞에서 사원이 요청은 고사하고 얼굴 마주 보기조차도 어려울 때였다. 바쁘신 분들이라 하루에 수십 통 넘는 요청 메일을 받으실 텐데 메일을 어떻게 보내야 강의를 수락하실까 고민했다.

고민 결과 메일을 일괄 발송하는 대신 일대일 개별 발송을 하기로 했다. 공통 공지 내용은 그대로 두고 첫 줄부터 개인별로 다른 내용으로 시작했다. 그리고 중간에 이름과 호칭을 넣었다.

정○○ 본부장님 안녕하세요.
저는 교육팀 막내 사원 최윤희입니다.
이번 행사 강사님으로 모시고 싶어 메일 드립니다.
본부장님! 지난 3월 강의가 기억납니다.
빨간 원피스를 당당히 멋들어지게 입으시고
'동지를 만들어라'라는 강의를 하셨지요.
저는 듣고 감동했습니다.
이번 전 사원 대상 강의에도 강사님으로 꼭 모시고 싶습니다.
정 본부장님! 오셔서 꼭 자리를 빛내 주세요.
90도로 부탁 인사 올립니다.

이렇게 줄 친 부분만 내용을 바꿨다. 그리고 평소 관찰했던 모습 중 가장 기억에 남은 모습을 디테일하게 한 줄로 표현해서 메일을 드렸다.

'사업부장님! 항상 따뜻한 미소로 인사 받아주셔서
꼭 한 번 말씀 듣고 싶었습니다.'
'김 과장님의 멘토가 바로 본부장님이라고 들었습니다.
꼭 한 번 뵙고 싶었습니다.'
'3월 본사에 오셨을 때 입으셨던 멋진 감색 수트를 보고
이사님의 패션 감각에 감탄했습니다.'

쓰다 보니 공지문인데 딱딱하지 않고 개인별로 다른 내용을 쓰는 것이 재미있었다. 디테일이 효과를 발휘했는지 시간 내기 어려운 분들이 모두 흔쾌히 강의를 수락해주셨다. 덕분에 사원으로서 큰 행사를 성공적으로 치러낼 수 있었다.

그런데 성공이 보상으로 직접 연결되는 것은 아니었다. 회사가 그해 경영실적이 나빠지자 연말 승진 심사를 진행하지 않기로 한 것이다. 나는 그 당시 승진평가 대상자였다. 큰 실적에 조금은 기대를 했으나 불운한 나는 평가의 기회조차 얻지 못해 '최선을 다했는데 참 운이 없네.'라고 생각했다. 하지만 결국 나는 특별 승진되었다. 이유는 놀랍게도 일대일로 작성한 강사 요청 메일 덕분이었다. 임원들께선 '개인 편지 형식의 공지사항 메일은 처음이다.'라며 신선해했고 이름까지도 기억하고 계셨다. 작은 디테일이 만든 결과였다.

직장에는 실력이 비슷한 사람들이 모여 있다. 채용 절차가 동일하고 회사의 인재상이 반영되어 실력의 차이는 크지 않다. 조금만 디테일을 살리면 실력이 눈에 띄고 보는 사람 입장에서는 남다르다고 느끼게 된다. 디테일로 엣지Edge를 살리면 불운도 밀어낸다.

1도의 디테일이 승부수가 되려면 99도가 필요하다

한 번의 디테일은 탁월함을 만들지 못한다. 꾸준한 시간을 들일 때, 남들이 그만둘 그 시점에 한 번 더 해보는 것이 임계점을 만든다. 물리학의 임계점을 사회학에선 '티핑 포인트Tipping Point'라고 부른다. 갑작스러운 순간의 변화, 튀어 오르는 지점을 말한다. 물 온도에서 99도와 격렬하게 끓어오르는 100도의 차이는 불과 1도. 그런데 급격한 변화의 순간을 만드는 것이 1도만이라고 생각하면 안 된다. 99도를 유지하는 힘이 중요하다. 지속하는 힘은 태도에 있다. 여기에 1도를 더해야만 100도가 되어 물이 끓어오른다. 99도를 유지하는 태도와 1도의 디테일이 만날 때 티핑 포인트에 이를 수 있다.

인사평가 시스템 파트너업체 담당자로 만난 하수빈 매니저는 남달랐다. 외모는 앳되었지만 문제 해결에서는 프로다웠다. 우리 회사의 다면 평가 시스템은 14개 항목의 4개면 10개 심화 영역으로 구성되어 있다. 평가대상은 600명에 불과하지만 항목과 영역이 많아 기존 통계 데이터에서는 단면만 볼 수 있었다. 회사는 다면을 보기 위한 프로그램이 필요했고 상당한 시간이 소요될 것으로 예상했다. 그런데 하 매니저는 프로그램을 단시간에 설계해냈다.

하 매니저 회사에서 진행하는 세미나에 참석했다가 또 한 번 놀랐다. 행사장 입구는 미리 보내준 휴대폰 QR코드 방식으로 등록되어 간편했고 자리 배정까지 원스톱 안내가 되었다. 강의에 바로 집중할 수 있게 진행 방식과 동선이 짜여졌고 자료가 제공되었다. 커피, 견과류, 피로회복제, 물컵 하나까지 섬세한 준비가 눈에 보였다. 명함 공유 방법까지 친절하게 안내하고 참가자들을 배려했다. 그 행사를 준비한 인물이 바로 하 매니저였다. 직장 경력 3년 차 대리지만 10년 차 수준 이상의 자연스러운 비즈니스 매너와 디테일이 살아 있는 태도와 일의 결과물이 놀라웠다.

하 매니저가 궁금하지 않을 수 없다. 그에게 인터뷰를 요청해 태도에 대해 물었다. 하 매니저는 "처음은 어떤 것이든 익숙하지 않아 어설프지만 반복하면 반드시 익숙해지더라고요. 그런데 익숙함이 나의 한계가 될 땐 다시 익숙함을 버려야 함을 검도를 배우는 과정에서 깨닫게 되었습니다."라며 초등학교 때부터 한 검도 덕분에 인생의 지혜를 알게 되었다고 했다. 최선을 다하는 자세가 몸에 배어 있었다. "그럼 대충하고 때우자는 마음이 들 때는 어떻게 이겨내나요?" 나의 물음에 "삶의 자세는 몸에 녹아 있는 거잖아요. 대충하고 싶어도 대충할 수 없는 사람이 대충하고 싶다는 마음이 들까요?"라며 하 매니저는 현명하게 대답한다.

티핑 포인트에 도달하기 위한 99도는 태도다. 이 태도가 몸에 녹아 있어야 한다. 임계점에 닿을 때까지 유지해야 한다. 거기에 디테일의 1도가 더해져 집중하는 순간 티핑 포인트에 도달해 탁월함이 된다. 어려운 직장 생활을 척척 해내는 것은 엄청난 집중력과 끈질긴 노력의 결과다. 무심한 듯 세련되게, 물 흐르듯 유려하게, 신경 쓴 티가 나지 않는 자연스러움이 실력이다. 그 실력을 태도가 만든다.

할까 말까 망설이지 말고 하나만 더 해보자.
그것이 디테일이다.

2

일잘러의 자기 기준은
세상의 평균보다 높다

자기 기준을 명확히 세우자

식물의 세계는 놀랍다. 단순하게 보이는 작은 단위의 세포 구성이 이파리 모양을 결정하고 나무의 모양을 구성한다. 놀랍게도 그 모양이 최초의 단위 모양과 같다. 자기 복제의 결과다. "하나를 보면 열을 안다."라는 속담이 있다. 지금 하는 작은 행동 하나하나의 디테일은 반복되게 마련이다.

자기 기준은 신념이고 철학이다. 디테일은 자기 기준에 따르는 행동이다. 자기 기준이 뚜렷하면 흔들리지 않는다. 자기 기준을 지속적으로 맞춰 가면서 작은 성공을 스스로 확인Self Monitoring한다. 시간이 흐르고 나이가 들어도 그 최초의 모양대로 계속 성장한다. 그래서 자기 기준을 높인다는 것은 매우 중요하다.

물리와 수학에 '프랙털Fractal' 이론이 있다. 자기유사성 구조, 쉽게 말하면 어떤 도형의 작은 일부를 확대하면 그 도형의 전체 모습이 똑같이 반복되는 것을 말한다. 부분과 전체가 똑같은 모양을 하고 있다는 것이다. 예를 들어 고사리 잎 윤곽이나 나뭇가지를 뻗는 모양, 리아스식 해안선, 산맥, 우주가 프랙털 구조로 되어 있다. 이는 오늘의 행동 안에 미래가 있음을 뜻하기도 한다. 내가 생각하는 '제대로 된 자기 기준'을 세우는 것은 그래서 매우 중요하다.

2020년 골든글러브 시상식에서 평생공로상을 받은 배우 톰 행크스의 수상 소감은 깊이가 있었다. 톰 행크스는 철없던 인턴 시절에 리허설에 늦어 감독에게 호된 핀잔을 들었던 것이 40년 동안 자신을 키워온 성공 법칙을 만들었다고 고백했다. 감독은 영화배우를 계속하려면 세 가지를 반드시 지키라고 했고 톰 행크스는 그날부터 이를 지켰다. 시간이 지나 유명 배우가 되었을 때도 이 기준을 강하게 따랐다고 했다. 세 가지는 이렇다.

첫째, 촬영장에는 제시간에 올 것. 둘째, 대본을 외워서 공부하고 참여할 것. 톰 행크스는 이 주문에 더해 다른 사람의 대본까지 읽어 전체 스토리를 파악했고 돌발 상황에도 제대로 대처할 수 있었다. 셋째, 몸만 오지 말고 아이디어를 가지고 올 것. 톰 행크스가 경험해 보니 매일 똑같은 것을 반복하면 발전이 없었다. 아이디어를 실험하고 테스트해 봐야 배울 수 있었다. 재능이 뛰어나거나 스마트한 사람보다 실수하더라도 꾸준히 배워나간 사람들이 더 성공했다고 증언했다.[15]

톰 행크스가 40년간 꾸준히 성장하고 전 세계인들에게 사랑받은 비결은 바로 자기가 생각하는 기준을 꾸준히 지켜나간 것이다. 사실 배우에게 촬영장에 제시간에 오고 대본을 외우고 아이디어를 생각

---

15 윤정구 박사 페이스북

하고 일에 임하는 것은 대단한 것이 아니라 아주 당연한 일이다. 이 기본적인 것부터 제대로 해야 하며 제대로 된 자기 기준을 세워야 한다는 것이다. 직장에서 자기 기준도 마찬가지다. 대단한 성과를 당장 내야 하는 것이 아니라 매일매일 지켜나갈 수 있는 당연한 자기 기준을 명확히 세우는 것이 필요하다.

디테일은 곧 인격이다

탁월함을 추구할 때 나타나는 행동이 디테일이다. '제대로'란 자기 기준을 가지고 있어야 한다. 라면왕 이철호 회장의 인생 이야기는 드라마 같다. '미스터리Mr. Lee라면' 브랜드로 노르웨이 라면 시장의 78%를 장악한 한국인이다. 지금은 노르웨이 교과서에까지 실릴 정도로 유명한 백만장자이지만 이철호 회장은 한국에서 태어난 전쟁고아다. 어렸을 때 미군부대에서 심부름을 하다가 폭탄 파편에 심한 부상을 입었다. 노르웨이 의료진이 치료하다 차도가 없어 노르웨이로 데려가게 되었고 생사를 오가는 상태에서 겨우 살았다. 할 수 있는 일이 없었던 이철호 회장은 음식점에서 청소부터 시작했는데 청소를 열심히 했더니 요리사들이 대견하다며 요리학교에 보내줬다.

이철호 회장은 어떤 일이든 그 누구보다 열심히 했다. 요리학교에 다니며 음식점 견습생 시절을 보낼 때 감자 하나를 깎아도 남다르게 했다. 다른 견습생들은 감자를 깎아 찬물에 담가두기만 했다. 하지만 이철호 회장은 메뉴를 미리 보고 요리에 필요한 크기와 모양대로 잘랐다. 예를 들어 감자칩 메뉴가 있으면 감자를 종잇장처럼 얇게 깎아두었다. 요리사들은 편해졌다며 좋아했고 그 일로 그는 상급 요리사들의 관심을 받게 되었다. 모든 일을 스스로의 기준에 맞춰 제대로 했더니 요리사, 호텔 요리 담당, 사장으로 스카우트되었다. "내가 한 것은 하나를 하더라도 제대로 한다는 자기 기준을 가지고 노력한 것밖에 없다."라고 고백한다.

의외의 작은 행동 하나가 당락을 결정하기도 한다. 지원자가 면접 대기장소에서 커피를 마시고 있다가 안내자가 호명하자 급하게 쓰레기통 근처에 컵을 던지고 갔다. 그런데 같은 시간 면접 장소로 향하던 면접관이 지원자의 행동을 우연히 보게 되었다. 그는 안타깝게도 30대 1을 뚫은 채용 마지막 면접에서 불합격되었다. 한 번의 실수가 아니라 평소 몸에 밴 배려 없는 행동이 불합격 사유가 된 것이다. 자기 기준이 없으면 늘 촉박하게 시간에 쫓기며 매번 급하게 행동하게 된다. 여기서 문제는 한 번이 두 번 세 번으로 반복된다는 것이다. 디테일은 곧 인격이다. 평소에 수양해야 한다.

자기 기준이 높으면 자존감이 올라간다

주변엔 열정적이지만 여유가 넘치는 사람들이 있다. 여유 있는 사람들을 가만히 관찰하면 자신만의 기준이 있다. 그 기준에 맞춰 살면서 '참 잘했어.' 하고 스스로를 기특해한다. 자기 기준이 높으면 디테일 있게 행동할 수밖에 없다. 무얼 하더라도 제대로 하려고 하기에 자존감이 높아진다. 제대로 하는 자신이 멋있어 보이기 때문이다. 디테일은 성공의 결정적 요인인 동시에 자존감을 높여 행복하게 하는 요소다. 복잡한 시대에서 굳건한 자존감은 세상을 이겨 나가는 힘이 된다. 자존감은 자기 기준이 높은 사람에게 나타나는 스스로에 대한 인정일진대 이로써 스스로를 사랑하는 힘이 생긴다.

『캠핑클럽』이라는 TV 프로그램에서 가수 이효리가 남편 이상순과 의자 만들던 일을 들려주는 것을 인상 깊게 본 적이 있다. 이상순이 의자 밑바닥에 사포질을 열심히 한다. 이효리가 "여기 안 보이잖아. 누가 알겠어."라고 말했더니 이상순은 "내가 알잖아."라고 했다고 한다. 사실 이 대사는 미켈란젤로의 명대사다. 시스티나 성당의 천장화인 『천지창조』를 그릴 때 4년간 그림을 그리고 있는 미켈란젤로를 보면서 친구가 말했다. "잘 보이지도 않는 천장 구석에 뭘 그렇게 정성을 들여 그림을 그리고 있는가? 자네가 완벽하게 그렸는지 누가 알겠나. 대충하게." 그 말에 미켈란젤로가 대답했다. "내가 알지."

내가 나를 어떻게 생각하는지가 중요하다. 자기 기준으로 사는 사람이 인생을 즐길 수 있다. 회사가 설립된 지 6년 되었을 때다. 직원수 80명에 불과한 중소기업이었다. 급여와 복리후생이 대기업처럼 훌륭하지는 않았지만 직원들은 열정적으로 일했고 업무의 디테일은 여느 회사보다 높았다. 학원 교재를 뛰어넘어 '책 한 권으로 스스로 공부할 수 있는 완벽한 자율학습서'를 개발하고 있었다. 비정상적인 사교육 시장을 바로잡고 싶었다. 교재개발자들은 소비자인 부모님과 학생들을 직접 만났다. 기존 교재의 사진이 부족하다며 자비로 석굴암 사진을 찍어오기도 했다. 중소기업이 감당하기에는 디테일에서 해야 할 일이 너무나 많았다. 직원들은 서로에게 물었다. "우리가 왜 이렇게 열정적으로 일할까요?" 우리는 서로를 격려하며 말했다. "우리가 아니면 해낼 수 없으니까요." 일하면서도 행복감이 가득했던 기억이다.

비상교육의 '완자'라는 브랜드는 이렇게 탄생했다. 그 결과 회사는 단숨에 주식시장에 상장할 수 있었고, 현재 1,000명 가족의 기초가 되었다.

디테일을 살리는 것이 성공의 지름길이다

탁월함을 추구하고 자기 기준이 높은 사람은 피곤하다는 오해가 있다. 일만 하다가 죽을 것이라는 편견이다. 그러나 자기 기준이 높으면 자존감이 높고 자존감은 사람을 행복하게 만든다. '남이 생각하는 나'보다 '내가 생각하는 나'가 중요하다. 행복의 기준은 남에게 있지 않고 나에게 있다. 자기 기준은 자존감을 올리고 여유를 준다. 자기 기준이 뚜렷하면 쌓아둔 행복이 흔들리지 않는다.

15년간 NBA 최고 선수들의 코치였던 앨런 스테인 주니어Allen Stein Jr.는 '압도적인 성과를 내는 운동선수들'과 '성공한 억만장자 경영인' 간의 놀라울 정도로 똑같은 원칙을 발견했다. 처음부터 멋진 성공을 거두는 사람은 거의 없다. 부러워할 만한 성공을 거두는 사람들은 처음에 초라해 보이는 일들도 기꺼이 해가며 한 발씩 나아갔다. 그들의 자신감은 수년간 자기 자신에게 시간과 노력을 투자한 데서 나온다.[16] 작은 일을 기꺼이 하는 과정이 미래의 성과를 만든 것이다.

부분이 모여 전체가 된다는 것, 작은 것 하나가 인생 전체를 결정한다는 것은 '프랙털 이론'에 나오는 말이다. 삶의 기준을 나에게

---

16 앨런 스테인 주니어·존 스턴펠드 저, 엄성수 역, 『승리하는 습관』, 갤리온, 2020

처음부터 멋진 성공을 거두는 사람은 거의 없다. 부러워할 만한 성공을 거두는 사람들은
처음에 초라해 보이는 일들도 기꺼이 해가며 한 발씩 나아갔다.

두고 과정을 즐기면 최고의 결과는 따라온다. 능숙하게 해낼 때까
지, 자연스러움이 툭 흘러나올 때까지 한 발만 내디디면 된다. 자기
기준을 맞추어 제대로 일하며 디테일을 살리는 것이 성공의 지름
길이다.

　작은 눈송이의 구조가 우주를 표현하듯, 자기 기준에 따른 작은
행동이 내 인생이라는 큰 나무를 기른다.

오늘 하는 일에서 "내가 안다."라고 할 만한
디테일을 한 가지 만들어본다.

3

일잘러는 운명이 돕고 싶을 정도로 노력한다

일 근육은 지속하는 힘을 낸다

아무리 좋아하는 일이라고 해도 계속하다 보면 견뎌야 하는 순간이 찾아온다. 운동에서도 지구력을 필요로 하는 운동이 있다. 마라톤, 사이클, 조정 등이 그렇다. 이 운동선수들은 공통으로 말한다. "이를 악물고 반복되는 훈련에서 하루라도 쉬면 안 된다. 계속 유지하는 근육에서 실력이 나온다."

자기 기준을 가지고 노력하는 사람은 능력보다 땀을 믿는 사람들이다. 아무리 좋고 위대한 목적을 품은 사람도 항상 뜨거운 열정을 발휘할 수는 없다. 매너리즘이 오기도 하고 만사가 귀찮아질 수도 있다. 그때 이겨낼 힘은 땀으로 일군 일 근육이다. 일에서도 성공하기 위해 필요한 것이 일 근육이다. 일이란 오랜 시간과 싸움이기 때문이다. 폭발적인 힘은 오래 지속할 수 없다. 근육이 생겨야만 오래할 수 있듯 일도 그렇다. 일 근육이 생기면 행운도 잡아낼 수 있다.

'러너스하이'라는 말이 있다. 마라톤 선수들이 흔히 느끼는 기분으로 뛰다 보면 어느 순간 몸과 머리가 맑아지면서 마치 몸이 날아갈 것만 같은 경쾌한 경지에 도달하는 것이다.

행운이 다가오는 순간을 움켜잡는 순발력과 놓치지 않는 손아귀 힘이 생긴다. 준비되어 있으면 기회를 잡을 수 있는 것이다.

20, 30대에 꼭 만들어야 할 것이 일 근육이다. 디테일한 일 근육은 대체 불가능하다. 한 방이 부족한, 한 끗이 아쉬운, 고만고만하게 작성된 보고서나 결론 못 내는 일의 원인은 디테일 부족 때문이다. 명쾌하고 정곡을 찌르는 보고서는 디테일이 살아 있다. 경력단절을 걱정하는 여성에게는 특히 필요하다. 20대에 일 근육을 만들어 두면 출산휴직 이후 오는 개인 환경과 일의 변화도 두렵지 않다. 디테일한 일 근육으로 이미 쌓인 경험과 능력은 출산 이후에도 없어지는 것이 아니다.

'러너스하이'라는 말이 있다. 마라톤 선수들이 흔히 느끼는 기분으로 뛰다 보면 어느 순간 몸과 머리가 맑아지면서 마치 몸이 날아갈 것만 같은 경쾌한 경지에 도달하는 것이다. 마약이 투여된 것도 아닌데 내 몸 자체의 호르몬 변화로 고통이 사라지고 행복해지는 느낌을 받을 때가 있다. 일도 지속적으로 반복하다 보면 행복감과 성취감이 가득해지는 때가 온다. 경제적 이유 때문이 아니라 일하는 자체가 재미있어서 일하는 순간에 도달하는 것이다.

일 근육에서 디테일이 중요하다고 강조하면 가끔 사람들이 질문한다. "숲이 중요한가요? 나무가 중요한가요?" 나는 대답한다. "방향이 가장 중요합니다. 탁월함을 추구하고자 하는 마음입니다. 그러나 일을 할 땐 나무 한 그루, 가지의 각도 하나하나의 디테일에 집중해야 합니다. 디테일에 집중하며 살다가 뒤를 돌아다보면 멋진 숲이 만들어져 있을 겁니다."

숲에 대한 큰 그림을 그린다. 가족, 직장, 사회, 한국, 세계로 향한 꿈의 길에서 지금 할 수 있는 일은 오직 한 걸음뿐이다. 방향만 옳다면 천천히 가도 된다. 천천히 조금씩 발전하는 것이 행복이다.

디테일이 우연이란 이름의 행운을 잡는다

우연이라는 이름으로 찾아오는 행운은 치열한 고민과 디테일을 만들어가는 사람에게 하늘이 주는 선물이다. 사과가 뉴턴의 눈앞에 떨어진 것은 우연이다. 하지만 뉴턴이 이 사과를 보고 만유인력의 법칙을 발견해낸 것은 운명이다. 우연은 누구에게나 일어나는 일이지만 우연을 운명적인 기회로 바꾸는 것은 남다른 치열함과 디테일이다. "운명은 노력하는 사람에게 우연이라는 다리를 놓아준다." 영화 『엽기적인 그녀』에 나오는 대사다. 일 근육으로 준비된 사람만이 운을 잡을 수 있는 것이다.

이탈리아의 토리노 박물관에는 기회의 신 카이로스의 조각상이 있다. 조각상 아래에는 "나의 앞머리가 무성한 이유는 나를 발견했을 때는 쉽게 붙잡을 수 있게 하려 함이다. 나의 뒷머리가 대머리인 이유는 내가 지나가고 나면 다시는 나를 붙잡지 못하게 하려 함이다. 날개가 달린 이유는 최대한 빨리 사라지기 위해서다. 나의 이름은 기회다."라는 문구가 적혀 있다. 기회는 준비된 사람에게 운명이란 이름으로 다가온다. 그래서 기회는 그냥 받는 것이 아니라 잡는 것이다. 근육으로 단련된 팔을 힘껏 뻗어 기회를 꽉 잡아야 한다.

여성가족부가 주체하는 가족친화인증을 준비할 때의 일이다. 가족친화인증은 기준 점수만 넘으면 가능하다. 쌓아둔 실적으로 인증 기준은 충분히 넘어섰으나 장관상까지 받는 것은 기대하기 어려웠다. 그래도 이왕 하는 일이라면 상까지 노려보자며 최선을 다해 세심한 부분까지 준비했지만 상을 받지는 못했다. 대기업과 비교하면 중견기업은 부족한 부분이 많다. 인증 이후에도 부족한 부분을 조금씩 보완해서 시차 출퇴근과 난임 휴직제를 도입하고 남성 출산휴가를 확대했다. 헬스키퍼 시설도 확장했다. 좋은 방향으로 변화라 기뻤지만 한편으론 미리 준비하지 못한 아쉬움이 남았다.

이듬해 가족친화인증 기업 중 우수기업으로 추천을 받게 되었는데 추천자는 놀랍게도 전년도 심사위원 중 한 분이었다. 작년 심사 과정에서 디테일한 준비가 기억에 남는다며 우리 회사를 추천했다. 인증심사 이후 더 좋아진 부분은 없는지를 묻자 즉시 이메일로 인증 이후 좋아진 부분을 정리해서 응답했다. 순발력 근육이 꿈틀했다. 장관상의 기회가 왔다고 생각해 최선을 다했다. 그 이후 까다로운 심사자료를 준비해 손아귀 힘을 다 짜낸 결과 장관상, 국무총리

상을 뛰어넘는 대통령 표창을 받게 되었다. 우리 회사 역사상 최초로 대통령상 수상의 기록을 만들어낸 것이다.

사소한 악마를 가볍게 보지 말자

운명의 기회가 다가왔을 때 순간을 잡아채는 순발력에도 디테일한 일 근육이 필요하다. 20세기 대표 건축가인 독일의 루트비히 미스 판 데어 로에Ludwig Mies van der Rohe는 "신은 디테일에 있다."라고 말했다. 그는 볼트와 너트 하나까지 꼼꼼히 챙기는 설계로 유명한데 디테일이 결정적 힘의 단초가 된다고 말한다. 사소한 것 하나가 기회가 되기도 하지만 기회를 잃게도 한다. 사소한 악마를 가볍게 보지 말아야 한다. 100 빼기 1은 99가 아니라 0이다.[17] 100가지를 잘해도 사소한 한 가지를 잘못하면 모든 일을 그르칠 수 있다는 뜻이다. "천길 둑도 개미구멍으로 무너진다."라고 했다. 디테일은 일과 삶에 대한 태도다.

대학 시절 디테일에 장점이 있던 선배가 기억난다. 전국의 동일 전공 대학생들의 학회가 열렸다. 학교별로 한 편씩 논문을 발표해서 논문 수준으로 그 대학 수준을 평가하는 중요한 행사였다. 우리 학교는 여섯 명의 학술부를 구성해서 해석학을 주제로 논문과 발표를 준비하게 했다. 각 사람에게 개인별 인물에 대한 리포트가 주어졌는데 선배는 토마스 쿤Thomas Kuhn을 맡게 되었다. 선배는 영어 논문까지 찾아가며 준비를 했고 완벽한 자료를 정리해 왔다. 하지만 정작 발제 논문을 완성해 보니 토마스 쿤은 해석학과 결이 맞지 않았다. 학

---

17 왕중추 저, 홍순도 역, 『디테일의 힘』, 올림, 2011

회 리더인 나는 결단을 해야 했다.

결국 논문의 흐름상 토마스 쿤은 논문에서 빠지게 되었다. 선배는 무척 아쉬워하면서도 논문 정리와 편집을 도와주었고 논문 발표 현장에서도 도움을 아끼지 않았다. 그 후 그 선배는 졸업영어 시험이 까다롭기로 유명한 대학원에 진학해 2학기 만에 영어 졸업시험을 통과했다. 그 시험의 문제가 공교롭게도 토마스 쿤의 '과학혁명의 구조'였다고 한다. 선배는 과거 학술부에서 미리 공부하지 않았다면 도저히 통과하지 못했을 거라고 했다. 이처럼 어떤 일이든 디테일하게 했다면 언젠가 쓸 일이 있는 것이다.

기적의 원리는 간절한 노력이다

기적의 원리를 보여주는 『리틀 소년』이란 영화가 있다. 마술쇼 무대에서 마술사의 속임수로 병을 움직이는 초능력이 있다고 믿게 된 어린이 페퍼가 주인공이다. 아이는 자신의 초능력으로 전쟁을 멈추고 참전한 아빠를 돌아오게 하려고 노력한다. 신부님 말씀을 듣고 죽도록 미운 친구와 친해지기 등 어려운 과제를 해결해 나갔다. 최선을 다해 노력해도 아빠가 돌아오지 않자 신부님을 찾아가 물었다. 페퍼는 순진하게도 신부님 앞에서도 마술사 앞에서처럼 술병이 움직이기를 시도한다. 그러자 신부님은 손으로 술병을 움직였다.

페퍼가 말했다. "그건 기적이 아니잖아요." 신부님이 대답했다. "기적은 네가 노력해서 저절로 움직이게 하는 것이 아니라 다른 사람의 마음을 울려 소원이 이루어지는 거란다. 하나님은 지금 나를 움직여 소원을 들어주신 거란다." 기적의 원리는 간절한 노력이다.

그 노력이 누군가를 움직인다. 끝까지 제대로 해내려고 하는 사람은 신이든 그 신을 대신하는 사람이든 돕게 마련이다. 간절한 노력, 남들이 보지 않을 때조차 최선을 다할 때 하늘도 돕는다. 지금 당장 안 이루어졌다고 실망할 필요가 없다. 나중에라도 된다. 하늘은 스스로 돕는 자를 돕는다.

자기 기준을 세우고 열심히 살아가다 보면 삶을 참 잘 살았다는 생각이 든다. '진인사대천명盡人事待天命'이라고 했으니 우리가 할 수 있는 것만 다 하면 된다. 나머진 운에 맡긴다. 자기 기준이 이끄는 디테일을 제대로 하나씩 채워 나간다면 다 이룰 수 있다. 지금 잘 안 풀렸던 일들도 어둠에서 해가 떠오르듯 찬란하게 해결된다. 물이 끓는 티핑 포인트에 이른다. 믿어도 된다. 세상은 진짜 그렇다. 이것이 결과보다 과정에 집중해야 하는 이유다. 조급해하지 말고 천천히 하더라도 디테일하게 하면 된다.

어제, 오늘, 그리고 내일 해야 할 일을 생각한다.
운동이라고 생각하고 일단 해본다.

4

일잘러는 상대의 마음을
따뜻하게 돌아본다

배려는 다른 사람의 필요를 살피는 세심함이다

배려라는 단어는 전쟁터에 어울리지 않게 피어난 흰 꽃 같다. 개인의 능력과 효율이 중시되는 사회에서 배려하면 손해 보는 느낌이 든다. 하지만 배려는 인간관계라는 전기를 생산하는 발전소다. 우리가 살아가는 세상을 밝고 따뜻하게 만들기 위해 꼭 필요한 마음이다. 배려를 통해 사람들 사이가 따뜻해지고 선한 시선이 생겨난다.

배려는 성공과도 직결된다. 부자 아빠 세이노는 "타인에게 무심한 사람들은 이 세상에서 절대 부자가 될 수 없다."라고 단언한다. 돈 또한 사람들의 마음을 읽는 데서 나온다. 다른 사람들이 무엇을 좋아하고 싫어하는지를 알아야 그들의 지갑을 열 수 있다. 무릇 배려는 세심함, 즉 디테일에서 나온다. 세심하지 않다는 것은 다른 사람이 원하는 것, 싫어하는 것이 무엇인지 모른다는 말이다. 예컨대 운전할 때 길을 미리 확인하는 행동이나 차선을 바꿀 때 충분히 여유를 두고 깜빡이를 켜는 행동에서 향후 부자가 될 성공 가능성을 충분히 알 수 있다고 한다. 배려는 대단한 일이 아니지만 그 사소한 배려가 장기간 반복되면 엄청난 차이가 나는 것이다.

더불어 사는 우리 사회에서 다른 사람에 대한 배려는 필수적이다. 사람의 마음은 비슷해서 누구나 배려받고 싶고 배려받으면 좋아한다. 배려란 크고 힘든 것이 아니다. 수천만 원의 현금을 내어주는 것도, 내 시간을 포기하고 헌신해야 하는 것도 아니다. 배려는 아주 작은 마음과 행동만으로 가능한데, 내게는 사소하지만 상대에게는 사소하지 않은 것이 배려다. 우리는 큰 것이 아니라 사소한 것 때문에 마음 상하고 또 사소한 것으로 감동받지 않는가. 더운 날 에어컨 바람을 직접 쐬면 감기 들까 봐 바람의 방향을 바꾸는 마음, 어두운 길에서 휴대폰 손전등 기능으로 발밑을 비추는 사소한 행동에 감동받는다. 반면 사소한 것에 목숨을 걸고 화를 내기도 한다.

배려는 다른 사람의 필요를 살피는 세심함에서 나오는 것이다. 무심한 사람은 배려를 모른다. 문을 열고 나갈 때 뒷사람을 위해 살짝 문을 잡아주는 것, 약속 시각을 지키는 것, 무거운 짐을 들고 가는 사람을 도와 엘리베이터 열림 버튼을 누르는 것이다. 다른 사람의 입장에서 보았을 때 가능한 태도다.

배려는 성공을 돕는다

허희수 박사는 남들이 보기엔 일이 잘 풀리는 행운아로 보인다. 최근 가장 각광받는다는 인공지능AI으로 공학 박사 학위를 받고 졸업과 동시에 유명한 검색포털기업 연구실에 취업했기 때문이다. 하지만 그가 일이 잘 풀리는 이유는 섬세한 배려가 바탕이 되었다고 확신한다. 최근 그와 밥을 먹기로 했던 날의 일이다. '을' 거래처의 신입사원 담당자도 아니고 업무와 관련한 미팅도 아니었으나 그는 상대방을 최대한 배려하며 톡을 남겼다.

[약속 전날] 내일 혹시 편하신 시간대가 있을까요? 맞춰 갈게요.
         내일 도착 전에 연락드릴게요!
[약속 당일] 저 갑자기 핸드폰에 문제가 있어서 대리점 좀 들려
         야 할 것 같아서요. 대리점 들렀다 가도 늦지는 않을
         텐데 혹시 몰라서 말씀드립니다! 혹시라도 가다가
         늦을 것 같으면 최대한 빨리 말씀드릴게요!

그는 약속 시간보다 5분 일찍 도착했다. 친할수록 배려를 잊기 쉽지만 그는 다르다. 상대방의 시간과 불편을 최소화하고자 했다. 음식점에서도 다른 사람에게 피해를 주지 않게 노력하는 모습에 관심을 보였더니 인생에 몇 가지 행동 원칙이 있다고 했다.

사무실에 누군가 방문하면 친절히 인사하고 앉을 자리를 안내하고 음료를 준비하는 것, 사람들이 지나다니는 길목에서 핸드폰을 보면서 다른 사람의 통행을 방해하지 않는 것, 좁은 길가에서 친구들과 걸을 때는 반대편에 사람이 지나갈 길을 터주는 것, 낯선 곳에 누군가를 초대하면 되도록 혼자 두지 않고 세심히 안내하는 것, 약속 시간에 조금이라도 늦으면 사전 양해를 구하고 상대방이 불안하지 않게 하는 것 등 사람을 대하는 나름의 원칙이 있다고 한다. 본인이 곤란했던 경험을 토대로 반면교사 삼았다는 것이다.

허 박사의 지도교수였던 유하진 교수에게 직접 들은 이야기다. "허 박사는 신기하다는 생각이 들 정도로 실력과 인품이 뛰어납니다. 저는 연구실 운영은 학생들이 주도적으로 하도록 맡깁니다. 그는 확인하지 않아도 좋은 연구 결과가 있으면 먼저 찾아와서 실험 결과를 설명해 주곤 했습니다. 신입생에게는 빨리 적응할 수 있도록 지식을 전달해 주고 동료들과 협업하는 것을 좋아합니다. 졸업 논문을 쓰고 발표하는 그 기간에도 후배들 프로젝트를 돕는 등 배려가 무척 뛰어난 학생입니다.

보통 대학원 마지막 학기에는 졸업 논문으로 기업체 프로젝트는 후배들에게 맡깁니다. 그런데 그는 그 기간에 석사 학생이 맡고 있는 기업체 연구과제 회의에 참석한다고 해서 제가 많이 놀란 적이 있습니다. 혹시나 그 후배가 잘 모르는 질문을 받거나 하면 도와주기 위해서 참석하기로 했던 것이었습니다. 요즘 세대답지 않게 윗사람을 공경하고 다른 사람을 배려하는 자세가 항상 몸에 배어 있습니다. 저는 학생들과 직접 대면하기보다 카톡으로 주로 대화하는데, 허 박사의 대화의 끝은 항상 '감사합니다'로 끝났던 것 같습니다. 그의 장점을 말하자면 끝이 없을 것 같네요."

유 교수가 직접 기술하신 허 박사에 대한 피드백이다. 카이스트 박사이며 대기업에서 음성인식 시스템을 구현한 실무와 이론을 겸비한 유 교수는 연구실에서 화내신 적이 없다고 할 정도로 성품이 좋으시다. 그러니 유 교수의 인정은 정말 특별하다. 좋은 스승과 좋은 제자의 모습이다. 인공지능은 기술만 배우고 수학만 잘하면 되는 소위 '공대생의 학문'은 아니다. 인공지능은 사람을 관찰하는 학문이다. 사람의 필요를 섬세히 관찰하고 마음을 읽어내서 사람을 돕는 것이다. 허 박사가 인공지능을 전공하게 된 이유는 이러한 성품이 작용한 때문이라고 생각한다. 배려하는 사람이 배려하는 스승을 만 났고 배려의 세상을 만들어 가고 있다.

배려의 시작은 남에게 피해를 주지 않는 것이다

직장은 함께 일하는 곳, '같이의 가치'가 있어야 하는 곳이다. 함 께 일하는 직장에서 꼭 필요한 배려 세 가지는 다음과 같다. 첫째는 내 행동으로 남에게 피해를 주지 않는 배려다. 둘째는 다른 사람의 필요를 채워주는 배려다. 셋째는 내 마음을 여유로 채워주는 나를 향한 배려다.

첫째, 내 행동으로 남에게 피해를 주지 않는 것이 배려의 시작이 다. 무심코 하는 나의 행동이 남에게 피해를 주지 않는지 살펴야 한 다. 회의 시간을 지켜 다른 사람이 기다리지 않게 하고 사무실에서 전화는 조용히 하고 복도에서 휴대폰을 사용할 때는 부딪히지 않 게 주의하는 것은 기본이다. 스스로 살피는 자세가 필요하다. 나만 있는 것처럼 행동하면 더불어 살기 어렵다. 학벌이 너무나 좋은데 도 무식하다는 소리를 듣는 사람을 종종 보는데, 배려는 본의와 달 리 배움의 평가지표가 된다. '내가 괜찮으니 다른 사람도 괜찮겠지.' 라는 생각을 하는 사람은 직장인으로서는 노답이다. 내가 편한 대로 생각하면 안 된다. 내 입장이 아니라 상대방의 입장에서 생각해야 한다.

배려는 다른 사람이 불편하게 느끼지 않도록 그 사람 입장에서 생각해보는 일이다. 상대방의 입장을 헤아리는 것, 자신만 생각하지 않는 것에서 시작된다. 내가 괜찮다고 상대방도 괜찮을 것이라는 생각은 착각이다. 갑을 관계가 분명하고 클수록 배려가 쉽게 자취를 감춘다. 갑은 무례를 범하기 쉽고 상대는 감히 말하지 못한다. 갑의 위치에 있다면 더욱 배려를 몸에 익혀야 한다. 갑을이 바뀌는 순간은 언제든지 올 수 있다.

직장에서 나만 중요한 일을 한다고 착각하고 다른 사람을 배려하지 않는 사람을 종종 본다. 내 것만 중요하다는 이유로 내 것에만 집중하면 정작 사소한 문제가 발생해도 조직은 진도를 못 나간다. 그렇게 되면 유기체로서 회사는 어딘가 병들게 된다. 동맥경화다.

배려는 다른 사람의 필요를 채우는 것이다

둘째, 배려는 다른 사람의 필요를 채우는 것이다. 어색해하는 신입사원에게 따뜻한 차와 말 한마디를 건네는 것이 배려다. 어색한 분위기를 바꾸기 위해 유머로 사람들을 웃게 만드는 것도 배려다. 비 올 때 짐 나르는 동료의 우산을 들어 주는 것, 힘들어하는 후배에게 맥주 한잔을 사 주며 '잘할 수 있어!' 하고 격려하는 것, 모두 아주 작지만 마음만 먹으면 할 수 있는 것들이다. 후배가 일을 잘할 수 있도록 나만의 노하우로 정리한 참고자료를 슬쩍 건네 보여주는 배려도 있다. 아무것도 대신해 줄 수 없을 때 카톡으로 커피 쿠폰을 보내며 전한 격려의 이모티콘이 백 마디의 말보다 힘이 된다.

사소한 배려의 중요성을 말해주는 사례가 있다. 중국 전국시대 치세와 권모술수에 대한 역사서인 『전국책』〈중산책편〉의 여덟 번째 이야기다. 중산국의 왕 중산군이 하루는 가신들을 불러 잔치를 벌였다. 잔치 음식 중 양고기국의 국물을 나누었는데 양이 부족해서 사마자기만 먹지 못한다. 사마자기는 이걸 모욕으로 여기고 중산군을 버리고 초나라로 갔다. 이후 초나라 왕을 부추겨 중산군을 공격해 크게 이기게 된다. 배식 실패 정도는 보기에 따라 사소하다고 생각할 수 있는 일이지만, 당하는 사람 입장에서는 나라를 바꿀 만큼 큰 일이 되기도 한다.

그런데 중산군이 혼자 추격을 받아 목숨을 잃을 상황에서 한 번도 본 적 없는 형제가 나타나 목숨을 걸고 중산군을 지켜내었다. 중산군이 물었다. "그대들은 왜 나를 보호해주는가?" 형제는 대답했다. "아버지가 허기로 죽기 직전 왕께서 친히 주신 밥 한 덩이 덕분에 사셨습니다. 아버지가 돌아가시기 전 그 은혜를 갚아야 한다고 당부하셨습니다."

중산군이 원한을 사서 나라를 잃은 것도 사소한 배려 없음 때문이었고, 위기에서 목숨을 구한 것 역시 작은 배려 덕분이었다. 이처럼 내가 정말 힘들 때 받은 도움이나 비수의 말은 머리가 아니라 가슴에 새기게 되는 것이다.

이직 후 처음 진행했던 교육과정에서 일이다. 대표님과 팀장 이상의 보직자 교육이라 긴장을 했다. 체계적인 교육을 위해 준비에 많은 공을 들였는데 교육 후 보직자들에게 호감을 얻은 것은 뜻밖에도 간식이었다. 교육생 입장에서 생각해서 졸릴 만한 시간에 제공되도록 박카스, 비타민C와 과일 등을 정성껏 준비했다. 임산부를 위해서 무카페인 차를 추가로 준비하고 넓은 자리에서 교육받을 수 있도록 했다. 이때 돌아온 피드백은 단순히 '간식이 좋다.'가 아니라 배려 깊은 간식과 교육과정에 대한 신뢰였다. 배려는 신뢰를 낳는다.

배려는 내 마음의 필요부터 채우는 것이다

셋째, 배려는 내 마음의 필요부터 채우는 것이다. 배려는 흐르는 물과 같아서 위에서 아래로 흘러간다. 나의 마음이 가득 차야 넘쳐나서 다른 사람에게 흘러갈 수 있다. 나를 섬세하게 들여다보면 남에게도 그 시선이 확장되어 넘어가게 된다. "네 이웃을 내 몸과 같이 사랑하라."라는 『성서』의 말씀 중 '내 몸과 같이'의 의미를 주목해볼 필요가 있다. 내 몸부터 사랑하는 것이 당연하다는 말이다. 나를 온전히 배려할 줄 아는 사람만이 삶의 작고 소소한 것들까지 들여다볼 수 있다. 남을 배려하느라 나를 상하게 하는 사람이 있는데, 그렇게 되면 남의 기분을 배려하느라 내 마음의 소리는 듣지 못한다. 하고 싶은 이야기도 못 하고 내 마음만 메말라간다. 시간이 지나면 나를 탓하거나 남 탓을 하게 된다.

스스로를 배려하면 긍정의 마음이 차오르고 삶이 풍성해진다. 이것이 태도로 나타나면 여유가 생기고 마음에는 안정감이 생긴다. 그 여유로 상대를 배려하면 진심이 전해진다. 여유가 있으면 상대에게도 긍정으로 대할 수 있다. 긍정의 마음이 상대에게 전해지고 긍정이 다시 나에게 돌아오는 긍정 에너지의 선순환이 마음 따뜻한 세상을 이룬다.

직장에서 배려는 소통으로 시작된다. '말 안 해도 알지?'라는 생각은 잘못되었다. 말 안 하면 모른다. 우리는 초능력자가 아니다. 직장에서는 말로 표현해야 안다. 소통은 선택이 아니라 공존의 필수 원칙이다.

'눈치 보는 사람'과 '눈치 있는 사람'이 있다. 눈치 보는 사람은 마지못해서 배려 비슷한 것을 하지만 진정한 배려는 아니다. 눈치 있는 사람은 상대방에 대한 적극적인 마음으로 필요를 알아낸다. 상대방을 세심하게 관찰하고 느끼는 동시에 내 마음의 필요도 잘 챙겨서 서로에게 윈윈하는 계기를 만든다. 눈치 있는 사람은 여유에서 나오는 배려를 보여주어 편안하게 한다. 나와 상대방 모두에게 소통이 필요하다. 비행기는 좌우 날개 균형이 맞아야 하늘을 날아갈 수 있다.

개인의 능력과 효율이 중요시되는 현대 사회에서 배려하면 손해 보는 것 같은 느낌이 들 수도 있지만, 진정한 배려는 내 마음부터 채워 가는 것이라는 사실을 알면 저절로 배려하고 싶은 마음이 들 것이다. 우리는 배려를 통해 함께 살아간다. 직장 또한 배려로써 함께 성장하고 성공의 길로 나아가는 곳이다.

오늘은 나에 대한 배려를 먼저 채운다.
따뜻한 차 한 잔을 내 마음에 내밀어본다.

일잘러들의 태도 6

따뜻한 인간관계를 맺는다

1

상사는 걸림돌이 아니라
디딤돌이다

상사에 대한 이해가 필요하다

직장 생활에서 가장 영향을 미치는 인간관계는 당연히 상사와의 관계다. 잡코리아 조사결과 직장인 95.8%가 직장상사와 갈등을 겪은 적이 있으며 이들 중 90.2%가 상사 때문에 퇴사를 생각해 본 적이 있는 것으로 나타났다.[18] 상사와의 갈등은 오래전부터 직장 생활의 지속 여부를 결정해온 변수로서 생산성과도 밀접하며 채용 면접 단골 질문이기도 하다. "상사와 갈등이 있을 경우 어떻게 해결하겠는가?" 하고 묻는 면접관이 많다. 조직 생활에서 매우 중요한 문제이기 때문이다.

상사가 어려운 것은 사실이다. 그래도 상사가 어렵기만 하다면 그 직장 생활은 불행할 것이다. 상사를 이해하면 오히려 직장 생활이 더 수월해질 수 있다. 직장 생활이란 목표를 향해 상사와 함께 하

---

18 잡코리아 2017년 567명 대상 직장인 설문조사

나도 언젠가 상사의 자리에 설 것이다.
상사의 입장에 서서 생각해보면 보이지 않던 것들이 보인다.

는 이인삼각 달리기다. 이인삼각 달리기에서 승리하는 비결은 박자 맞추기다. 한 손은 맞잡고 묶인 발을 동시에 들고 같은 속도로 같은 거리를 내디뎌야 한다. 보조만 하는 것이 아니라 함께 가야 한다. 상사는 걸림돌이 아니라 동반자다.

　상사를 이해해보자. 상사는 상사의 일을 하는 것일 뿐이다. 업무 방향성을 제시하고 시시콜콜 챙기는 것은 간섭이 아니다. 일을 더 잘할 수 있도록 성과를 관리하고 구성원을 육성하는 것이 상사의 역할이다. 비전을 제시하고 그 방향으로 안내하며 성과에 대한 책임을 지는 것, 긍정 에너지를 통해 의욕을 끌어내고 팀원들의 역할을 조정해서 시너지를 내는 것도 상사의 몫이다. 이 사실을 인지하면 다르게 보인다. 나도 언젠가 상사의 자리에 설 것이다. 상사의 입장에 서서 생각해보면 보이지 않던 것들이 보인다.

시장이 급변하고 구성원들 문화가 바뀌는 시대에서 상사 또한 힘들어졌다. 세대 차가 버거울 수 있다. 이전 경험을 믿고 따르라고 하면 '라떼 부장'이라고 부르며 피한다. 시키면 시키는 대로 하고, 까라면 까야 했던 본인 세대와 다르게 팀원들이 충분히 이해하도록 설명해야 한다. 조직의 성과와 목표에 미달할까 상사도 불안해한다. 구성원들은 일관성 없는 상사의 업무 지시는 참 힘들다. 반대를 위한 반대를 하는 것 같을 때가 있다. 그러나 일부러 괴롭히려고 하는 상사는 드물고 다 나름의 이유가 있다는 것을 상사가 되면 알게 된다.

상사와 팀원은 서로를 향한 응원단이다

시장은 자꾸 새로워진다. 지난주 시장 상황이 이번 주에는 바뀌는 것이 다반사다. 미세먼지 걱정 없는 실내 장사가 잘된다 해서 대형 상가에 투자하려 했는데 코로나바이러스의 사회적 거리 두기 여파로 실내를 피해 야외 공간 시설을 알아봐야 하는 일이 불과 6개월 안에 벌어졌다. 기업은 생존을 위해 수시로 변화한다. 상사의 변덕은 여기에서 기인한다. 고려해야 할 변수가 많을 뿐 상사는 팀의 걸림돌이 되기 위해 그 자리에 있는 것이 아니다.

상사와 인간관계에서 자주 등장하는 주제는 감정의 전이다. 보고하다가 상사 기분에 따라 깨지는 경우가 많다고 한다. 부당하게 혼나면 그 화는 또 다른 누군가에게로 돌고 돈다. 가족이 될 수도 있고 동료가 될 수도 있다. 특히 자책까지 하게 되면 일이 커지기도 한다. 쉽진 않지만 감정 전이는 단절해야 한다. 상사의 감정 표현이 나의 화로 옮겨붙는 것을 막아야 한다. 감정을 마음에 담아두면 안 된다.

감정 전이가 되지 않으려면 상사의 피드백에서 내용과 감정을 구분해야 한다. 내용은 받아들이고 감정은 버린다. 감정을 곱씹으면서 상처받아 봤자 나만 손해다. 부정적 감정은 전염성이 강하다. 그러다 보니 나 또한 가해자가 된다. 상사에게 받은 감정을 동료나 후배에게 화풀이해서 인간관계가 깨지는 것을 경계해야 한다.

상사에게도 상사가 있다. 상사의 상사, 즉 임원에게 보고되는 사안이라면 상사의 입장에서 보고서를 작성해야 한다. 상사와 경쟁하면 안 된다. 위에서 보면 상사와 나는 한 팀이다. 상사가 성공해야 나도 성공한다. 가고자 하는 방향에 방해가 될 때 걸림돌이라고 한다. 반면 같은 방향으로 향하며 도움이 될 때 우리는 서로에게 디딤돌이 될 수 있다. 지금 내 행동은 상사에게 걸림돌일까? 디딤돌일까?

상사는 어떤 과제를 해야 하는가? 어떤 어려움을 느끼는가? 관심을 가지고 내가 도울 수 있는지 질문한다. 자신이 해결해야 할 과제를 돕겠다는 팀원은 당연히 고맙다. 직장 생활을 돌아보면 팀장이 절대적 신뢰를 보여준 대부분의 순간들은 팀장이 상사인 임원께 인정받을 수 있도록 적극적으로 도왔을 때다. 상사가 해결하기 어려워하는 과제가 있다면 당연히 도와야 한다. 그래야 상사의 불안이 줄어든다. 그럼 편안해지고 자연스럽게 상사와 일치된 방향으로 일하게 된다. 이로써 성과는 좋아지고 관계 또한 저절로 좋아진다. 상사와 팀원으로 만났지만 시간이 지나면 선후배로 자리잡는 경우를 많이 본다. 서로를 향한 응원단이 되는 과정이다.

만약 상사가 유독 민감하게 반응하는 행동이 있다면 싫어하는 그 행동을 줄여본다. 갑자기 점심시간 준수를 강요한다면 "이그 꼰대" 하고 욕하기 전에 상사가 왜 그 행동을 싫어하는지 살펴볼 필요가 있다. 상사의 상사에게 그 부분에 대해 평가받고 있을 수 있다. 서로의 아킬레스건은 지켜줘야 한다. 불필요한 긴장 관계는 줄여야 한다. 상사마다 자기 주관이 있다. 성과를 중요시하거나, 시간 엄수를 중요시하거나, 맞춤법을 중시하는 경우가 있다. 그것은 잘못이 아니라 그 상사의 장점이다. 그 때문에 상사로 발탁되었을 수 있다. 상사가 매번 강조하는 사항은 인생의 경험에서 나온 성공법칙일 가능성이 높으니 좋은 것은 배워야 한다.

마음을 열고 배우겠다는 자세로 다가가라

상사도 사람이다. 우리 부모님도 기분에 따라 다른 행동을 하신다. 상사가 감정을 드러내도 된다는 말이 아니다. 모든 사람이 완벽할 수 없다는 것을 인정해야 한다. 사람은 다 부족한 면을 지닌다. 게다가 상사는 현재 여러 개의 공을 저글링하는 중이라 스트레스를 받게 마련이다. 상사와의 관계에서 누가 옳은지 판단하지 말고 목표에 집중해야 한다. 사람이라는 것을 잊지 말고 인간적으로 소통한다.

모든 팀장이 팀장 역할은 쉽지 않다고 고백한다. 팀장이 되기 전에는 '팀장인데 이 정도는 해야 하는 것 아닌가?'라고 비평했던 못된 마음이 있었다고도 말한다. 팀장이 존경스럽지만 한편으로는 꼰대라는 생각이 있었다. 그런데 자신이 팀장이 되고 보니 과거의 나는 건방진 팀원이었다고 고백한다.

팀장은 조직을 보호하고 팀원들의 역량을 이끌어 성과로 나아가게 하는 역할이다. 상사가 틀렸다고 해도 배를 거꾸로 저으면 안 된다. 조직은 상사에게 의사결정을 하라고 일을 위임한 것이다. 이끌거나 따르거나 비키거나를 기억하자. 상사가 틀렸다면 의견을 제시하고 최선을 다해 설득한다. 그래도 상사가 의견을 꺾지 않는다면 따라야 한다. 상사의 잘못된 판단에는 상사의 몫과 함께 내가 상사를 설득하지 못한 책임도 있다. 조직에 있는 한 상사와 같이 움직여야 한다.

　조직의 의사소통은 상사를 건너뛸 수 없다. 한 번은 무시하고 건너뛸 수 있어도 그다음은 쉽지 않다. 부작용이 반드시 나타난다. 조직은 그런 곳이다. 그리고 생각보다 훨씬 세상은 좁아서 회사를 떠나도 업계에서 같은 직무를 한다면 상사와 인연은 오래간다.

　상사는 피한다고 사라지는 존재가 아니다. 피할수록 관계 회복은 어렵다. 적극적으로 만나서 이해하려고 노력해야 한다. 친해지려고 커피 한 잔을 청하기도 하고 점심도 같이 먹는다. 인간관계의 신기한 법칙이 있다. '밥을 사주는 사람이 상대에게 더 관심이 생긴다.'라는 법칙이다. 얻어먹는 사람이 더 고마워할 것 같은데 오히려 밥을 사준 사람이 더 좋은 감정으로 기억한다. 마음을 열고 상사에게 배우려고 다가가면 없던 관심도 생긴다. 우리가 상사 없이 일을 진행하기 어렵듯 상사도 구성원 없이는 일이 진행되지 않는다는 것을 잘 안다. 관계가 회복되면 신기하게도 그동안 왜 힘들었는지 모를 정도로 일이 잘 풀린다. 직장이란 그런 곳이다.

상사를 관리하고 상사가 찾는 사원이 되자

　상사를 관리하라는 말은 회식에 열심히 따라다니며 비위를 맞추거나 상사의 취미까지 배우고 따라야 한다는 것이 아니다. 회사는 성과를 내기 위해 일하는 곳이다. 일에서 성과를 내도록 협력관계를 만들어야 한다는 것이다. 협력관계가 되려면 상사와 상호 보완 역할을 해야 한다. 그래야 상사가 찾는 사원이 된다.

상사를 존경한다면서 상사 복사기가 되려는 사람이 많다. 하지만 PT 자료를 잘 만드는 상사에게 PT 자료를 잘 만드는 사원은 필요 없다. 오히려 영상을 잘 편집하거나 음향효과를 잘 넣거나 예산 예측을 잘하거나 정보를 잘 찾아오거나 사람 동원을 잘하는 사원이 필요하다. 이것이 팀의 원래 모습이다. 상사는 자신이 부족한 것을 채워주는 사원을 높이 평가하고 곁에 두고 싶어 한다. 그 일에서 실수가 없을 때 업무 신뢰가 생겨난다. 다른 일도 추가로 부여할 수 있다.

작은 일부터 최선을 다해서 신뢰를 쌓아야 한다. 회사 일이란 사실 대단한 일부터 시작되지 않고 매우 작은 일부터 시작하는 것이 보통이다. 변호사나 노무사로 입사하더라도 복사부터 배워야 한다. 서울대 경영학 교수님의 경험을 들은 적이 있다. 그 또한 서울대 박사학위를 마치고 대기업에 인사담당자로 취업해서 처음 주어진 일이 교육장의 책상 줄 맞추기였다고 한다. 일의 시작은 잔심부름일지라도 하나하나를 잘 해내면 업무 영역이 넓어지고 책임을 더 부여받는다. 책임의 영역이 늘어나면 팀장 부재 시에 대체할 수 있는 능력이 생긴다.

팀장과의 인간관계에서 성공하기 위한 가장 중요한 점은 의외로 간단하다. 중간보고를 잘하는 것이다. 팀장 입장에서 보면 가장 어려운 부하직원은 중간보고 없는 부하직원이다. 일의 과정을 알 수 없다. 중간에 수시로 변경되는 환경 때문에 하던 일도 멈추거나 변경

상사는 걸림돌이 아니라 디딤돌이라는 점을 명심하자.
상사에게 내가 먼저 다가가면 성장의 동반자가 될 수 있다.

해야 할 때를 가늠할 수가 없다. 조직에서 일하다 보면 외부 환경 변화에 따라 빠르게 대응해야 하거나 다른 일을 긴박하게 처리해야 할 때도 있다. 이때 중간보고가 충실한 팀원은 보석과 같다. 빠른 의사결정에 기여해서 삽질을 안 할 수 있게 한다. 성과로 평가받는 조직에서 중간보고는 팀장의 능력을 뽑아내서 내 성과를 돋보이도록 만들 수 있는 과정이다. 업무의 최종 완성도를 높이는 데 중간보고는 필수다.

인간관계에서 중간보고는 '메시지'를 효과적으로 전달하는 방법이다. 소프트 터치가 테크닉이다. 서면으로 거창하게 보고하라는 것이 아니다. 상사와 내가 시간과 마음이 편한 상황에서 의견을 나누는 것이다. 소프트 터치는 타이밍이다. 가볍게 이야기할 수 있는 순간을 찾아야 한다. 그렇다고 중요한 메시지를 놓치면 안 된다. 가볍고 간결한 단어를 찾아야 한다. 메시지는 짧게 한다. 한 번 대화에 한 가지 의사결정을 할 정도면 된다. 의사결정을 쉽게 할 수 있도록 보고하는 것이 요령이다. 중간보고라는 소프트 터치는 상사와의 인간관계를 돈독하게 한다.

직장 생활이란 목표를 향해 상사와 함께 하는 이인삼각 달리기다. 이인삼각 달리기에서 비결은 박자 맞추기다. 결승점까지 가는 데 결정적 영향을 미친다. 한 손은 맞잡고, 묶은 발을 동시에 들고 같은 속도와 같은 거리를 내딛어야 한다. 보조만 하는 것이 아니다. 함께 가는 것이다. 상사는 걸림돌이 아니라 디딤돌이라는 점을 명심하자. 상사에게 내가 먼저 다가가면 성장의 동반자가 될 수 있다. 결국 상사와 나는 직장에서 함께 성장해야 할 동반자다.

어려운 상사에게 밥을 사달라고 당당하게 청하자.
배우겠다고 말하자. 그렇게 1일이다. 인간관계의 시작이다.

2

일잘러는 먼저 상대를
인정한다

나는 옳고 너는 틀렸다는 자세를 버려라

회사가 나를 고용하는 이유는 성과를 기대하기 때문이다. 성과란 공헌에 대한 객관적 인정이다. 그러다 보니 인정받는 것이 중요하다. 누구에게나 인정받고 싶은 마음이 있다. 그런데 거울은 먼저 웃지 않는다. 인간관계는 거울과 같다. 인정받고 싶으면 먼저 인정해야 한다. 내가 먼저 동료의 공헌을 인정할 때 동료도 나의 공헌에 대해 기꺼이 손뼉 칠 것이다. 함께 성과를 공유하면 함께 성장하는 기회가 된다.

인정은 그럴 만한 이유가 있을 거라고 믿어주는 신뢰에서 시작한다. 우리 부서에는 협업이 잘되는 구성원들이 있다. 끼리끼리 잘한다고 입에 발린 말로 자화자찬하는 분위기는 절대 아니다. 일반적으로 화기애애하면 팀이 잘된다고 생각하지만 오히려 반대로 묵묵히 진중한데 협업이 잘되는 경우도 있다. 우리 부서 구성원들이 협업이 잘되는 이유는 빠른 수용 태도에 있었다. 구성원들이 업무 중간보고 때 피드백하면 빠르게 반영해서 실천한다. 슬쩍 "피드백에 대한 수용이 너무 빠른 거 아닌가요? 귀찮은데 시키는 대로 그냥 하자!라는 건 아닌지?"라고 질문했더니 "그렇게 말할 때는 분명 그럴 만한 이유가 있기 때문이라고 생각해서요."라고 대답한다. 이럴 때는 내가 신뢰받는다고 느낀다.

나 또한 구성원들에 대한 신뢰가 높다. 우리는 서로 믿음을 주고받는 관계다. 모두 함께 이 일을 잘 해보려고 한다는 신뢰가 있다. 신뢰 관계가 형성되면 반대 의견도 충분히 받아들여진다. 내가 수정을 요청한 사항에 구성원이 반대 의견을 낼 때가 종종 있다. 그럴 때면 귀 기울이고 가능한 업무 담당자의 의견을 수용하려고 한다. 그 주장에는 '그럴 만한 이유가 있겠지'라고 생각하기 때문이다.

'그럴 만한 이유가 있을 것이다.'

인간관계에서 의사소통의 중요한 원칙이다. 커뮤니케이션 교육에서 제1의 원칙으로 말하는 것이다. 학교 선생님이 음식을 남기지 말라고 지시했음에도 한 아이가 조개를 먹지 않고 식판을 들고 왔다. 이때 "왜 조개를 남겼니?"라고 하거나 "너 선생님이 남기지 말랬지!"라고 해서는 안 된다. 이런 말은 사람을 향한 화살이다. 이때 현명한 선생님이라면 이렇게 말해야 한다. "조개만 남았네." 이 말 속에는 '아이가 조개를 남긴 데는 이유가 있다.'라는 전제가 깔려 있다. 그러자 아이는 대답한다. "조개 알레르기가 있어요." "아, 그랬구나!"

사람의 행동에는 다 이유가 있다. 판단은 관계 형성에 큰 걸림돌이 된다. 나는 옳고 상대는 틀렸다는 가정을 깔고 있을 때가 많기 때문이다. 직장에서 이런 자세는 버려야 한다. 실제 화살을 사람에게 돌리는 것만큼 무서운 일이다. 상대에게는 좋은 의도가 있다는 것을 잊지 말자. 선의로 해석하면 대처법이 놀랍게 바뀐다. 인정은 직장에서 필요한 스킬인 동시에 반드시 지녀야 할 태도다.

서로를 인정하지 않으면 일터는 지옥이 된다

봉준호 감독의 오스카 감독상 수상 소감은 아름다웠다. 수상식에서 마틴 스코세이지 감독에게 영향을 받았다고 고백한 것이 인상 깊었다. 홀로 성장하지 않았다는 것을 대중 앞에서, 그것도 내가 주인공인 자리에서 고백하는 겸손함이 빛났다. 이어서 그는 자신을 알아봐준 쿠엔틴 타란티노Quentin Tarantino 감독에게도 고마움을 전했다. 서로를 향한 인정이 선순환되는 순간이었다.

어느 날 저녁 나를 찾아온 직장 선배가 누군가에 대한 불평불만을 쏟아냈다. 선배는 내가 동조해서 함께 흉보며 스트레스를 풀고 싶어 하는 것 같았다. 나는 그걸 알면서도 솔직하게 말했다. "그분이 변한 만큼 선배님도 변한 것 같아요." 그 한마디에 선배는 갑자기 말을 멈췄다. 그리고 내 생각을 듣더니 "그래서 내가 당신을 좋아한다니깐. 내가 잘 찾아왔어. 고마워요."라고 했다. 그 순간 선배가 너무나 존경스러웠다. 조언을 수용할 줄 아는 선배는 역시 큰 그릇이었다. 나의 말을 귀 기울여 듣는 선배의 자세를 보면서 난 선배의 지지자가 되었다. 인정은 지지자를 만든다.

업무 특성상 많은 사람이 나를 찾아와 도움을 요청한다. 나는 내

담자의 입장에서 문제 해결을 위해 노력하지만 실무를 병행하는 입장에서 에너지는 한정되어 있다. 바쁘고 힘든 상황에서도 돕고자 하는 내 마음을 끝까지 붙잡는 사람은 바로 나의 공헌을 인정해주는, 내가 그를 도울 것이라고 분명히 믿어주는 사람이다. 그 믿음에 보답하고 싶어서라도 돕기 위해 더욱 노력한다. 도움을 요청하면서도 의심하는 사람에게는 에너지가 덜 간다. 나를 믿고 찾아왔다는 이유만으로 에너지가 더 생긴다. 믿음에 대해 더욱 인정받고 싶은 욕구가 생기는 것이다. 아무에게나 조언할 필요는 없다. 조언도 인정의 표현이다. 그래서 두 가지가 채워질 때 조언해야 한다. 첫째는 좋은 방향으로 변하도록 돕고 싶을 만큼 애정이 가야 한다. 둘째는 상대방이 변할 능력이 있어야 한다. 그래야 조언한다. 나의 애정과 상대의 능력이 박수치듯 마주쳐야 한다. 나 또한 그렇다. 상대가 나에게 조언을 해줄 때마다 생각한다. '애정과 능력을 인정받고 있구나.' 조언을 귀담아듣고 실행한 후 변화의 결과를 서로 공유한다. 그럼 신기하게도 상호 인정이란 끈이 한 줄씩 더해져 점점 견고해진다.

만약 상호 인정이 사라지면 어떤 일이 벌어질까? '회사가 이상해요.' '리더가 수상해요.' '구성원들이 요상해요.' 서로를 인정하지 않으면 일터는 지옥이 된다. 원인을 밖에서만 찾으면 스스로 방관자가 되어 억지로 끌려다닌다. 주도성과 리더십을 잃게 된다. 뇌는 빠른 결론 내기를 좋아하고 복잡성을 회피한다. 모든 원인을 밖에서 찾으면 자기 자신을 희생자로 규정할 수밖에 없다. 내가 할 수 있는 일은 없으니 무력해지고 냉소가 찾아온다. 그러나 남 탓은 결국 나에게 돌아온다. 관계의 연결고리를 끊어버리기 때문이다. 비난과 질책은 결국 내가 선택한 일터에 '누워서 침 뱉기' 하는 일이다.

혼자 이룬 일은 없다

일이란 혼자가 아닌 여럿이 모여 하는 것이다. 나 혼자는 할 수 없어서 회사를 만들어 시스템과 협업을 하는 것이다. 아이들에게 좋은 교과서를 만들어주고 싶어도 혼자는 불가능하다. 함께하기 때문에 더 크고 더 좋은 영향력을 만들어낼 수 있다.

함께 일하는 것, 조직 시스템 적응, 사내 교육 수강에 시간을 할애하는 것을 유독 힘들어했던 구성원이 있었다. 그의 직장 생활은 독립을 위한 준비 기간이었다. 퇴사하면서 바로 창업했다. 그런데 창업 3개월 만에 그가 가장 아쉬워하는 점은 조직 구성 노하우와 사내 교육의 혜택이라고 했다. 이제 오직 혼자만의 실력으로 동료도 없이 승부를 내야 하는 창업의 현실이 두렵다고 한다.

여러 회사의 HR 담당자들이 모인 2박 3일 합숙교육에 참여한 적이 있다. 다양한 교육 프로그램 중 전략적 윷놀이라는 게임이 유독 끌렸다. 전략게임이라 협상하고 전략을 세우고 의사 결정을 해야 하는 짜릿함이 재미있었다. 경력 연차도 있고 회사 명예라는 명분도 있어서 잘하고 싶었다. 1등 상품도 백화점 상품권이라 동기가 더욱 생겼다. 최선을 다했더니 1등을 했다. 뿌듯했다. 어떤 전략으로 1등을 했냐는 진행자의 질문에 자랑스럽게 발표도 했다.

2박 3일 동안 새벽부터 밤 늦게까지 울고 웃으면서 서로 꽤 친해졌다. 교육을 마무리하면서 교육 시작 때 정했던 마니또 발표가 있었다. 마니또가 숨어서 관찰한 내용과 작은 선물들이 무엇이었는지 발표했다. 그제야 전략게임에서 결정적으로 내가 1등을 한 이유를 알게 되었다. 내 마니또의 희생 덕분이었다. 얼굴이 화끈했다. 우승 비결이라며 자랑스럽게 발표했던 나의 모습이 떠올랐다. '나 혼자 한 것은 정말 없구나.' 특히 일에서 도움이나 협업 없이 되는 일이 없다는 것을 진심으로 알게 되었다. 우승 비결이 내 경험, 내 노력인 줄 알았는데 나 혼자 할 수 있는 일은 매우 작았던 것이다.

회사 일은 탑을 쌓는 것과 같다

큰일은 혼자 할 수 없다. 동료가, 리더가, 회사가 있을 때 가능하다. 지금까지 내가 스스로 잘한 것 같지만 모두의 힘이 없었다면 절대 불가능하다. 업무를 분담해서 각자 자기 자리에서 최선을 다했기에 이룰 수 있었다. 그렇기에 나와 함께 달리고 때론 조언하고 때론 힘이 되어주는 모든 사람에게 감사가 우러난다.

회사 일은 탑을 쌓는 것과 같다. 누군가가 쌓은 돌 위에 하나를 더 얹어서 성과를 내는 것이다. 내가 한 번에 쌓을 수 있는 최선은 돌 하나다. 서로 공헌을 인정해주는 사람들은 서로 돕고 모인다. 서로 인정해줄 때 성공이라는 기회도 찾아온다. 영국 하트퍼드셔대학의 리처드 와이즈먼Richard Wiseman 교수는 이렇게 말한다. "자기에게 운이 따른다고 생각하는 사람은 우연한 만남에 대한 기대를 가지고 있다. 반면 운이 없다고 생각하는 사람들은 자신과 비슷한 사람들과만 대화하려는 경향이 있다. 그래서 운이 좋은 사람들은 많은 사람과 상호 작용을 통해 기회를 얻을 확률을 높인다."

인정은 좋은 사람들을 끌어당긴다. 같이 달리려면 서로를 인정해야 한다. 혼자서는 할 수 없고 함께라서 할 수 있다. 런닝맨의 노래 〈좋아〉 가사를 보며 동료를 떠올려보자.

우리 하루하루 그저 앞만 보고 달렸어.
함께인 적 없다고 했지만
내 맘은 언제나 널 생각해.
함께여서 여기까지 오게 된 거야.
미안해. 나는 말야 잘하는 게 하나 없어.
하지만 왠지 너와 있으면 다 할 수 있을 것 같아.
내가 네 편이 돼 줄게.
모두 헤아릴 수 없지만 조금 더 가까이 기대 볼래.
널 좋아하니까.
힘겨운 오늘도 또 내일도
괜찮아. 힘을 내. 너와 함께 달릴 거야.

런닝맨의 〈좋아〉를 들으며 나를 인정해준 사람에게 보낼
인정의 말 한마디를 미리 연습한다.

3

일잘러는 다름의
아름다움을 안다

다름은 틀림이 아니다

다름은 틀림이 아니다. 경험이 다르면 다른 관점이 생긴다. 다른 경험을 쌓은 사람들이 함께 모여서 일하는 곳이 직장이다. "요즘 아이들은…" "요즘 꼰대들은…"이란 말은 오래전부터 있었지만 최근 밀레니얼 세대의 등장으로 세대 차이가 더 분명해졌다. 현재 직장에서 팀원들을 이끌고 성과를 독려하는 팀장들은 1990년대 학번(1970년생)이고 팀에서 핵심 일꾼인 사원과 대리들은 1990년대생이다. 같은 목표를 위해 일해야 하지만 서로 살아온 환경이 다르다 보니 서로를 이해하지 못하고 편견이 생긴다. 편견을 극복하고 성과를 내려면 공생력이 중요하다.

직장에서 1990년대생과 1990년대 학번이 함께하는 공생력의 핵심은 '같은 목표'를 가지고 있다는 것이다. 공생력의 힘은 같은 일을 같이하는 것이 아니다. 서로가 다른 역할을 한다는 것을 이해해야 한다. 시너지를 내서 문제를 해결하려면 서로의 상황을 알아야한다. 서로가 틀린 것이 아니라 다를 수 있다는 것을 인정해야 한다. 직장 생활은 목표를 향한 긴 트레킹과 같다. 저마다 보폭이 다름을 인정하고 맞추면 자연스럽게 성과는 따라온다.

해외사업부 구성원을 채용하기 위해 페루 사람을 면접한 적이 있다. 페루에 대해 아는 것이 별로 없어서 대화를 열어보고자 "페루 날씨는 어때요?"라고 말문을 떼었다. 지원자는 웃으면서 나의 질문이 페루에서는 없는 질문이라고 했다. 페루의 수도 리마만 해도 안데스 산맥으로 인해 추운 곳도 있고 더운 곳도 있으며 비가 오기도 하고 날씨가 맑기도 하다는 것이다. "페루인은 생김새도 달라요. 이목구비가 저마다 달라서 동양 사람 같기도 하고 서양 사람 같기도 해요. 언어도 여러 가지예요. 그래서 페루 사람들은 다양성에 대해 당연하다고 생각합니다."

지원자의 이야기를 들으면서 우리나라 사람들은 다양성에 대한 인식이 부족하다는 김경일 교수의 강의를 떠올렸다. 단일 민족이라는 교육을 받으며 자랐고 동일 언어에 비슷한 기후를 가진 지역에서 살기 때문이라는 것이다.

그러나 현재 직장에는 1960년대생부터 1990년대생까지 4세대가 함께 공존하고 있다. 이처럼 여러 세대가 한 직장에서 근무한 적은 아마 없었던 것 같다. 서로 경험한 것이 다르고 자라온 환경이 달라서 직장을 다니는 가치관이나 태도가 저마다 다르다. 이런 다양성은 단일 민족이라는 교육을 받아온 우리에겐 좀 어려운 과제임이 분명하다.

세대 간에 서로 다른 상황을 이해하자

미시간대 심리학과 석좌교수인 리처드 니스벳Richard Nisbett은 "인간의 생각과 행동엔 개인의 성격이나 기질보다는 상황이 큰 영향을 미친다."라고 말했다.[19] 나는 이 주장에 전적으로 동의한다. 직장에서는 상황과 성장 배경이 다른 두 문화권의 사람이 만난다는 점을 서로 이해해야 한다. 서로를 이상하게 생각하여 배제하기보다는 수용해야 한다.

사회 심리학에서 자주 등장하는 '귀인 오류Attribution Theory'란 개념이 있다. 다른 사람의 생각과 행동의 원인을 복잡한 상황보다 단순한 성격에서 찾는 경향을 말한다. 이런 오류는 자신의 판단이 '보편적인 진리'라는 과신에서 시작한다. 사람은 각각 자신의 경험에 따라 '어떤 일'을 재해석하다 보니 당연히 해석에 차이가 난다. 귀인 오류는 이 차이를 잘 인식하지 못해 생기는 것이다. 자신이 예상했던 것과 다른 쪽으로 행동하는 사람을 보고 '성격이 이상해.' 혹은 '상식이 없어.'라고 섣불리 단정해버린다. 갈등을 볼 때 상황을 보지 못하고 개인의 특성으로 해석하면서 동조하거나 배제하려 든다. 직장에서 리더가 이런 사람이면 '나 잘난 독불장군'이 되고 팀원이 이런 사람이면 '불평주의 아나키스트'가 된다.

1990년대생과 1990년대 학번은 단순한 세대 차이가 문제가 아니라 세대의 환경이 달랐다는 것을 알아야 한다. 1990년대 학번은 베이비붐[20] 세대다. 출생률만큼 형제도 많았고 한 반에 학생 수도

---

19 리처드 니스벳·리 로스 저, 김호 역, 『사람일까 상황일까』, 심심, 2019

20 통계청 발표 자료에 따르면 1970년 출생아 수 100만 명, 1971년 102만 명, 가임 여성 1명당 4.5명 출산에 비해 1990년 출생아 수는 64만 명. 가임 여성 1명당 1.57명의 출산율을 보였다.

직장에서는 상황과 성장 배경이 다른 두 문화권의 사람이 만난다는 점을
서로 이해해야 한다. 서로를 이상하게 생각하여 배제하기보다는 수용해야 한다.

60~70명으로 많았다. 태어나면서부터 많은 형제 속에서 희생과 양
보를 배웠고 협업과 분배라는 사회관계를 익혔다. 어려운 시절이라
귤 한 쪽, 사과 하나도 나눠 먹는 것이 당연했다. 졸업 후 IMF 현실
에서 간신히 일자리를 구했다. 그러다 보니 직장에서 절대적 권력자
인 상사의 분위기를 살피는 것은 생존 전략이었다. 시키는 대로 일
하는 것이 일 잘하는 법이었다. 협업과 헌신 속에 회사가 성장했고
실력을 키워나갔다. 일사불란하게 발로 뛰면 성과가 나는 신입사원
시절을 보냈다.

반면 1990년대생은 현재 30세 전후로 직장에서 사원과 대리를
차지하고 있다. 형제는 많지 않아서 부모님들의 교육적 투자를 많이
받았다. 교육 정책과 맞물려 상대평가, 내신, 서열화, 줄 세우기 등
치열한 학창 시절을 보냈다. 취업에 가장 준비된 세대지만 경제가
어렵다 보니 미래가 불투명하다. 스펙이 상당해서 해외 경험도 많

고, 언어 능력도 좋고, IT 활용력도 뛰어나다. 치열한 경쟁 압박에서 살아남으려면 협업이 아니라 '혼자 살아남기'에 매진해야 했다. 팀 플조차도 파트별로 역할을 명확히 분배하고 기여도를 분명히 밝혀 개인별로 평가받는 것에 익숙하다. 시대적으로도 변화에 빠르게 적응하려면 혼자 민첩성 있게 대응하는 것이 효과적이라 믿는다.

길을 나서지 못하는 것은 어둠이 아닌 두려움 때문이다

1990년대 학번과 1990년대생을 잘 이해하려면 먼저 1960년대생 세대를 알아야 한다. 1960년대생은 1990년대 학번과 1990년대생에게 영향을 많이 준 세대다. 1990년대 학번의 직장 생활을 가르친 멘토였고 1990년대생에게는 헌신적인 부모다. 민주화 운동을 주도했던 세대로서 경제 성장을 이끌었고 현재 직장에서 임원급을 구성하고 있다. 경제 성장에 따라 거대기업의 인력 확충으로 취업이 쉬웠다. 하지만 잘나가던 시절 IMF 구제금융 사태를 겪으며 정리해고의 밑바닥을 직접 경험했다. 경쟁에서 살아남기 위해선 개인의 실력이 필요하다고 몸으로 느꼈다. 실력을 키운 1960년대생만 직장에서 살아남았다. 남은 자들은 투쟁 정신으로 무장되어 목적을 이루었고 테헤란로의 벤처 신화를 이루었다.

1960년대생들은 지금 1990년대생들의 부모 세대다. 그들은 마음만 먹으면 다 된다는 신념으로 자녀들에게 "넌 뭐든 할 수 있어." "네가 최고야." "너는 특별해."라고 양육했다. 하고 싶은 대로 생각한 것을 자신감 있게 표현하라고 가르쳤다. 대신 최고와 바닥을 경험해 봤기에 생존과 성과에 대한 조급함이 있다. 엄마는 인맥, 경험,

출생 기준	1960년생	1970년생	1980년생	1990년생
학번 기준	1980년대	1990년대	2000년대	2010년대
회사 직위	실장, 임원급	차·부장, 팀장	대리, 과장	사원, 대리
주요 특징	민주화 운동, 경제 발전, 1970년생의 직장 멘토, 1990년생의 헌신적인 부모	베이비붐 세대, 졸업 후 IMF	밀레니얼 세대, 고스펙, 단순, 재미, 정직 중시	

정보 모든 것을 활용해서 자녀를 양육했고 아빠는 기꺼이 기러기라는 이름으로 희생했다. 그들이 최고의 경쟁력을 가진 아이를 양육해서 1990년생은 독립성이 강하고 표현이 확실하다. 준비되어 있기에 더욱 기회의 공정성에 민감하고 작은 기회조차 허투루 사용하지 않는다. 어떤 기회든 활용해 자기 성장에 활용한다.

1960년대생은 강한 리더십으로 회사를 진취적으로 성장시켜 나갔다. 그들이 팀장 시절에 1990년대 학번이 신입사원이었는데 강한 압력으로 이끌었다. IMF 시절 간신히 취업한 1990년대 학번은 성취욕 강한 선배를 보필하며 협업했고 조력이 미덕임을 배웠다. 성격 강한 팀장들의 성과를 돕는 과정에서 구둣발 조인트와 날아가는 결재판을 일상적으로 경험했다. 지금은 없어진 지 오래지만 구둣발 무서운 현대와 월화수목금금금 밤새는 삼성이라는 일화는 1970년대생 라떼 부장들의 멘트에 종종 등장하곤 한다.

물론 세대 구성원 모두가 같은 특성이 있다는 것은 아니다. 다만 세대의 특징과 공통의 경험이 분명 있다는 말이다. 세대에 따라 '당연한' 것이 다를 수 있다. 다름은 틀림이 아니다. 서로를 알면 서로를 이해하게 된다. 이해하면 장점을 발견할 수 있고 서로의 마음이 보인다. 협업이 가능하다. 어두운 밤길 반대편에 오는 누군가가 가장 무서울 때는 누구인지 알 수 없을 때다. 상대를 알면 무섭지 않다. 더구나 동료라면 무섭지 않고 반갑다.

길을 나서지 못하게 하는 것은 어두워서가 아니라 두려워서다. 길이 두려운 것이 아니라 만나게 될 미지의 존재가 두려운 것이다. 어두울수록 서로를 확인하는 것이 중요하다. 서로의 위치를 확인하고 서로의 마음을 확인해야 한다. 기꺼이 손잡고 함께 갈 수 있어야 한다.

협업 목적은 분명히 하되 거리 두기도 하자

다르다는 것은 틀림이 아닌 동시에 경쟁력이다. 모든 사람은 완벽하지 않기 때문에 서로 돕고 보완할 때 시너지가 난다. 모두 다르기 때문에 가능한 일이다. 1990년대 학번 선배들은 다양한 경험, 노하우, 융통성, 끝까지 해내는 일 근육을 갖추었다. 1990년대생 후배들은 신선한 아이디어, 심플라이프와 재미를 추구하고 트렌드를 안다. 그들이 상호 보완할 때 시너지가 난다. 이 두 세대를 버무려 시너지를 내려면 약간의 양념이 필요하다. 세대별로 활용할 수 있는 꿀팁 두 개씩만 소개한다. 백종원의 음식 꿀팁처럼 작지만 감칠맛을 내는 꿀팁이다.

먼저 1990년대 학번에게 드리는 팁은 이렇다. '협업 목적을 분명하게!' 그리고 '지혜로운 거리 두기!' 이 두 가지만 지키면 남다른 선배와 리더가 된다. 1990년대 학번들은 스스로가 좀 괜찮은 팀장이라 생각한다. 1990년대 학번이 대리 시절 만났던 팀장들은 실무 없이 결재란에 확인 도장만 찍는 사람이었다. 신문 보기와 담배로 때우며 권위적이고, 성희롱과 괴롭힘이 일상인 상사였다. 그런데 지금 나(팀장)는 팀원만큼 열심히 일하고 팀원들을 배려하니 옛날 팀장들과 비교하면 스스로가 정말 괜찮은 팀장이라 생각되는 것이다. 하지만 이 말은 부모님의 6·25, 월남전 이야기만큼이나 지루하다. 비교 기준을 과거가 아니라 미래의 것으로 전환해야 한다. 좋은 리더십은 스스로의 판단으로 생기는 것이 아니라 따르는 직원들이 인정해야 생기는 것이다.

1990년대생과 협업할 때는 목적을 분명하게 밝혀야 한다. 그들에게 "우리가 남이가."라는 말은 안 통한다. 그냥 "시키는 대로 해."라고 하면 참여를 이끌기 어려우니 협업을 통해 어떤 의미와 성장이 있는지 알려야 한다. 그리고 모든 영역을 협업으로 보면 안 된다. 휴가도 회식도 조직 분위기를 살피는 업무의 연장이라 생각하면 안 된다. 협업은 업무로만 한정한다. 목표와 역할에 한정해 협업 영역을 수정한다. 1990년대생은 정직함이 중요한 세대다. 형식과 내용의 일치를 바란다. 휴가 결재 후 "나는 못 가는 휴가, 넌 가니 좋겠다."라며 불편함을 주는 것은 금물이다. 그러려면 휴가 결재를 하지 말아야 한다.

또한 지혜로운 거리 두기가 필요하다. 코로나바이러스로 거리 두기란 말이 익숙해졌다. 후배들은 SNS가 자연스럽다. 메일로 업무를 보내면 업무를 했다고 생각한다. 업무 중심으로 일을 하고 그 외에는 개인을 우선시하는 사고방식을 인정해야 한다. '우리 애들'이란 표현은 금물이다. 가깝다는 표현으로 사용하지만 후배들이 선배들에게 듣기 싫은 말 1순위가 '우리 애들'이다. 독립적 관계로 대우해

주길 바란다. 반말은 집에 가서 하자. 사생활 질문과 관심은 자제가 필요하다. 못하겠으면 차라리 입을 닫아라. 인간관계는 화로처럼 멀지도 가깝지도 않게 하는 것이 지혜다.

약간의 눈치가 성공의 차이를 만든다

다음은 1990년대생에게 드리는 팁이다. 무엇보다 약간의 일 센스와 대면 활동을 추가하면 별풍선이 추가된다는 것을 기억하자. 라떼 부장님이 말하는 것이 모두 틀렸다고 생각하면 성장하기 어렵다. 1990년대 학번들이 협업을 중시하는 것은 경험적으로 이미 증명된 조직 운영 방법이기 때문이다. 거절은 솔직함일 수 있고 수용은 손실이라 생각할 수 있다. 하지만 선배들은 약간의 일 센스와 대면 활동을 예의와 존중이라고 해석한다. 변화하는 시대에는 홀로 성장할 수 없다. 큰일일수록 협업이 성취 전략이다. 내 스타일에 대한 존중만큼 선배 세대들의 좋은 점을 찾아 내 것으로 만들어야 한다. 협업을 통해 직장이 발전할 수 있도록 공헌하면 나도 성장한다.

선배 세대는 직접 만나서 일하는 것에 익숙하고 그것이 더 효과적이라 생각한다. 메일을 보내면 끝나는 것이 아니다. 전화나 문자로 알려서 상대가 메일을 열어 봤다는 증거를 확인해야 끝난 것이다. 일은 일방적이지 않다. 일을 통해 다름을 맞춰가야 한다. 선배 세대엔 분위기나 상사의 요구에 무조건 맞춰주는 사람들이 많았다. 그 당시에 나는 기분 나쁘지 않게 하고 싶은 말을 다하는 사람이어서 주목받을 수 있었다. 그런데 지금은 대부분이 하고 싶은 말, 싫다는 거절을 일상적으로 표현한다. 이때 필요한 것이 센스다. 약간의

선입견이 많고 변하지 않으려고 할 때 성장하지 못한다.
늙음은 성장이 멈추면서 시작된다. 성장을 포기하면 30대에도 꼰대가 될 수 있다.

눈치는 배려로 보이고, 참는 태도는 근성으로 보인다.

선배들은 눈치 빠른 후배들이 일을 잘한다고 판단한다. 예일대를 졸업한 한국계 작가 유니 홍은 눈치 보기가 행복과 성공의 비밀이라는 주장을 담은 책을 펴냈다. 서양에는 눈치란 말이 없고 당연히 눈치 보는 사람도 없다. 그런 사회에서 약간의 눈치가 성공의 차이를 만든다는 것이다. 남들과 달리 분위기를 파악하고 대처할 때 남다름이 돋보였다고 한다. 눈치의 긍정적 표현은 배려이고 상대에 대한 존중이며 성공의 비결이다.

『응답하라 1988』에서 성동일의 대사를 전한다. 생일날 서운해하는 둘째 딸에게 성동일은 "잘 몰라서 그래. 아빠도 태어날 때부터 아빠는 아니었쟈네. 아빠도 아빠가 처음인디 우리 딸이 좀 봐줘잉~."

모든 사람에게는 이번 생이 처음이다. 처음 겪는 상황이고, 처음 받은 배역이다. 팀 리더로서 팀원들과 새로운 시장에 대한 대응이

다소 미숙할 수 있다. 사람은 완벽하지 않다. 나도, 팀장도, 조직도 그렇다. 선입견이 많고 변하지 않으려고 할 때 성장하지 못한다. 늙음은 성장이 멈추면서 시작된다. 성장을 포기하면 30대에도 꼰대가 될 수 있다.

인간의 욕망을 잘 드러낸 제인 오스틴의 소설 『오만과 편견』에는 이런 말이 나온다. "오만은 다른 사람이 나를 사랑할 수 없게 만들고 편견은 내가 다른 사람을 사랑하지 못하게 한다." 같은 목표를 위해 일하는 동료는 서로 인정하면서 함께 성장해야 할 소중한 존재임을 기억하자. 다른 것을 아름답게 볼 수 있어야 나 또한 아름다워지는 법이다.

선배는 후배를 바라보고 후배는 선배를 바라봐야 한다.
한 번 더 서로 배려해보자.

4

일잘러는 모두에게
잘하지 않는다

소시오패스와 나르시시스트를 피하자

모든 사람에겐 배울 점이 있지만 피해야 할 사람도 있다. 소시오 패스와 나르시시스트다. 소시오패스는 주변 사람을 도구로 보고 희생시키는 사람이고, 나르시시스트는 자기 우월감에 도취해 남의 공적을 쉽게 가로채는 사람이다. 실제로는 살인을 일삼는 사이코패스가 더 무섭지만 사실상 사이코패스가 직장에 자리 잡기는 쉽지 않다. 하지만 소시오패스나 나르시시스트는 성과 지향적이라 조직 목표를 달성해야 한다는 명분으로 조직 내에 쉽게 들어올 수 있다.

사람에겐 이기적인 마음과 이타적인 마음이 공존한다. 직장 생활을 하면서 부끄러운 마음들이 한 줌쯤은 있게 마련이다. 잘 숨긴다고 마음 구석 꼭꼭 숨겨도 모난 물건 튀어나오듯 내 마음을 들켜버려 당황한 적도 있다. 그런데 직장 생활을 하면서 가장 경계해야 할 사람은 실수하고 부끄러워하는 사람이 아니다. 부끄러움을 아는 것은 오히려 장점이다. 그것을 통해서 사람은 성장하게 마련이다. 나무의 옹이는 가지 수를 늘리려는 나무의 노력에서 나온다. 이와는 반대로 조직에서는 무서운 사람들이 있으니 부끄러움에 대해 무감각하거나 부끄러움을 아예 모르는 후안무치한 사람이다.

소시오패스나 나르시시스트는 일을 진행하면서 사람을 대할 때 무감각하고 부끄러워할 줄 모른다. 조직에서 누군가가 소시오패스나 나르시시스트라고 판단되면 최대한 피해야 한다. 그들에게 상처받지 않도록 스스로를 보호하고 정신 차리고 벗어나야 한다. 로버트 그린Robert Greene은 『인간 본성의 법칙』에서 '긍정으로 포장한 파괴자들'을 경계해야 한다고 말한다. 이들은 조직에의 헌신, 높은 기준이란 먹음직스러운 사과를 내밀지만 그것은 먹으면 독이 된다. 성과를 내야 한다는 이유로 구성원들을 몰아붙이고 일을 못한다고 폭발하고 고함치는 등 억압을 활용한다. 그들은 남에게 일을 맡기지 못하고 모든 걸 직접 감독해야 속이 풀린다. 기준이 높거나 헌신적인 것이 아니라 통제력을 행사하고 싶어 하는 유형이다. 상대가 통제권을 벗어나려고 할 때 강한 압력을 행사하고 벌레처럼 밟으려 한다. 소시오패스의 전형이다.

로버트 그린은 '반항아' 유형도 소개한다. 권위를 싫어하고 약자를 사랑한다며 정의를 내세우는 매력적인 사람으로 자신을 포장한다. 하지만 선생님을 비웃는 반항기의 10대처럼 날카로운 유머감각으로 상대를 깎아내리는 데 재능을 사용한다. 그들은 권력자를 비판하지만 자신에 대한 비판은 수용하지 못하고 모든 것을 본인 뜻대로 하고자 한다. 그 뜻을 방해하면 어떤 식으로든 상대를 압제자로 묘사하면서 악의적 농담의 표적으로 만든다. 관심 중독 증세를 보이는 이들은 우월감을 느끼고 싶은 강박에 눌린 사춘기를 벗어나지 못한 것뿐이다. 이것이 상대를 낮추어 자신을 높이는 나르시시스트의 모습이다.

사실 우리에게도 이런 모습이 있다. 공격성은 새로운 도전과 변화를 추진하기 위해선 아주 필요한 에너지다. 긍정적으로 작용한다면 적극성과 도전 정신으로 나타나지만 부정적으로 사용되면 그 공격성은 상대를 겨누는 칼이 된다. 우리는 이와 같은 공격성으로부터 스스로를 관리하고 객관적 시각으로 자신을 들여다봐야 한다.

소시오패스와 나르시시스트는 회사를 위기에 빠트린다

소시오패스와 나르시시스트는 비슷한 점이 많다. 매력적인 성격, 강력한 카리스마로 사람들을 끌어당기는 힘이 있다. 즉흥적이지만 치열하기 때문에 열정이 넘쳐 보인다. 성과를 잘 내고 승진도 빠르다. 자기애가 강해 자기 자랑, 과시, 포장을 잘한다. 위장술이 뛰어나서 멀리서 봤을 땐 멋지지만 같이 일하는 사람들은 힘들다. 팀원들에게 두려움이나 자책감을 느끼게 해서 이들이 지배하는 부서의 특징은 이직률이 유난히 높다. 이직한 사람들이 보통 경쟁사로 이직한다는 점에서 회사를 위기에 빠트린다.

소시오패스와 나르시시스트는 처음에는 친절과 뛰어난 립서비스로 사람의 마음을 얻는다. 관계가 형성되면 자신이 얻고 싶은 것을 얻기 위해 상대를 도구처럼 본다. 공감 능력은 매우 부족한 반면 공포를 활용할 줄 안다. 공포 분위기를 조성해 두려움을 만들고 지배하고 착취한다. 성공을 위해 수단과 방법을 가리지 않으며 거짓말도

우리 가운데 25명 중 한 명꼴로 소시오패스가 있다고 한다.

서슴지 않는다. 이기적이고 지독하게 자기중심적이다. 그런데 정작 무서운 점은 직장 생활에서 확실하게 티가 나지 않는다는 것이다. 소시오패스는 '반사회성 성격장애ASPD, Anti-Social Personality Disorder'를 겪는 사람으로 의학적 규정은 아니지만 공감 능력이 아주 낮은 사람을 말한다. 하버드대 임상심리사 마샤 스타우트Martha Stout에 따르면 우리 가운데 25명 중 한 명꼴로 소시오패스가 있다고 한다. 100명 조직에는 4명, 300명 조직에는 12명 정도가 존재하니 보통 직장에도 있을 수 있다는 말이다.

소시오패스를 구분하기 위해 알아야 할 특성은 두 가지가 있다. 첫째, 일반인들과 감정 반응이 다르다. 그들의 감정 사용의 목적은 사람들을 지배하려는 것이다. 감정 조절에 뛰어나서 목적만 달성한다면 아무 감정이나 꺼내서 사용할 수 있다. 불같이 화를 내서 사람들을 긴장시키고 공포감을 만들다가도 곧바로 평온한 상태가 되기도 한다. 감정 사용에 인과관계나 일관성이 없다. 친한 사이였는데 하루아침에 등을 돌리는 것이 이상하지 않다. 배신하고 뒤도 돌아보지 않는다. 같은 부서에서 등 돌리고 말 한마디 안 하는 관계에 전혀 불편해하지 않는다. 예를 들어 친구가 큰 어려움에 빠졌다고 이야기하면 그 친구의 어려움은 보지 않고 자신의 입장만 생각한다. "왜 나에게 먼저 말 안 했어!"라며 화낸다. 사람보다 자신에게 어떤 손해가 있을까를 먼저 고민하는 사람들이다. 목표 달성을 위해서라면 말을 바꾸고 상황에 따라 다르게 반응한다. 만약 "지난번에는 다르게 말씀하셨는데요!"라고 일관성에 의문을 제기하면 소시오패스들은 자신을 비난한 것으로 인식해서 모든 것을 동원해 상대를 공격하는 데 초점을 맞춘다. 공격을 위해서라면 없던 일도 만들어낸다.

둘째, 죄책감이 없다. 인생을 이기고 지는 게임으로 여겨 주변 사람들을 이용한다. 자신의 성공을 위해 거짓말을 일삼는다. 실제로 그 거짓말을 스스로도 믿는다. 언변이 뛰어나 듣는 상대는 사실과 혼동하기 쉽다. 거짓말이 들통나면 후회하는 악어의 눈물을 보이고 동정심에 호소하면서 순진함으로 포장한다. 모든 일은 자신의 입장에서만 유리하게 해석하고 회피할 뿐이다. 가는 곳마다 결국 갈등과 논쟁이 벌어지며 인간관계가 깨지지만 자신이 문제의 원인이라는 사실을 자각하지 못한다. 진심으로 반성하거나 사과할 줄 모른다.

소시오패스는 고칠 수 없으니 빠져나와야 한다

브레이크가 고장 난 기차를 운행하는 기관사에게 두 개의 선로 방향이 있다고 하자. 한쪽 선로에는 다섯 명이 있고 다른 한쪽 선로에는 한 명이 있다. 어느 쪽 선로를 선택하겠는가? 이것은 소시오패스 테스트로 유명한 질문이다. 이 질문의 포인트는 답이 아니라 망설임에 있다. 일반인은 다섯 명의 죽음과 한 명의 죽음 중 하나를 선택하라면 주저한다. 한 명이라는 사람이 보이기 때문이다. 하지만 0.1초의 망설임도 없이 당연히 한 명이 죽는 쪽으로 선택하는 사람이라면 객관성, 효율화, 이성만 강조하는 소시오패스적 성향이 강하다고 한다. 소시오패스는 이러한 판단을 망설임 없이 쉽게 한다. 그들에게 걸리면 안 된다. 철로 위의 사람이 나일 수 있는 위험한 상황에 빠질 수 있으니 피하는 것이 상책이다.

소시오패스가 직장 안에서 나와 가까이 있다면 가능한 관계를 맺지 않는 것이 좋다. 어쩔 수 없이 관계를 유지해야 한다면 그가 '성격장애'를 겪는 사람이라는 걸 알고 대응해야 한다. 그래야 내가 덜 상처받고 덜 괴로울 수 있다. 소시오패스 피해자들은 소시오패스의 책임 전가에 순응해서 문제의 책임이 자기에게 있다고 잘못 생각하기 쉽다. 잘못을 남에게 돌리는 것이 소시오패스의 전형적인 기술이라는 것을 알아야 한다.

소시오패스는 고칠 수 없다. 그들을 변화시키는 것은 전문적인 심리학자에게도 매우 어려운 일이다. 소시오패스에게서 빠져나오는 방법은 가능한 감정 반응을 하지 않는 것이다. 그러면 쉽게 접근하지 못한다. 동정심을 유발하는 피해자 코스프레에도 속으면 안 된다. 연민을 느끼거나 '고맙다'는 감정을 전달해서는 절대 안 된다. 내가 감정을 보이면 지속적인 관심의 대상이 되고 그들은 나의 감정과 상황, 학연, 지연, 혈연, 과거의 모든 일, 가정환경, 사생활까지도 끌어내 이용한다. 그러니 내가 필요한 사람이 아니라고 생각하게 만들어야 한다. 소시오패스에게는 필요한 사람이 되지 않아야 빠져나올 수 있다.

나르시시스트의 세상에는 자신만이 존재한다

반면 나르시시스트는 자기애성 성격장애Narcissistic Personality Disorder를 겪는 사람이다. 과도한 인정과 존경을 필요로 한다. 인정 욕구를 채우기 위해 사람들과 착취적인 대인관계를 형성한다. 권력에 집착하며 자기 과시를 하고 싶어 한다. 만약 직장의 리더라면 수시로 찬양을 강요하거나 타인을 깎아내려 자신의 우월함을 증명하려 하고 구성원을 자신의 가치를 높이기 위한 도구로 생각한다. 자신이 가진 권력을 사용해 구성원들에게 사적 편의를 제공해 자기 편으로 만들고는 그 대가로 자신에게 특별한 대우를 요구한다.

실제 사례다. 어느 회사 부서장은 팀원에게 매일 퇴근길 본인의 가방을 들고 승용차까지 배웅해달라 했다. 생일날 아침 팀원을 집으로 불러 미역국을 끓여달라 하고는 팀원이 자신을 존경한다며 자랑했다고 한다. 또 어떤 회사 팀장은 자신이 우월하다는 이야기를 자주 듣고 싶어 했다. "내가 어떤 리더인지, 어떤 도움을 줬는지 말해봐라!" 회의 시간에 팀원들에게 자신을 칭송하도록 돌아가면서 발표를 시키기도 했다고 한다. 나르시시스트 리더에게 팀원들은 자신을 돋보이게 하는 연장이자 장신구일 뿐이다.

그럼에도 나르시시스트가 이상적인 리더로 비치기도 한다. 나르시시스트들은 협상력이 좋고 비전 제시를 잘한다. 대중들에게 좋은 이미지를 주기 위해 행동이나 말투를 관리할 줄 안다. 자신감과 매력이 있고 거만과 자신감의 경계에 서서 우월감을 표현한다. 카리스마 있게 약속하고 표면적으로 대의를 주장하며 작은 성과도 크게 과장한다. 스스로 지적 능력, 문화 취향을 상당한 수준이라 여기면서 혹시라도 다른 사람이 그렇게 생각하지 않을까 봐 불안해한다. 그래서 끊임없이 확인받고 싶어 하고 자신의 능력과 인맥을 자랑한다. 정치인이나 유명인을 잘 안다는 말이 늘 입에 붙어 있다.

조직에서 나르시시스트는 위험하다.
자신의 권력 유지를 위해 이간질도 서슴지 않기 때문이다.

조직에서 나르시시스트는 위험하다. 자신의 권력 유지를 위해 이간질도 서슴지 않기 때문이다. A에게 B 이야기를 전하고 B를 만나면 A에게 들었다며 이간질을 한다. 본인의 능력이 아니라 타인의 능력으로 이룬 성과도 자기 것으로 포장한다. 타인의 아이디어를 탈취해서 팀원이 공들여 한 일을 가로채고는 당당하게 자신이 한 일이라며 자랑질을 서슴지 않는다. '너는 고작 보고서만 썼을 뿐이다. 단숨에 그걸 내것화하는 것은 내 능력이다.'라고 생각한다.

나르시시스트에게서 도망쳐야 내가 산다

심리학자 레스 카터Les Carter 는 "나르시시스트는 가까운 사람들의 삶을 불행하게 만드는 데 탁월한 능력을 발휘한다."라고 했다. 자신의 성과를 위해 일을 밀어붙였다가 실패하면 원인을 다른 직원의 무능력함과 비리비리함으로 몰아간다. 팀원이 자신을 떠나려 하면 자존감에 상처받는다. 자존감이 아주 낮아서 자존심이 상하면 자극을 받아 흥분하고 보복한다. 자신의 잘못을 모두 남에게 돌리며 끊임없이 비난한다.

그런데 놀라운 것은 직장에 이런 사람들이 상당히 존재한다는 것이다. 나르시시스트를 피하는 유일한 방법은 이것이다. '안타깝게도 당신과 일하기 어려운 상황'이라고 표현하는 것이다. '육아로 인한 휴직'을 해야 한다거나 '당신과 같이 일하고 싶지만 건강이 나빠져서 어쩔 수 없이'라는 이유를 만들어야 한다. 내가 비겁해서가 아니라 이렇게 해야 나를 보호하고 그 끈을 잘라낼 수 있다.

나르시시스트의 자기애가 손상되면 반드시 보복한다. 그야말로 패대기를 쳐서 팀에서 방출하고 상대를 비하하고 무능력하게 만든다. 상대가 쩔쩔매면 더 전의를 불태워서 사람을 무참히 밟아댄다. 그러니 무조건 피하고 도망쳐야 한다. 나는 무능한 사람이 아니다. 나를 보호하는 것이 먼저다. 최대한 빨리 도망가는 것이 상책이다.

직장에서 생활하며 성과를 내고 성장한다는 것은 인생의 축복이다. 누구에게나 배울 것이 있지만 도망쳐야 할 사람도 있다. 소시오패스와 나르시시스트는 반드시 피해야 한다. 참으며 버티는 것은 성장에 절대로 도움이 되지 않는다. 결과적으로 내가 피해를 입는다. 만약 지금 그들과 함께 있다면 나에게 문제의 책임을 돌리지 말아야 한다. 그들에게서는 버티는 것이 능사가 아니라 빨리 빠져나오는 것이 중요하다. 내가 나를 지켜야 한다.

소시오패스와 나르시시스트와 거리 두기를 바로 시작하자.
버려야 하는 인간관계도 있다.

5

일잘러의 대화에는
원칙이 있다

대화는 CPR 심폐소생술이다

인간관계에서 가장 큰 영향을 미치는 것은 말이다. 말 한마디에 관계와 기회가 생기기도 하고 무너지기도 한다. 대화는 상대의 삶 전체를 바꿀 힘을 지녔다. 의료 행위로 생명을 살리는 CPR_{Cardiopulmonary Resuscitation}이 있듯 대화에도 CPR_{Contents, Process, Relation}이 필요하다. 첫째, 내용과 정보가 충실하거나 둘째, 방법을 개선하거나 셋째, 관계가 좋아지는 것이 진짜 대화다.

대화를 통해 이 세 가지 중 하나라도 얻지 못했다면 그것은 자기 자랑이나 감정 배설에 불과하다. 대화를 자기 자랑이나 감정의 배설 창구로 사용하면 안 된다. 자기 자랑은 재수 없고, 감정 배설은 더럽다. 대화로 내용이 바뀐다는 것은 새로운 정보를 알게 하거나, 일의 결과물을 좋게 만든다는 것이다. 제안, 설득, 합의 혹은 일에 대한 이해를 구하는 대화는 긍정적이다. 그리고 대화를 통해 일하는 방식을 바꾸거나 방법을 개선하게 할 수 있다. 타성으로 했던 일을 새롭게 바라보고 일의 목적을 찾아 제대로 할 수 있게 하는 것이다. 상호 피드백도 마찬가지다.

이것이 직장에서 꼭 지켜야 하는 대화 원칙이다. 내용의 변화, 방법의 변화가 없는 대화라면 적어도 관계는 좋아져야 한다. 만약 대화 후 내용도, 방법도 변한 게 없는데 관계만 나빠졌다면 실패한 것이다. 그런 대화는 차라리 안 하는 게 좋다.

만약 대화 중 상대방이 입을 다물거나 공격적으로 반응한다면 이유가 무엇인지 알고 대처해야 한다. 무엇을 두려워하는지, 방어심리를 왜 자극했는지, 의도를 오해하고 있다면 바로잡아야 한다. 100% 상대방이 틀렸다고 해도 왜 그런 생각이나 결론을 냈는지 내용을 알아야 한다. 오해는 풀고 의도는 분명히 하고 서로 도울 방법을 찾는 것이 대화의 기능이다.

"니가 그카이끼니 내 그카지, 니 안 그카모 내 그카긋나?"

이 정겨운 말은 경상도 어르신이 대화를 회복하기 위해 친구에게 하는 말이다. 표준어로 바꾸면 "네가 그렇게 말하니까 나도 그렇게 말하지. 네가 그렇게 안 말했으면 내가 그렇게 말하겠냐?"이다. 대화는 손뼉 치기다. 화해하자는 의도는 좋지만 '네가 그렇게 말했기 때문에'라고 시작하면 문제를 해결하기 어렵다. 자기 합리화는 잠시 멈추자. 상대가 그렇게 말했더라도 내가 다르게 말하면 문제는 풀린다. 잘잘못을 따지기보다 내용, 방법, 관계의 개선이 더 중요하다.

감정을 공격하지 말자. 사람은 감정의 동물이기에 감정적 충돌을 겪으면 쉬운 문제도 어렵게 된다. 잘잘못은 감정이 누그러진 후 풀면 된다. 우리가 대화하는 이유는 변화와 성장을 위해서이기도 하지만 대화를 통해 서로의 감정을 다독이고 위로하고 위로받기 때문이다.

대화에서 지나친 자신감은 독이 된다. 나는 옳고 너는 틀리다는 태도나 컨설턴트처럼 가르치려는 말투는 거부감을 준다. 상대방의 입장에서 대화해야 한다. 커뮤니케이션을 잘하는 지인은 대화할 때 상대방이 즐겨 사용하는 단어를 기억해서 사용한다고 한다. 그래야 상대방에게 전하고 싶은 이야기를 효과적으로 소통할 수 있기 때문이다. 진실하게, 결론부터, 친근하게! 글로 하는 대화라면 이모티콘을 적극적으로 활용하면 좋다.

말은 해야 할 때와 참아야 할 때가 있다

말은 타이밍이 중요하다. 같은 말이라도 타이밍에 따라 상대방은 다르게 들을 수 있고 결과가 변하기도 한다. 반드시 말해야 할 때 말하지 않고 속마음을 감추는 것은 정직하지 못하다. 말 끼어들기, 말 독점, 순서를 무시하는 말은 무례하다. 상대방의 기분이나 상태에 대한 고려 없이 말하는 것 모두 효과적이지 않다. 『논어』「계씨편」에서는 대화에 있어서 세 가지 잘못을 지적한다. '말할 때가 되지 않았는데 말하는 조급함, 말할 때가 되었는데 말하지 않는 은폐, 사람의 안색을 살피지 않고 말하는 눈치 없음'이 그것이다. 의견을 말해야 할 때 말하려면 용기도, 실력도, 절제도 필요하다. 지갑은 자주 열수록 환영받지만 입은 열어야 할 때를 구분해야 한다.

또한 공자는 유익한 즐거움 세 가지를 말했다. 절제된 예禮를 즐기는 것, 사람을 선善하게 이끄는 일을 즐기는 것, 현명한 친구를 많이 사귀는 것이다. 이를 대화로 바꾸어 표현하면 말할 때와 멈출 때를 알고 절제하며 선한 방향으로 이끄는 대화, 현명한 동료와 주고받는 대화로 직장 생활이 즐거워질 수 있다는 것이 아닐까. 다시 강조하지만 좋은 것은 내가 먼저 실천해야 한다. 말을 잘하는 것은 기술이 아니다. 대화의 제1원칙은 진실함이고 진실함은 때로는 기다림이 필요한즉 상대방이 들을 준비가 되어 있어야 진심이 통한다. 들을 준비란 감정이 이성을 마비시키지 않는 편안한 감정 상태를 말한다. 대화에서 들을 준비를 하게 하는 것이 경청이다.

경청은 감정을 다스리게 해서 들을 귀를 열어준다. 타인의 감정이 정상 범위에 올 때까지 할 수 있는 일은 듣는 것 말고는 없다. "그래서 그랬구나!" 하고 사실 그대로를 듣고 위로하는 것이다. 『리더 역할 훈련』의 저자 토마스 고든Thomas Gordon은 대화의 핵심인 '감정'에 대해 이렇게 말했다. "사람에겐 이성과 감정이 공존한다. 상대방의 감정을 빼주어야 상대가 비로소 이성적으로 받아들이기 시작한다. 감정의 홍수에 있을 땐 감정을 쏟아낼 수 있도록 충분히 들어야 한다." 상대방이 어려움을 겪거나 감정적으로 고조된 상황에서 조언이나 설교, 경고, 충고, 비판, 분석, 동정 등은 통하지 않는다. 상대방이 감정으로 차 있을 때는 들어야 할 때다. 감정이 빠져나가 이성이 자리 잡은 후 도움을 요청할 때 도와도 늦지 않다.

세상에 공짜는 없다. 대화를 통해 소통을 잘하고 싶으면 노력하고 연습해야 한다. 상대가 하고 싶은 말이 무엇이고 왜 말하고자 하는지 목적을 생각해야 한다. 최근 인사 담당자들을 대상으로 HRev Week 강연을 하면서 느낀 것이 연습이 부족하면 하고 싶은 말을 제대로 전달하지 못한다는 것이다. 내용이 있다면 정리해보고 어떻게 하면 내 말이 설득력이 있을까 다시 한 번 생각하고 연습해야 한다.

대화의 핵심은 좋은 의도가 아니라 '의도를 제대로 전달하는 것'이다.

의도가 좋을수록 갈등을 일으키기 쉽다

대화할 때 쉽게 간과되지만 주의해야 할 것이 있다. 좋은 의도의 나쁜 표현이다. 의도가 좋을수록 표현에 더 신경 써야 한다. 엄마의 잔소리가 진짜 힘든 이유는 모두 옳은 이야기이기 때문이다. 옳은 이야기라고 알지만 제대로 못하기 때문에 힘든 거다. 바른말은 의외로 폭력적이다. '팩폭'으로 야단치면 반론조차 힘들기에 더 잔인하다. 이처럼 알지만 실행을 못 할 때 하는 잔소리는 변화를 이끌지 못한다. 토마스 고든은 말한다. "명령, 경고, 설교, 충고, 논리, 비판, 유형화, 분석, 동정, 캐묻기 등은 커뮤니케이션을 방해하는 걸림돌이다. '너' 메시지가 아닌 '나' 메시지를 활용해야 메시지를 효과적으로 전달할 수 있다."

의도가 좋을수록 갈등을 일으키기 쉽다. 웬 궤변이냐고 할 수 있다. 사람은 좋은 의도가 있으면 자기도 모르게 우월감을 가지게 된다. 더욱이 상대방을 위한 조언이라 생각하면 더욱 그렇다. 잔소리

조언은 듣는 사람 입장에서 듣는 사람이 듣고 싶게 표현해야 한다.

는 행동을 바꾸지 못한다. 잘되라고 하는 조언인데 관계만 나빠지고 갈등만 생긴다. 나 중심으로 조언하기 때문이다. 상대방을 위한 조언이라는 자기의 좋은 의도만 생각한다. 아무리 옳은 이야기라도 매너 없이 강하게 표현하면 전달되지 않는다. 조언은 듣는 사람 입장에서 듣는 사람이 듣고 싶게 표현해야 한다. 대화의 핵심은 좋은 의도가 아니라 '의도를 제대로 전달하는 것'이다. 조언에는 내용보다 다독임이 중요하다. 맛있고 영양가 있는 대화는 매너라는 예쁜 그릇에 담아야 더 맛있게 먹을 수 있다.

존중이나 예의가 없다면 아무도 귀 기울이지 않는다

조언이란 다른 사람의 공간에 들어가는 것이다. 다른 사람의 공간에 들어가려면 세 가지가 필요하다. 첫째, 노크해야 한다. 존중이나 예의가 없다면 아무도 귀 기울이지 않는다. 나 메시지로 노크해서 "제가 들어가도 될까요?" 혹은 "나는 이렇게 느껴서 이야기하고 싶어요."라고 말한다. 둘째, 솔직하게 진심으로 대화를 시작한다. 셋째, 명령이나 판단이 아니라 사실만 말한다. 예를 들어 회의시간에 후배가 늦었다면 "왜 맨날 늦나요?"(판단, 비난)라거나 "다음에 늦으면 각오하세요."(경고)라고 하기보다는 "회의 시작했어요. 모두 기다리고 있어요."(사실)라고 단순하게 말한다. 사실만을 말하면 스스로 판단하고 스스로 판단하면 주도성이 생긴다. 스스로 변하려고 노력할 것이다.

표현은 하고 싶은 말과 좋은 의도를 담는 그릇이다. 동시에 말은 나의 격을 나타낸다. 내가 늘 부서 구성원들에게 강조하는 것은 '존중하는 언어'다. 매월 진행하는 HR 나눔 소통 회의에서 잊지 않고 당부한다. "말이란 별거 아닌 것 같지만 함부로 말하면 관계를 파괴합니다." 함부로 말하는 사람들은 '재미와 솔직'이라는 포장을 치지만 그건 그냥 무례한 거다.

요즘 맛집 탐방을 취미로 하는 사람들이 많고 맛집 방송과 맛집 블로거도 늘었다. 맛집의 핵심은 당연히 음식 맛이지만 타인에게 맛집으로 소개되는 곳은 음식을 담는 그릇, 분위기, 서비스까지도 강조한다. 음식을 제공하는 사장님의 매너가 느껴진다. 맛은 영상에 담을 수 없지만 그 분위기만으로도 충분히 그 맛을 상상할 수 있다. 직장의 인간관계에서 가장 큰 영향을 미치는 도구인 대화를 내용과 방법과 관계가 바뀌는 말과 매너 있는 태도로 함으로써 나와 조직의 위상을 높이자.

오늘 대화할 사람을 만나면 무조건 다섯 문장까지는 듣는다.
다섯 문장이 지나면 한 문장만 거들어보자.

일잘러들의 태도 7

좋은 습관을 기른다

1

일잘러는 성과를 내는
좋은 습관을 갖고 있다

습관만 관리해도 성과를 높일 수 있다

최소 노력으로 최대 성과를 내는 비법이 있다면? 바로 '습관'이다. 습관이 중요한 이유는 의지 없이도 특별한 의식 없이도 행동할 수 있기 때문이다. 『생활의 달인』에 등장하는 달인들은 오랜 습관이 자리 잡으면서 눈을 감고도 포장지를 접을 수 있고 보지 않고도 한 손에 정확히 100장의 지폐를 집어낸다. 우리가 운전하면서 대화가 가능한 이유 역시 습관의 영역에 일정한 행동 기능 일부가 위탁되었기 때문이다.

회사 일에서 주어진 목표나 성과에 도달하기 위해서는 집중과 반복이 필수다. 일의 숙련을 위해서는 지루한 시간과 싸우며 노력해야만 한다. 그러나 습관화하면 지루함을 느끼지 않고 반복된 행동을 지속적으로 할 수 있고 어느 순간에는 목표에 도달해 있는 것을 알 수 있다. 습관은 에너지를 절약하게 하며 절약된 에너지는 의지력을 발휘해서 돌파해야 할 순간에 힘을 모아 티핑 포인트에 도달하게 한다.

습관이란 오랫동안 되풀이하는 과정에서 저절로 익힌 행동 방식이다. 늘 하던 대로 반복하는 것, 아무 생각 없이 일을 진행하면서도 한다는 것도 모르고 하는 것이 습관이다. 오늘 아침에 일어나 세수를 할까 말까를 고민했는가? 바지를 입으면서 오른 다리를 먼저 넣을지 왼쪽 다리를 먼저 넣을지 신경 쓰는가? 우리는 무의식적으로 행동하기 때문에 습관에 따라 행동한다는 것을 의식하지 못한다. 무의식은 본능의 영역이다.

행동 심리학자 웬디 우드Wendy Wood는 30년간 축적한 방대한 실험 데이터를 토대로 아무 생각 없이 습관적으로 하는 행동이 하루 행동의 43% 정도를 차지한다는 연구결과를 공개했다. 개인 차이도 거의 없다.[21] 그 말은 행동의 43%를 차지하는 습관을 잘 이용하면 특별히 의지력을 발휘하지 않아도 원하는 모습을 만들 수 있다는 것이다. 습관만 잘 관리해도 성과를 높일 수 있다. 시간과 노력이 장기적으로 필요한 일을 습관 은행에 맡겨두면 나중에 이자까지 쳐서 결과를 받을 수 있다. 내가 노력했다는 사실도 모르게 말이다. 지루한 일은 습관에 맡기고 중요한 일에 집중해서 시간을 활용해야 한다.

습관의 주인이 되자

얀 뉴비 클락의 설명에 따르면 "인간은 습관적으로 행동하는 방식으로 정신적 에너지를 절약하고 그렇게 절약된 에너지를 더 시급

---

21 웬디 우드 저, 김윤재 역, 『해빗』, 다산북스, 2019

성공한 사람들에게는 습관과 관련한 많은 일화가 알려져 있다.
철학자 칸트가 매일 똑같은 시간에 산책한 것은 유명한 일화다.

하고 더 중대한 문제를 해결하는 데 사용하려는 경향이 있다."[22]라고 한다. 하루의 43%는 습관에게 맡기고 에너지가 필요한 나머지 부분에 집중해서 창의력과 의지를 사용할 수 있다는 것이다.

성공한 사람들에게는 습관과 관련한 많은 일화가 알려져 있다. 철학자 칸트가 매일 똑같은 시간에 산책한 것은 유명한 일화다. 동네 주민들은 칸트를 보고 정확한 시간을 알 수 있었다고 한다. 소설가 무라카미 하루키는 매일 네 시에 일어나 글쓰기를 하고 열 시엔 잠을 잔다. 그는 이렇게 말한다. "쓸 수 있을 때 그 기세를 몰아 많이 써버린다든지, 써지지 않을 때는 쉰다든지 하면 규칙이 깨지기 때문에 (습관을) 철저하게 지키려고 합니다. 타임카드를 찍듯이 하루에 거의 정확하게 20매를 씁니다."[23]

손흥민, 김연아, BTS 모두 매일 같은 시간에 연습하기로 유명하

22 강준만 저, 『습관의 문법』, 인물과사상사, 2019
23 무라카미 하루키 저, 양윤옥 역, 『직업으로서의 소설가』, 현대문학, 2016

다. 김연아 선수는 한 언론사 인터뷰에서 "(스트레칭)하면서 무슨 생각하세요?"라는 질문에 특유의 미소를 지으며 털털한 목소리로 이렇게 대답했다. "무슨 생각을 해요. 그냥 하는 거지."

우리는 매일매일 이런 습관을 이루는 의지력에 감탄하지만 정작 그들에겐 의지력이 아니라 습관일 뿐이다. 의욕이 없고 동기가 없으면 그냥 하면 된다. 러시아의 대문호 톨스토이는 말했다. "자기 습관의 주인이 돼라. 습관이 우리의 주인이 되도록 해서는 안 된다."

성공한 사람들은 모두 일상생활을 자기 의지에 맞춰 습관화했다. 몇 시에 일어날까? 오늘은 늦잠을 잘까? 공부를 할까? 줄넘기를 할까? 영어 공부를 할까? 고민하지 않는 습관을 익혀야 한다. 그냥 정해진 시간에 일어나고 퇴근 후 한 시간 운동을 한다. 선택을 줄여 더 중요한 일에 에너지를 사용하는 것이다. 습관이 쌓여 인생이 된다.

의지력이 아니라 습관이 답이다

성공한 사람들이 엄청난 의지력을 가진 것은 아니다. 그들은 의지력을 발휘할 순간을 최소화해서 그 힘을 정확히 사용한 것이다. 의지를 발휘하지 않아도 자동 실행되도록 습관화하는 것이 중요하다. 습관 근육이 붙으면 그다음은 쉬워진다.

회사에 학습물 출판 개발을 총괄하는 김CG 리더가 계신다. 학창 시절 공부 좀 했다는 20대라면 한 번쯤 풀어봤을 완자, 오투, 한끝, 개뿔을 총괄한 분이다. 그의 얼굴만이라도 뵙고 싶어 면접에 참여했다는 사람이 있을 정도로 업계에서 유명한 분이다. 15년 전 처음 만났을 때 일본어를 배우기 시작했다고 들었다. 열심히 하는 것 같지도 않았고 공부한다고 티 낸 적도 없었다. 실력이 빨리 늘지 않는다면서도 조급해하지도 않았다. 수년간을 습관처럼 매주 2회씩 일본어 학원에 다녔다. 15년이 지난 지금은 일본 교육박람회에서 회사를 대표해서 일본어 동시통역도 하고 설명도 한다.

김CG 리더는 10년 전에 고급 카메라를 사더니 꾸준히 출사하고 사진 강의를 들었다. 처음 몇 년 동안은 배우는 시간과 카메라 가격 대비 기술과 감각이 늘지 않았다. 차마 입 밖으로 내보진 못했지만 '비싼 카메라로 찍은 사진인데. 음….' '오래 해도 늘지 않는 것도 있구나!'라고 생각했다. 그런데 어느 날부턴가 툭하고 찍는 사진마다 느낌이 있다. 휴대폰으로 찍은 사진도 대상의 특징을 잘 살려 표현해내면서 작품 같은 사진들을 찍기 시작했다.

그분은 고민하지 않고 하고 싶은 일은 일상의 습관으로 만든다. 매일 운동하고 매일 언어를 공부하는 것이 어려운 일이 아닌 습관적인 삶을 산다. 내공은 그렇게 쌓이는 것이다.

좋은 습관은 좋은 삶을 가꾼다

일상에서 습관은 무척 중요하다. 아침에 일어나 직장에 갈 준비를 하고 밥 먹고 일하는 습관은 당연한 일상이지만 이런 습관이 무너지면 우울을 경험한다. 우울증을 겪는 사람들은 대부분 습관(루틴)이 무너졌기 때문이라 한다. 퇴직 후 무기력해지거나 육아를 위해 퇴직한 동료들이 오히려 건강 문제를 겪는 것을 자주 본다. 습관이 깨졌기 때문이다. 그래서 퇴직 후에도 출근할 때처럼 같은 시간에 일어나 일과를 보내는 경우 훨씬 무기력에 덜 빠진다고 한다.

일상의 습관은 스트레스를 주는 것이 아니라 내가 바라는 삶으로 이끄는 고마운 생활 지킴이다. 익숙한 생활 패턴이 나를 움직이게 한다. 우리의 몸과 마음은 신기해서 하기 싫던 일도 일단 발동이 걸려서 하다 보면 계기가 되어 계속하게 된다. 마치 자동화 기계 같다. 정신의학자 에밀 크레펠린Emil Kraepelin은 이런 정신 현상을 '작동 흥분 이론'이라고 명명했다. 우리 뇌는 몸이 일단 움직이기 시작하면 멈추는 데도 에너지가 소모되기 때문에 하던 일을 계속하는 게 더 합리적이라고 판단한다. 그래서 하기 싫던 일도 일단 시작만 하면 뇌가 자극을 받아 금세 그 일에 집중하게 된다. 그러므로 '시작이 반' 이라는 말은 심리학적으로 정말 타당한 말이다.[24]

잘하는 것보다 조금이라도 매일 하는 게 중요하다. 좋은 습관을 형성했다면 별도의 노력 없이 자동으로 고민하지 않고 성공이라는 엘리베이터를 탄 것이나 마찬가지다. 계단을 오르는 수고로움 대신 엘리베이터에 타서 편안하게 시간을 활용할 수 있다. 강력한 의지력이 아니라 습관만으로도 성공으로 갈 수 있다는 것은 우리 모두에게 꽤 희망적인 이야기다. 새해가 되면 작심삼일 하는 나의 의지력을 탓하거나 원망하지 않아도 된다. 좋은 습관을 만들기만 하면 된다. 노력을 최소로 하면서 성과는 최대로 만드는 비법이 바로 '습관'이다.

시간을 핑계로 멈추어둔 미래의 내 모습을 떠올려본다.
1주일에 두 번 한 시간씩만 내서 해본다.

24 이민규 저, 『실행이 답이다』, 더난출판사, 2011

2

일잘러는 쉽고 간단한 것부터 쌓아나간다

'한 발 담그기' 전략으로 새로운 습관을 만들자

습관은 적분積分과 미분微分이다. 무슨 말일까? 우선 습관은 적금처럼 '쌓아야積' 만들어진다. 그리고 새로운 습관을 쌓으려면 잘게 '나누어微' 시작해야 한다. 습관이 되면 의지가 필요하지 않다. 자동이기 때문이다. 그러나 새로운 습관을 만들기 위해서는 작은 의지로 할 수 있는 행동을 지속적으로 반복하고 축적하는 것이 필요하다. 습관으로 기를 행동은 부담스럽지 않은 작은 단위로 쪼개야 한다.

심리학자 도널드 헵Donald Hebb은 뇌의 가소성 법칙을 말한다. 우리 뇌는 어떤 행동을 반복하면 할수록 더 효율적인 구조로 변한다는 것이다. 행동이 반복될 때 세포와 세포 사이에 주고받는 신호들이 증진되고 신경학적 연결들이 촘촘해진다. 반복하면 할수록 행동이 쉬워지고 에너지가 적게 든다. 습관이 되는 것은 소요시간이 아니라 빈도에 좌우되는 것이다. 그래서 잘게 쪼개 여러 번 하는 반복이 중요하다. 빈도를 높이면 습관화가 빨리 진행된다. 일단 습관이 형성되면 또 하나의 습관을 붙여 나가야 한다.

천릿길도 한 걸음부터다. 습관은 지금의 '한 걸음'만 바라보면 된다. 습관의 시작은 최대한 작게 쉽게 오늘 '한 번 해보기'로 시작한다. 더도 덜도 말고 한 걸음이다. 2분 안에 끝낼 수 있는 습관을 기른다. 너무 큰 목표는 실행이 어렵다. 머나먼 천릿길에 주목하면 안된다. '건강을 위해 오늘부터 매일 두 시간씩 운동을 하겠다.'라는 야심 찬 목표는 칭찬받을 만하지만 오늘부터 정기적으로 두 시간을 내는 일은 어지간한 의지력으로는 불가능하다. 사람의 의지력에는 한계가 있다. 직장도 안 다니고 운동에만 집중하더라도 힘든 과제다. 새로운 습관을 만들려면 필요한 에너지가 줄어들어야 성공 가능성이 커진다. 2분 안에 끝낼 수 있는 습관은 처음 시도부터 부담스럽지 않게 할 수 있다.

동기는 어떤 자극을 받을 때마다 순간순간 다가온다. 해외여행을 다녀온 후엔 '영어 공부해야지!' 하고, 새해가 되면 '살을 뺄 거야.' '담배를 끊어야지.' 하고, 멋진 강사의 강의를 듣고 나면 '공부해야지.' '달라져야지.' 하고 강한 자극을 받지만 얼마 지나지 않아 동기는 시나브로 사라진다. '내가 그렇지 뭐!' 하며 나쁜 경험만 쌓인다. 작심삼일의 시작이다. 동기를 지속하기 위해서는 성공이 반복되는 기쁨을 맛봐야 한다. 사람은 성공하고 재미있으면 또 하게 된다. 이런 선순환을 만들기 위해선 작은 성공을 경험하는 것이 필요하다.

가능한 한 작게 시작해야 이루어진다

"변화와 성장의 과정에 '문전 걸치기 전략'을 활용하라."

정신과 의사 문요한이 한 말이다. 덩어리가 크면 뇌는 일단 두려워하거나 거부감을 느끼기 때문에 목표를 단계별로 나누어 한 걸음씩 나아가는 것이 중요하다는 것이다. 목욕탕의 뜨거운 탕 속에 아이를 데리고 들어가기는 쉽지 않은 일이다. 그래서 발부터 담그는 요령이 필요하다. 그러다 보면 뜨거운 물에 적응이 되고 더 들어갈 수 있는 준비와 용기가 마련된다. 중요한 건 첫 승리를 확보해서 발판을 마련한 다음 확장해 나가는 것이다. 말 그대로 한 걸음 한 걸음 전략이 필요하다.[25]

결심을 실천하지 못하는 것은 의지가 약해서 벌어지는 일이 아니다. 스킬이 부족해서다. 새로운 습관 만들기 방법만 알면 새로운 습관을 만들 수 있다. 우선 모든 습관은 2분으로 나눈다. '매월 책 네 권을 읽어야지.'라는 결심은 출근길 지하철을 타서 바로 책 '한 페이지를 읽는다.'로 바꾼다. '매일 운동 30분을 해야지.'는 집에 와서 바로 옷을 갈아입으면서 '스트레칭 2분만 해야지.'로 바꾼다. '영어 공부를 해야지.'는 매일 '잠자기 직전 단어 한 개를 외운다.'로 바꾼다. 이렇게 매일 작은 습관을 반복해서 좋은 습관이 쌓이는 것에 성공하면 재미있다. 재미있으면 그다음은 시간문제다. 양이 자연스럽게 늘어난다. 한 개에서 두 개, 두 개에서 세 개 외우기가 가능해진다. 근육이 생겨 좀 더 수월해진다.

나는 아이들에게 함께 방 청소를 하자고 할 때도 같은 방법을 사용했다. 소리 나는 디지털 타이머를 2분에 맞추고 2분 동안 청소하

---

25 문요한 저, 『그로잉』, 웅진지식하우스, 2009

기를 한다. 2분 동안 자리 정돈만 한다. 다시 2분을 맞춰 이번엔 나는 쓸고 아이들은 닦는다. 2분이라는 시간은 부담을 낮추고 집중은 높여 준다. 청소라는 집안일이 부담되지 않게 된다. 시간 맞추는 재미는 덤이다. 부담스러운 방 청소를 2분 목표로 정하면 성취감과 재미를 느낀다. 이렇게 매주 반복하다 보니 토요일 아침에는 밥 먹고 나면 당연히 청소게임 시간을 갖게 되었다.

"나중에는 쉬워지는 일도 모두 처음에는 어렵다." 독일의 대문호 괴테가 한 말이다. 최소한 덜 힘들도록 작게 시작해야 한다. 지금 해야 할 것은 내가 원하는 모습을 위해 아주 작은 변화를 시도하는 것이다. '원하는 것을 위해 무엇을 하고 있습니까?'라는 질문에 "매일 2분 동안 OOO을 합니다!"라고 대답할 수만 있으면 된다. 그렇게 시작한다. 시작하고 반복하면 쉬워진다. 마법이 실행될 때까지 최소한의 의지로도 실행할 수 있도록 더 작게 시작하자.

새로운 습관을 만드는 짝꿍을 붙이자

새로운 습관을 만드는 또 하나의 방법은 짝꿍 만들기다. 원래의 습관 혹은 루틴(습관적으로 하는 동작이나 절차)에 새로운 습관을 붙이는 방법으로 습관 시작 신호를 만드는 것이다. 이미 하고 있는 습관을 방아쇠로 삼아 새로운 습관을 연결해서 시작한다. 이때 가장 효과적인 것은 행동-행동 연결법이다. '행동에 행동'을 연결해야 실행력이 높아져서 성공한다. 예컨대 매일 하는 행동인 저녁식사 다음에 일기 쓰기를 붙여서 '저녁을 먹고 한 줄 일기를 쓴다.'로 습관을 시작하는 것이다. 커피를 내린 후 1분 명상을 한다, 양치 후 스트레칭을 2분간 한다 등 행동과 행동을 연결해서 습관을 만들 수 있다.

행동-행동 연결법 외에도 장소-행동 연결법과 시간-행동 연결법이 있다. 장소-행동 연결법은 특정 장소에 도달하면 자동으로 시작되는 행동을 연결하는 것이다. 지하철을 타면 독서 앱을 연다거나 화장실에 앉으면 책을 한 장 읽는다, 러닝머신 위에서 5분은 영어 방송을 듣는다, 침대에 누우면 영어 단어 한 개를 외운다 같은 것이다. 시간-행동 연결법은 특정 시간에 행동을 시작하는 것이다. 알람을 활용하면 도움이 된다. 예를 들면 다음과 같다. 6시에 일어난다, 금요일 9시엔 2분간 책상 정리를 한다, 11시엔 물을 500cc 마시면서 영양제를 먹는다, 2시와 4시엔 어깨를 쫙 편다. 시간-행동 연결법은 의지를 발휘하는 데는 효과적이지 않지만 의식을 깨우는 데는 효과적인 방법이다.

좋아하는 일과 해야 할 일을 습관으로 묶는 방법도 있다. 좋아하는 일에 해야 할 일을 묶으면 기분 좋은 세트가 된다. 출근 후 커피를 마시면서 독서 앱을 열어 신간을 훑어본다, 드라마를 보기 시작할 때 스트레칭을 한다 등이 있다. 큰 노력 없이 자동으로 행동하게 하는 것이 습관이다. 붙일 만한 행동이 없다면 무조건 행동을 실행함으로써 습관을 기르는 것도 방법이다. 시간이 조금 더 걸리겠지만 하나의 습관이 만들어지면 추가로 더 연결하기는 쉬워진다.

그리고 동일한 습관을 열 번 하면 스스로에게 상을 준다. 평소 먹고 싶었던 마카롱 하나처럼 작은 선물도 좋다. 이렇게 과정을 즐기다 보면 결과가 따라온다. 작은 성공들은 내 삶에도 아주 긍정적으로 작용해서 새로운 도전에 대한 자신감을 불러일으키게 마련이다.

작은 성공들은 내 삶에도 아주 긍정적으로 작용해서
새로운 도전에 대한 자신감을 불러일으키게 마련이다.

습관이 결국 실력이 된다

새로운 습관을 만들 때 유의점이 있다.

첫째, 절대로 두 번은 거르지 않는다. 한 번 거르는 것은 괜찮지만 한 번 걸렀으니 두 번도 괜찮다는 생각은 절대 금물이다. 그렇게 되면 하지 않는 것이 습관이 된다. 다만 한 번 거르는 것은 괜찮다는 말이 나에게 다시 시작할 힘을 줄 것이다. 둘째, 나를 알아야 한다. 아침형 인간이라면 실천하기 어려운 습관은 가능한 아침에 실행한다. 의지력이 바닥나기 전, 체력이 든든할 때, 내가 가장 활동하기 편한 시간에 습관을 시도한다. 셋째, 기대를 크게 잡지 말자. 변화는 느리게 일어난다. 성급한 기대가 포기를 부른다. 한 달 공부해도 실력이 쑥 크지 않고, 하룻저녁의 폭식만으로 살이 찌진 않는다. 그러나 폭식이 여러 날 반복되면 몸무게는 쑥쑥 늘어나고, 실력도 그렇다. 작은 선택들이 켜켜이 쌓여 습관이 된다.

직장에서 성공은 운이 아니라 오랫동안 지속된 행동의 결과다.

습관에서 오는 성과는 차이가 엄청날 수밖에 없다. 좋은 습관 가진 사람에게는 숨쉬기만큼 쉬운 일이 경쟁자가 따라가려면 죽을힘을 다해도 도달할 수 없는 일이 되기도 한다. 좋은 습관을 만들기는 의외로 쉽다. 하루에 딱 2분만 투자하면 할 수 있는 작은 것에서 시작하면 된다. 습관을 통한 성공은 처음 2분을 결심하는 것부터 시작된다. 가벼운 마음으로 시작하자.

오늘부터 매일 2분 동안 할 일을 정한다.
해본다. 일단 발을 담근다.

3

일잘러는 어제와 다른
습관을 기른다

일상 속의 습관 신호를 만들자

바꾸고 싶은 습관이 있어도 오래된 습관은 쉽게 고쳐지지 않는다. 비운 그릇은 무엇인가를 채우지 않으면 먼지만 쌓이는 법이다. 그래서 습관의 자리에 진공은 없다. 행복에도 고통에도 요요 현상이 있듯 습관 또한 이전으로 돌아가려는 습관의 요요 현상이 있다. 오래된 나쁜 습관은 새롭게 대체할 습관이 형성되어야 바꿀 수 있다. 습관을 쉽게 바꾸려면 의지력을 최소화해야 한다. 새로운 환경을 만들어 최대한 의지를 사용하지 않도록 디자인하면 성공 확률이 높아진다. 의지력 대신 본능이 좋아하는 쉬운 것, 재미있거나 매력적인 환경을 제공하면 비교적 쉽게 습관을 바꿀 수 있다.

환경을 디자인한다는 것은 하고자 하는 일을 할 수 있는 준비다. 평상시에는 의지 없이도 할 수 있도록 습관 '신호'를 일상 속에 배치해 둔다. 버릴 습관의 마찰력은 높이고, 새로 만들 습관의 마찰력은 낮추는 환경을 만드는 것이다. 다이어트나 건강을 위해 채소나 과일을 먹는 습관을 만들고 싶다면 냉동 돈가스나 튀김류는 냉장고에서 당장 없앤다. 채소나 과일은 주말에 씻고 잘라서 용기에 작게 나누어 냉장고에서 가장 잘 보이는 곳에 배치한다. 맛있게 보이도록 하는 것도 전략이다.

영양제를 먹어야 한다면 일주일용 약통을 구입한다. 먹어야 할 약을 요일별로 미리 넣어서 눈에 가장 잘 띄는 곳에 가져다 둔다. 나는 약통을 화장대에 둔다. 아침에 일어나 물을 먹는 습관과 연결했다. 식사량을 줄이고 싶다면 기본값을 바꿔 밥공기 크기를 줄인다. 양이 작아도 작은 그릇에 담으면 많아 보인다. 철판 볶음밥 등 여럿이 함께 먹는 음식도 반드시 밥그릇에 담아 먹는다. 얼마를 먹었는지 모르게 먹으면 음식이 떨어질 때까지 먹게 된다. 나트륨을 줄이고 싶다면 국그릇 크기를 줄인다. 국그릇은 밥그릇보다 작게, 국물보다는 건더기 위주로 담고 국은 젓가락으로 먹는다.

좋은 환경이 좋은 습관을 만든다

습관을 대체하는 환경을 만드는 것이 중요하다. 환경을 바꿔 '자동실행 시스템'을 만드는 것이다. 내가 책 쓰기를 할 때 가장 부족한 것은 시간이었다. 난 직장인이고 아침 6시 50분에 집을 나선다. 퇴근 후에는 초등학생 아이 두 명이 잠이 들어야 내 시간을 쓸 수 있다. 시간을 만들어야 했다. 시간이 없다고 생각했는데 휴대폰 사용 시간을 봤더니 매일 한두 시간을 사용하고 있었다. 그날 나는 넷플릭스를 해지하고 게임 앱을 지웠다. 독서 앱 월정액 결제를 하고 출근길 지하철에서 휴대폰을 열었을 때 바로 눈에 띄게 했다. 독서 앱이 제일 잘 보이게 배치해 마찰저항을 줄이고 의미 없이 자주 확인하던 SNS 앱들은 폴더 속에 넣어 마찰저항을 늘렸다.

불면증 해결법 중 장소를 활용하는 방법이 있다. 불면증 환자에게 침대에 누워 잠들 때까지 기다리지 말고 다른 곳에 있다가 졸릴 때 침대에 와서 누워 자라고 하는 것이다. 그렇게 되면 침대는 곧 수면으로 행동이 연결된다. 반복하다 보면 침대에 눕기만 해도 빨리 잠들 수 있다. 이 방법은 아이의 잠을 교정할 때도 효과적이다. 수면 습관이 불규칙한 아이들에게 수면 공간을 정하고 몇 가지 수면의식(불 끄기, 취침 기도)을 하게 하면 정해진 장소에 가기만 하면 잠을 잔다.

장소와 행동을 연결하면 쉽게 습관이 만들어진다. 우리가 집중할 것은 결과를 쉽게 만들어내는 환경을 디자인하는 것이다. 새로운 환경과 장소에서는 습관을 바꾸기가 쉽다. 집보다 커피숍에서 공부가 더 잘되는 이유이기도 하다. 습관의 신호는 주변 상황과도 연결된다. 독서실에서 공부가 잘되는 것은 주변에 공부하는 사람이 많으니 자연스럽게 동화되기 때문이고 피트니스 센터에 가면 혼자 할 때보다 운동을 더 오래 한다. 함께하는 사람들이 많은 환경에서는 의욕이 더 생긴다. 습관을 만드는 환경에 일부러 노출되는 것도 습관 만들기의 전략이다.

좋은 습관을 지닌 사람들을 만나는 것도 중요하다. 사실 우리들 습관의 시작은 모방이었다. 어려서부터 본 것을 따라 하고 가족, 친구, 학교, 직장 사람들의 습관을 보고 배운다. 부모님이 아침에 빵으로 식사하면 아이들에게도 비슷한 습관이 생긴다. 저녁 늦게 야식을 시키는 가족이 있으면 나도 동참하게 된다. 친구들이 모두 다이어트를 하면 나도 덜 먹게 된다. 내가 원하는 습관을 만드는 방법은 그 행동을 잘하는 사람들의 모임에 참여하는 것이다. 주변을 보면 내가 원하는 행동을 이미 자연스럽게 하는 집단이 있다. 그들과 함께 있는 것만으로도 자연스럽게 습관을 만들 수 있다.

이미 습관이 된 집단은 기준이나 기대치나 능력치가 이미 달라서 내가 도달하기는 쉽지 않아 보일 때도 있다. 그러나 이 집단에 들어가기만 하면 평균 수준 정도는 단숨에 따라갈 수 있다. 책을 더 많이 읽고 싶다면 독서 모임에 참여한다. 매월 한 권 읽기 어려운 사람도 월 2~3권 읽기가 당연한 사람들과 함께하면 책 한 권 읽기 정도는 거뜬히 하게 된다. 내가 원하는 모습을 가진 사람들, 매력적인 사람들과 함께하면 습관이 쉽게 형성된다. 동호회가 주는 소속감은 동기를 지속한다.

2018년도 비상교육의 공채 경쟁률은 97대 1이었다. 어느 취업 동호회가 그런 것처럼 서류 통과를 한 사람들이 취업카페에서 서로 연락해서 스터디를 했다고 한다. 이런 그룹이 다수 있는데 신기하게도 한 그룹에서 다수의 합격자가 발생했다. 1차 통과자라고 해도 최종합격까지는 10 대 1인데 같은 모임에서 네 명 동시합격은 분명 우연은 아니라고 생각한다. 그들은 면접을 대비한 시뮬레이션을 하고 예상 질문도 뽑았다. 좋은 태도를 만들기 위한 서로의 이미지 훈련을 도왔다.

좋은 습관을 가진 사람들의 모임에 들어가라. 그 행동이 자연스러운 곳에서 나도 자연스럽게 좋은 습관이 생긴다. 나도 그런 사람이 되어야 그 모임이 편해진다.

끝 그림 그리기, 확언하고 선언하기, 보상하기

습관을 바꾸려면 끝 그림을 구체적으로 그리는 것이 확실히 도움이 된다. 끝 그림이란 목적, 본질, 정체성을 정하는 것이다. 완성된 모습을 미리 그려보는 것이다. 예를 들어 돈을 모으는 습관을 만들고 싶다면 돈을 모으는 목적을 구체화하는 것이다. 여행을 위해서라면 '가족과 스페인 여행(가우디 만나기)'이란 통장을 별도로 만든다. 습관을 시작하기 전에 그 습관의 결과가 기분 좋도록 만드는 작업이다. 앞서 목적 편에서 소개했던 구체적 그림 그리기가 도움이 된다. 돈으로 하고 싶은 일이 무엇이고, 영어를 공부해서 어떤 모습이 되고 싶은지를 구체적으로 상상하고, 다이어트 후 입고 싶은 옷을 자주 보이는 곳에 걸어둔다.

구체적으로 상상한 후에는 확언을 활용한다. 피아노 연주가 목표면 매일 연습하는 습관을 들이고 내가 바라는 모습을 구체적으로 그린다. "나는 한 곡 전체를 연주할 수 있는 사람이다. 사랑하는 가족들 앞에서 딸과 같은 곡을 합주하는 즐거운 추억을 만들 것이다." 라고 구체적으로 말한다. 나는 그런 사람이라고 확언한다. 말에는 강력한 힘이 있다. 말 한마디의 선언으로 강력한 동기가 생긴다. 생각하는 것과 말하는 것은 다르다. 말하기 시작하면 귀가 듣고 뇌는 벌써 그 방향으로 출발하려고 근육에게 명령한다. 확언은 성공 습관으로 가는 시동을 켜는 것이다.

이때 확언은 본질로 설정해야 한다. '다이어트로 3킬로그램을 감량한다.'라고 목표를 세우는 것은 본질이 아니다. 3킬로그램을 감량 못 하면 실패한 사람이 된다. 목표는 '나는 건강하고 날씬한 사람이다.'라는 본질로 설정해야 한다. 습관은 행동 만들기가 아니라 '나를

습관을 바꾸려면 끝 그림을 구체적으로 그리는 것이 확실히 도움이 된다.
끝 그림이란 목적, 본질, 정체성을 정하는 것이다. 완성된 모습을 미리 그려보는 것이다.

만들어가는 과정'이다. '나는 영어로 대화할 수 있는 사람이다.' '나는 일을 통해 성장하는 사람이다.' '나는 비흡연자다.' '나는 직원들을 성장시키는 리더다.' '나는 작가다! 내 글을 통해 세상에 긍정적 영향력을 주는 사람이다.'라고 본질을 규정한다. '이런 사람이 되고 싶어.'라는 본질의 끝에 자신의 미래 모습이 있다. 미래 모습을 목표로 지속적으로 행동하는 것이 습관이다.

확언이 나 자신의 미래에 대한 목표 선언이라면 타인에게도 결심을 알리는 선언이 필요하다. 내 결심을 널리 알려 타인에게 선언하면 내가 명확하게 기억한다. 내 결심을 공개하면 그것이 압력이 되어 그 말을 지키려고 노력한다. 언행일치를 하고 싶은 마음, 내 결심을 들었던 사람을 실망시키면 안 된다는 마음이 또 다른 강력한 동기를 부여한다. 확언과 선언은 모두 'OO해야 한다'로 표현하지 않고 'OO해낸다'로 말한다. 동사만 바꿔도 행동이 의무가 아니라 기회로 인식된다.

되고 싶은 사람이 되어가는 기쁨을 맛보자

끝 그림을 명확하게 제시하면 동기가 분명해져서 습관 만들기가 쉬워진다. 다음은 교육자료에서 흔히 사용하는 영상이다. 평생 집안 청소를 한 번도 도와주지 않았던 60대 가장에게 일을 시킬 수 있는 대화법을 알려준다. 여기서 핵심은 명확하게 말하는 것이다. "여보, 저녁 여덟 시까지 청소기로 거실만 청소해 주세요. 3분이면 됩니다." 그리고 아내는 주방으로 들어갔다. 시간이 흐르고 7시 40분이 되자 남편분은 엉덩이를 움찔움찔! 그러더니 7시 55분이 되자 TV 리모컨을 두고 자리에서 일어났다. 손에는 청소기가 들려 있었다. 우리 본능에게 일을 시키는 법도 같다. 데드라인을 설정하면 동기를 만들어낼 수 있다.

내가 생활비 관리에 성공했던 가계부 노하우 또한 끝 그림 관리법이다. 그 결과 관리와 기록 두 마리 토끼를 다 잡았다. 고정비는 어차피 나가는 돈이니 관리하지 않고 유동비인 외식비, 용돈, 여행비만 관리한다. 매달 유동비를 100만 원으로 책정하면 100만 원에서 남은 돈만 파악한다. 15일에 20만 원만 남으면 15일 동안은 20만 원만 쓴다. 끝 그림을 구체적으로 세우면 실행이 쉬워진다.

습관을 지속하는 비결 중 하나는 작은 보상의 반복이다. 탁상 달력을 활용해서 체크표를 만들면 좋다. 시각적 신호는 확실한 재미를 준다. 늘 눈에 보이는 곳에 두고 날짜를 지워가는 재미가 쏠쏠하다. 경희대 내분비내과 교수 팀은 2016년에 꼼꼼한 체중 기록이 체중 감량의 핵심이라는 연구결과를 내놓았다. 체중관리 앱 이용만으로도 효과가 있다. 앱 이용자 3만 5,921명 중 77.9%가 성공적인 체중 감량 효과를 봤다고 한다. 요요 현상도 적었다. 내가 되고 싶은 사람이

습관을 지속하는 비결 중 하나는 작은 보상의 반복이다.
탁상 달력을 활용해서 체크표를 만들면 좋다. 시각적 신호는 확실한 재미를 준다.
늘 눈에 보이는 곳에 두고 날짜를 지워가는 재미가 쏠쏠하다.

되어간다는 시각적 증거를 쌓아 나가면 스스로에게 만족을 느낀다.

　누구에게나 바꾸고 싶은 습관이 있을 것이다. 처음부터 좋은 습관을 가지면 좋겠지만 처음부터 완벽한 습관을 가진 사람은 없다. 작고 쉬운 방법부터 바꾸어 나가면 좋은 습관이 형성된다. 나는 멋진 사람이고 멋진 미래가 기다리고 있다. 조금만 바꿔보자.

좋은 습관을 가진 동호회를 찾아 가입하자.
일단 한번 가보자.

4

일잘러는 좋은 습관을
당장 시작한다

최악은 아무것도 하지 않는 것이다

일반인들은 사람의 품격을 말에서 찾는다. 말에서 그 사람의 생각이 나타난다고 생각한다. 그래서 소위 말발 좋은 사람이 인기도 있고 성공의 기회도 잡는 것처럼 보인다. 그러나 사람의 품격은 말이나 생각이 아니라 행동에서 나온다. 행동이 나를 정의하고 성공으로 이끈다. 그리고 바로 지금 행동으로 나오는 것이 습관이다. 따라서 습관은 현재의 인격이고 다가올 미래다.

좋은 습관이 그래서 중요하다. 좋은 행동을 하려면 먼저 좋은 습관을 들이는 일이 필요하다. 그것도 지금 당장 시작해야 한다. 우리는 특별한 날 시작하는 결심에 대한 부정적 선입견이 있다. '새해 첫날' '새 학기' '급한 일 끝나고' '생일부터' 시작하는 계획은 성공 확률이 낮다. '지금은 안 한다.' '지금은 하기 싫다.'의 다른 표현에 불과하다. 변명이나 핑곗거리일 뿐이다. 상황이 바뀌면 결심은 바뀐

무언가를 시작하겠다고 결단을 내리는 데는 신중할 필요가 있지만
결단한 것의 실행을 미루는 습관은 버려야 한다.
그러려면 "노"라고 말할 줄 알아야 한다. 그래야 "예스"가 늘어난다.

다. 지금 당장 오늘 실행하는 습관이어야 성공할 수 있다. 날이 좋아서든, 날이 좋지 않아서든, 실천하기 좋은 특별한 날은 없다.

원하는 삶을 사는 사람과 아닌 사람의 차이점은 지금 실행하고 있느냐, 아니냐의 차이다. 지식이나 의지력의 차이가 아니라 실행력의 차이다. 로또를 사야 로또 당첨을 기대할 수 있다. 미국의 대통령이었던 시어도어 루스벨트Theodore Roosevelt는 "결정의 순간이 왔을 때 최선은 옳은 일을 하는 것이며, 차선은 틀린 일을 하는 것이다. 최악은 아무것도 하지 않는 것이다."라고 했다.

무언가를 시작하겠다고 결단을 내리는 데는 신중할 필요가 있지만 결단한 것의 실행을 미루는 습관은 버려야 한다. 그러려면 "노"라고 말할 줄 알아야 한다. 그래야 "예스"가 늘어난다. '다음 달부터 시작하자!' 하는 마음에는 단호하게 "노"를 외친다. 하지 않아도 될 일을 하느라 버리는 시간에도 "노"를 외친다. 하면 좋지만 안 해도 괜찮은 일 또한 하지 않는다. 그 시간에 꼭 해야 할 일에 집중하고 실행한다. 유혹에 대해 "노"라고 말한다. 이것도 저것도 모두 좋으면 실행할 수 없다. 딱 한 가지만 실행한다.

습관을 만들 최적의 장소는 직장이다

내가 원하는 모습이 되기 위해서 해야 할 일이 무엇인지는 내가 잘 안다. 몰라서 못 한 일은 없다. 다만, 안 한 것만 있을 뿐이다. 성공은 꾸준히 일관되게 하면 언젠가 찾아온다. 내가 알면서도 안 했던 것을 지금 바로 꾸준히 일관되게 실천하기에는 직장만 한 곳이 없다. 우리는 직장에서 매우 바쁘지만 바쁘고 살짝 긴장한 상태에서 더 많은 일을 해낼 수 있다는 것을 알고 있다. 주말이나 연휴에 좀 늦게 일어나고 조금 빈둥대면서 여유 있게 보내면 시간이 '순삭'하는 느낌이다. 직장만큼 언제나 같은 시간과 장소에서 특정한 행동을 반복하기에 좋은 환경은 없다.

직장은 습관을 만드는 '장소-행동 연결법'과 '시간-행동 연결법'을 활용하기에 최적의 장소다. 대부분 늘 같은 시간에 일어나서 출근 준비를 하고 동일한 교통수단으로 직장에 간다. 출근 후 커피 마시는 시간, 점심시간이 정해져 있다. 퇴근 시간이 약간 유동적이긴 하지만 특별한 경우가 아니라면 예측이 가능하다. 이처럼 반복된 행동이 많을수록 습관을 만들기 쉽다. 출근길에 내가 좋아하는 음악을 들으며 여유를 챙길 수 있고 지하철에서 책을 읽을 수 있으며 퇴근 길에 하루를 돌아보고 내 마음을 살피는 성찰도 가능하다. 출근 전에 운동을 할 수도 있고 점심시간에 10분 산책을 즐길 수도 있다. 마음만 먹는다면 자투리 시간에 무엇이든 2분 행동을 할 수 있다.

내가 알면서도 안 했던 것을 지금 바로 꾸준히 일관되게 실천하기에는
직장만 한 곳이 없다.

　내가 크게 마음먹지 않아도 직장 내 제도를 활용하면 습관 만들
기가 쉽다. 교육 제도를 통해 학습하는 습관을 만들 수도 있고 복지
제도를 활용해서 여러 가지 활동도 가능하다. 같은 공간에서 근무
하기에 모이기도 쉬우니 비슷한 문화를 가진 사람들과 좋은 습관을
만들기 위한 동호회 활동도 가능하다.

　직장 생활은 필요 없다며 굴삭기 중장비 면허 하나면 먹고살 수
있다고 기술만을 강조하는 사람이 있다. 직장에서 배운 기술보다 현
장 기술이 더 효율적이라고 강조하곤 한다. 그 말도 일리가 있지만
절대적인 것은 아니다. 직장 생활을 잘 해낸 사람은 중장비 운전도
잘 해낸다. 일의 성패에서 기술만이 아니라 엉덩이 힘으로 버티기와
시간 약속 잘 지키기라는 습관도 매우 중요하다. 이른바 성실과 신
뢰다. 이렇게 시간을 들여 기른 습관은 스스로 쌓여 가치가 된다. 공
기처럼 스며들어 드러나 보이지는 않지만 향기로 풍겨난다.

과거는 잊고 지금부터 어느 방향을 향하고 있는지만 생각하자.

　직장의 규칙이 귀찮을 수 있지만 귀찮은 시기는 곧 지나간다. 회사의 규칙이 습관이 되면 나의 경쟁력이 된다. 취업하기 위해서 비즈니스 매너를 따로 배우려면 수십만 원 이상의 학원비가 든다. 그런데 직장은 내 경쟁력을 쌓으면서 월급까지 준다. 성공하는 좋은 습관을 배우려면 직장에서 충분히 배워야 한다.

　고전 『예기』에는 '지지지중지　행행행중성之之之中知 行行行中成'이라는 말이 있다. 가고 가고 또 가다 보면 알게 되고 행하고 행하고 또 행하게 되면 이루게 된다는 말이다. 실행하다 보면 제대로 알게 된다. 아는 것이 힘이 아니라 제대로 아는 것이 힘이다. 그리고 '하는' 것이 힘이다. 알(知) 때까지 가야(之) 한다. 이룰(成) 때까지 행(行)해야 한다. 습관이 될 때까지 반복해야 실력이 된다. 성공은 일상적인 습관의 결과다. 과거는 잊고 지금부터 어느 방향을 향하고 있는지만 생각하자. 행동으로 인생이 바뀐다. 생각만으로 바뀌는 것은 없다.

행동으로 인생이 바뀐다. 생각만으로 바뀌는 것은 없다.

진정 나에게 도움 되는 습관을 만들자

영화 『아름다운 세상을 위하여』에서 주인공 '트레버'는 중학교에 입학해 '시모넷' 사회 선생님께 다소 진지한 첫 과제를 받게 된다. "이 시간은 사회 시간이다. 세상사를 배우지. 언젠가는 바깥세상으로 나가기 싫더라도 너흰 나가야 해. 그런데 나간 세상이 마음에 안 들고 아주 실망스럽다면? 너희 세상이 정말 엿 같다면? 너희가 세상을 바꾸면 돼. 이게 바로 과제다. 1년 내내 하는 거다. 너흰 할 수 있어. 선생님을 놀라게 해봐. 너희들한테 달렸어. 아니면 사회가 후퇴하게 두든지. 과제는 이거다. '세상을 바꿀 아이디어를 내고 실천에 옮길 것.'"

트레버는 '도움 주기'라는 멋진 아이디어를 제시한다. 자신이 세 명의 사람에게 선행을 베풀고 그 선행을 받은 사람이 또 세 사람에게 선행을 베풀고 그렇게 해서 점점 선행이 전파되면 세상은 아름

성공하는 사람은 엄청난 미래만 생각하지 않는다.
미래를 위해서 현재의 작은 습관을 성실하게 빚어내고 있을 뿐이다.

다워질 것이라고 했다. 친구들은 너무 이상적이라고 반대했다. 하지
만 트레버는 그 아이디어를 실천해서 마약중독자를 도왔고 도움은
도움을 낳고 그 도움은 또 다른 도움을 낳았다. 한 기자가 차 선물을
받고 누가 왜 자신에게 차를 선물했는지를 찾아 도움 주기 프로젝
트를 시작한 트레버를 만나러 온다. 트레버는 숙제가 실패했다고 생
각했지만 도움 주기 프로젝트는 살아 움직였고 기자를 통해 더 널
리 알려지면서 미국 전역에까지 퍼지게 된다.

　이 영화는 실화를 바탕으로 했다. 사람이 가진 영향력은 이처럼
크고 매력적이다. 그 영향력은 아이디어가 아니라 실행에서 나온 것
이다. 기자가 트레버를 찾아와 인터뷰할 때 트레버는 아주 멋진 말
을 한다.

"엄마 덕분에 도움 주기가 여기저기 퍼지게 됐어요. 용기를 내신 덕이
죠. 사람들은 너무 겁이 많아요. 어떤 변화에 대해서요. 세상이 그렇게

엿 같진 않은 것 같은데, 처지가 아무리 나빠도. 근데 거기에 익숙해져 있는 사람들은 바꾸기가 힘든가 봐요. 그래서 결국 포기하고 자신한테 지는 거죠."

습관도 이와 같다. 첫 시작이 어렵다. 시작만 하면 변화는 따라온다. 포기하지 않는다면 습관이 자리 잡는다. 실천하면 된다는 믿음으로 가볍게 시작하면 된다. 성공하는 사람은 엄청난 미래만 생각하지 않는다. 미래를 위해서 현재의 작은 습관을 성실하게 빚어내고 있을 뿐이다. 스스로 완벽이라는 마음의 감옥을 만들지 말자. 완벽한 사람은 없다. 부족하면 부족한 대로 시작하면 된다. 습관 만들기는 '도움 주기 프로젝트'다. 나에게 가장 먼저 습관으로 '도움 주기'를 실천해보자. 지금 당장 오늘 자신에게 도움을 주는 하루를 만들어보자.

직장을 다니면서 기른 습관 중 좋은 것을 생각해본다.
나에게 도움 주기라고 생각하고 감사의 마음을 표현해보자.

모든 것은 태도에서 결정된다

초판 1쇄 발행 2022년 3월 10일
초판 3쇄 발행 2024년 10월 17일

지은이 최윤희
펴낸이 안현주

기획 류재운 **편집** 안선영 김재열 **브랜드마케팅** 이승민 이민규 **영업** 안현영
디자인 표지 최승협 본문 장덕종

펴낸곳 클라우드나인　　**출판등록** 2013년 12월 12일(제2013-101호)
주소 우) 03993 서울시 마포구 월드컵북로 4길 82(동교동) 신흥빌딩 3층
전화 02-332-8939　　**팩스** 02-6008-8938
이메일 c9book@naver.com

값 17,000원
ISBN 979-11-91334-60-9 03320